아픈 몸, 더 아픈 차별

대한민국에서 질병과 장애는 어떻게 죄가 되는가

일러두기

1. 181쪽에 실린 사진은 장애인언론 〈비마이너〉(www.beminor.com)에서 제공했습니다.
2. 주석은 책 맨 뒤에 실려 있습니다.

아픈 몸, 더 아픈 차별
: 대한민국에서 질병과 장애는 어떻게 죄가 되는가

초판 1쇄 발행 2016년 2월 19일
     5쇄 발행 2023년 10월 13일

지은이 김민아

펴낸이 고영은 박미숙
펴낸곳 뜨인돌출판(주) | 출판등록 1994.10.11.(제406-251002011000185호)
주소 10881 경기도 파주시 회동길 337-9
홈페이지 www.ddstone.com | 블로그 blog.naver.com/ddstone1994
페이스북 www.facebook.com/ddstone1994 | 인스타그램 @ddstone_books
대표전화 02-337-5252 | 팩스 031-947-5868

ⓒ 2016 김민아

ISBN 978-89-5807-602-5 03330

대한민국에서 질병과 장애는
어떻게 죄가 되는가

아픈 몸 | 더 아픈 차별

김민아 지음

뜨인돌

'차별 바이러스'는 어떻게 퍼지는가

오래전 중학교에서 교사로 근무한 적이 있습니다. 35명이 정원이던 반마다 구색을 맞춘 듯 장애인 학생 한 명이 맨 뒷자리에 앉아 있었습니다. 유독 2학년 3반 영진이가 기억납니다. 영진이는 지적장애와 지체장애를 함께 가지고 있어서 수업 시간 내내 몸을 뒤틀었습니다. 다른 아이들처럼 책상 위에 엎드려 자면 좋으련만, 영진이는 허리를 굽혀 책상에 엎드릴 수 없었습니다. 수업 중에 고성을 지르거나 벌떡 일어나 걸어 다니기도 했습니다.

저는 처음에는 당황했고, 나중에는 혹시 반 아이들이 영진이를 괴롭히거나 따돌리지 않을까 걱정했습니다. 열다섯 살 중학생들의 교실 맨 뒷자리에 짝도 없이 혼자 앉아 있던 오래전 한 아이가 떠올랐기 때문입니다. 지금도 그 시절을 떠올리면 부끄러움에 붉게 물듭니다.

그 아이는 허리디스크를 앓고 있었습니다. 물리치료를 받으러 병원에 다니고 침을 맞으러 한의원에 다니느라 결석도 잦았습니다. 디스크는 다리가 부러진 아이가 목발을 짚고 걷는 게 아니고, 이마를 꿰맨 아이가 붕대를 친친 감고 있는 게 아니었습니다. 정확히 어디가 아프다는 것인지 환부가 보이지 않아서, 우리는 그 애가 아프지도 않은데 꾀병을 부리고 있다고 생각했습니다. 디스크는 그러니까, '아이'들은 모르는 병이었습니다.

그 아이는 뒷짐을 지거나 허리에 손을 대고 걷느라 늘 걸음이 느렸습니다. 친구들은 그 걸음걸이를 흉내 내며 임신부라고 놀리거나 앉아 있는 의자를 몰래 뺐습니다. 아이는 그때마다 꼬꾸라졌고 얼른 일어나지 못했습니다. 달려가 몇 번 일으킨 적도 있지만 무리 지어 선 아이들이 착한 척 말라고 눈치를 주는 통에 그마저도 하지 못했습니다. 이듬해부터 그 애를 학교에서 보지 못했습니다. 걱정스러웠지만 우리 모두는 이내 그 아이를 잊었습니다. 저에게는 영진이가 그 아이처럼 보였습니다.

하지만 괜한 걱정이었습니다. 아이들은 영진이를 괴롭히지 않았습니다. 영진이는 좀 심하게 말하면 교실 뒷면에 걸린 환경미화 장식 같았습니다. 교실에 있지만 **없는** 학생이었습니다. 간혹 수업 시간에 소리를 지르거나 눈에 거슬리는 틱tic 동작을 반복하면 그때는 아이들의 눈길을 끌었습니다. "야, 조용히 해." 한 아이가 소리치면 다른 아이들이 쳐다보았습니다. 영진이는 그렇게 교실의 일상적인 '풍경'이 되었습니다.

어떤 장애인은 말합니다. 비장애인들이 남에게 그다지 관심을 갖지 않듯 장애인 자신이 '여기, 있다'는 사실 자체를 모른 체하고 평범하게 대해 주면 좋겠다고. 그러나 영진이를 볼 때마다 과연 사람이, 사람을, 모른 척 의식하지 않고 대하는 게 맞는지 의문이 들었습니다. 아이들은 하나같이 영진이를 아예 **대하지 않았기** 때문입니다.

영진이가 하루의 꽤 긴 시간을 좁은 의자에 앉아 창밖의 지나가는 구름을 바라보거나, 졸거나, 혼자 교실을 지키면서 밖에서 뛰노는 아이들의 함성을 들으며 무슨 생각을 하고 어떤 느낌을 받았는지는 아이들도 저도 모릅니다. 아이들이 나쁘거나 문제가 있어서가 아니었습니다. 영진이와의 어떤 사귐도 시도하지 않은(아니, 그럴 엄두를 못 냈던) 교사들, 학교장, 더 나아가서는 교육당국의 무(관)심함이 있었을 뿐입니다. 저마다 '바쁘고, 나약해서' 상대를 돌아볼 겨를이 없었습니다. 무심함은 화석처럼 굳어져 갔고, 우리는 그렇게 서로에게 딱딱해진 채 어른이 되어 갔습니다.

적지 않은 시간 동안 '인권' 주변을 맴돌며 안팎으로 입장과 처지가 다른 사람들을 참 많이도 만났습니다. 타인의 인권을 침해한 사람, 인권을 침해당한 사람, 인권을 옹호하는 사람, 이 사람들과 연결되어 있는 이해 당사자까지 실로 다양한 군상들을 말입니다. 그들 중에 막역한 친구가 생겼고, 서로에게 자극과 기쁨을 주는 동료도 생겼습니다. 많은 것을 배웠고 여전히 배우는 중인데 가장 신비로운 건, 어떤 사람에게는 자존감을 지키는 일이 세상 무엇보다 중요하다는 사실입니다. '자존감'이라고 꼭 집어 표현하지는 않더라도 인간으로 존중받고 싶다는 욕구는 한결같았습니다. 살아간다는 건 험한 세상에서 자존감을 지켜 내는 일이며, 나와 똑같은 욕구를 지닌 이들과의 사이에서 인정을 얻기 위한 멈출 수 없는 투쟁의 과정입니다.

'사회적 소수자'나 '약자'라는 말은 뭉뚱그려져 쓰입니다. 누가 사회적 소수자나 약자입니까. 누가 스스로를 소수자나 약자라고 칭할까요. 여성은 자신을 여성이라고, 노인은 자신을 노인이라고 말할 수 있지만 장애인은 자신을 장애인 친구라고 부를 수 없어서 '장애우'라는 호칭에 고개를 갸웃거립니다. 스스로를 대상화하도록 만들어진 말은 자신을 소외시킵니다.

고인이 된 팝의 황제 마이클 잭슨은 미국에서, 아니 전 세계에서 더할 수 없이 성공한 뮤지션이었지만 사람들은 그가 타고난 자신의 피부색을 긍정하지 못했다고 기억합니다. 그는 피부가 탈색되는 '백피증(백반증)'에 걸렸다고 했지만 언론과 그를 비방하는 사람들은 그가 백인이 되고 싶어서(흑인을 부정하느라) 자신의 몸에서 **까만색**을 빼내는 수술을 셀 수 없이 받았다고 비난했습니다. 대체불가능한 요소를 지니고 태어나 성공한 사람은 소수와 다수 중 어디에 속할까요. 마이클 잭슨은 성공한 드문 소수일까요, 아니면 결국 백인이 되지 못한 약자로서의 소수일까요. 이처럼 소수자나 약자는 실제로든 개념으로든 고정된 상수가 아니며 많은 경우 정치精緻한 해석을 요합니다.

차별은 권력의 자장 안에서 섬세하고 끈질기게 작동합니다. 성별, 종교, 나이, 출신 지역, 출신 국가, 사회적 신분, 신체적 조건, 인종과 피부색, 사상 또는 정치적 의견, 학력, 병력, 기타 그 외의 이유로 달리 대우받는 일은 흔합니다. 하나씩 나열해 놓으니 한 사람이 하나의 차별만 당하는 것 같지만 다수의 요인이 한 사람에게 일어날 수도 있습니다. 소수 종교를 믿는, 저학력의, 유색, 중년, 여성이 HIV바이러스에 감염되었다고 상상해 봅시다. 물론 각각의 조건만으로 달리 대우받을 때도 삶은 충분히 무거워집니다. 이 책은 병에 대해 말하고 있으니, 병이 있다는 이유로 불이익을 겪고 어떤 병(력)이라서 더욱 배제되는 경우를 보겠습니다.

병(력)은 사실 차별에서 그다지 주목받는 분야는 아닙니다. 국가인권위원회가 설립된 2001년 11월부터 2015년 12월 말까지 접수된 차별 진정 사건은 총 20,971건(국가인권위 총 진정 건수는 99,912건)인데 그중 병력에 따른 차별 진정 건은 362건으로 전체의 1.7%에 불과했습니다. 전체 사건 가운데 장애에 따른 차별(45%)이 가장 높았고 '기타'가 14%로 두 번째이며 그 뒤로 성희롱 사건(9%)이 뒤따랐으니, 수치로만 본다면 병력에 따른 차별은 거의 보이지 않는 셈입니다.

하지만 (시급해)보이지 않을 뿐, 그 수치 안에도 사람이 있습니다. 병력으로 인해 고용의 기회를 박탈당하거나, 서비스 이용이 차단되거나, 해고나 퇴직에서 차별을 겪고 있다면 거기가 바로 인권이 침해당하는 현장입니다. 병(력) 하나만으로도 현재 개인이 왜, 어떻게 취약한지 설명할 수는 있습니다. 그러나 열거한 것처럼 다양한 차별 요인들이 긴밀하게 작동하는 상태에서 병력이 더해지면 그 고통은 훨씬 크고 복잡해집니다.

이 책을 고민하던 처음, 제 눈에 든 건 아픈 사람들이었습니다. 왜 그랬는지 이유를 알 수 없고 잘 설명할 수도 없는데, 아픈 사람이 제게는 그림자 같았습니다. 햇빛 아래 서면 기다랗게 따라오는 그림자와, 융Carl Jung이 말한 자기 안 깊은 곳의 어두운 이면인 그림자가 동시에 만져질 듯했습니다. 그림자를 외면해 온 세월이 길어서인지 어느 순간부터 제 몸도 아픈 사람의 대열 속으로 걸어 들어가고 있었습니다.

마흔이 되던 해, 직장의료보험에서 나눠 주는 건강검진 서류에는 이전엔 볼 수 없던 '생애전환기' 검진이 추가돼 있었습니다. 동료들에게 못 보던 항목이 생겼다고 보여 주니 "이제 당신도 암에 걸릴 확률이 높은 나이에 접어들었으니 좀 더 신경을 쓰라는 국가 차원의 배려가 아니겠냐"고 놀리더군요. 제 생애가 저도 모르게 어디론가 전환되고 있다는 기분은 묘했습니다. 자기 효능감과 나이 사이엔 상관관계가 있을까요. 있다면 어느 정도일까요. 생애전환기 검진 항목이 주문을 걸었기 때문인지 저는 정말 마흔을 넘기면서 한차례 휘청거렸습니다. 꼭 신체나이에서 비롯된 위기감만은 아니었습니다. 그즈음 저는 자주 헤매고 있었습니다. 나이 들어 가니 자기 효능감은 떨어지고 걱정만 는다는 하소연을 하려는 게 아닙니다.

처음엔 말 그대로의 '아픈 사람'만 보였는데 그들을 만나러 다니다 보니 '아프다'는 원圓은 자꾸만 크고 넓어졌습니다. 지금 아프거나 과거에 아팠던 사람은 대개는 유약한 몸, 손상된 몸, 취약한 몸, 노화하는 몸, 병약한 몸의 교집합이거나 그 길로 가는 과정에 있었습니다.

몸이 어긋나는 순간에야 비로소 몸이 **있음**을 알아차렸습니다. 머리에서 발끝까지 다 내 것인 게 마땅하여 고마움을 잊고 살다가도 다리에 깁스를 한 채 불편해하는 누군가를 볼라치면 내 다리를 힐끔 내려다보고 가슴을 쓸어내렸습니다. 사람은 감기 정도로도 하루 컨디션을 망치기도 하고 중요한 시험에 낙제도 하며 약속과 만남을 미룹니다. 하물며 평생 약을 먹어 가며 관리해야 하는 만성질환이나 암이라면 그 난감함을 더 말할 필요가 있을까요? 남들이 보기엔 별스럽지 않아 보여도 몸이 아픈 당사자는 고통스럽습니다.

병病은 여러 가지 동사動詞를 달고 다닙니다. 병이 났다, 왔다, 생겼다, 그리고 걸렸다. 모두 주체의 의지와는 무관합니다(병이 났고, 걸렸고, 생겼다를 구분하지 않고 문맥에 맞게 쓰겠습니다). 병이 **옮겨졌다**는 건 감염된 누군가로부터 나도 전염되었다는 의미이고, 그 누군가도 다른 감염인으로부터 전염되었다는 것입니다. 전염은 늘 부정적인 의미를 띠지만 사실은 슬픈 말입니다. 저 유명한 소설『대지』의 작가 펄 벅Pearl Buck은 평생 지적장애(페닐케톤 요중)를 가진 딸을 키웠습니다. 그녀는 이웃 사람들이 누구네 아이가 '비정상'이라고 수군거리면 그 집 가족들이 아이를 감추기 급급한 것을 두고, 부모가 아이를 부끄러워하면 아이에게 그 감정이 '전염'되어 슬픔이 번진다고 했습니다.

병이 생기면 앓다가 호전도 되고 완치도 되지만, 호전 없이 평생을 돌봐야 하는 막막한 상태에 머물기도 하고 그러다 죽기도 합니다. 그런 몸을 의료진에게 속절없이 의탁해야 하니 전문가의 한마디는 절대적인 힘을 발휘합니다. 자신의 의지와 결정에서 벗어나는 때가 많고, 누군가의 관리 대상이 되기도 하며, 심해지면 삶을 방해하고 간섭하기 시작합니다. 그러나 병에게 화를 낼 수도, 원망할 수도 없습니다. 병을 안고 사는 고통은 오롯이 아픈 사람의 몫입니다. 일상과 사회생활 그리고 자기인식의 틀이 질병의 경험으로 인해 예기치 못했던 방식으로 흘러가는 것입니다.

아픈 나, 장애가 있는 나, 노쇠한 나는 타인에게 어떤 인상을 심어주기도 합니다. 아무래도 건강할 때보다야 미력할 테니 일해야 할 때 못 할 수도 있고 모임에 불참할 수도 있습니다. 사람들은 때론 그런 나를 자기관리에 실패한 사람으로 봅니다. 나에 대해 부정적인 이미지를 갖게 된다고 해도 도리가 없습니다. 시간이 지나 이전보다 나아지고 완치되어도 이전의 내 상태에서 자유롭지 못합니다. 누구는 나를 떠올리면 여전히 '아, 무슨 병에 걸렸던 사람', '몸이 불편했던 사람'으로 기억할지 모릅니다. 거부당하는 사람은 받아들여지기 위해 자신의 결점을 교정하려 들지만 교정은 번번이 실패로 돌아갑니다. 그가 교정에 성공했다고 해도 사람들은 이전의 그의 모습만 기억합니다. 어떤 교정은 뜻하지 않은 부작용으로 더 강력하게 이전 모습을 호출당하기도 합니다.

도덕적으로 오점이 있다고 여겨 사회가 혐오하고 거부하는 병이 있습니다. 질병이 있다고 모두 차별받는 건 아니지만 그런 병은, 그 병에 걸린 사람 앞에는 고난의 길이 펼쳐집니다. '걸릴 만한 병'과 '걸려서는 안 되는 병'의 구분도 이미 끝난 상태라 공감이 싹틀 틈조차 없습니다. "어쩌다 그런 병에?", "가까이 오지 마세요!" 병든 자는 뭇사람들의 모멸을 감수해야 합니다. 다수가 지속적으로 소수에게 '네가 몹시 밉다'고 쏘아보면 미운 침에 쏘인 그는 죽을 수도 있습니다. 미움은 모질고 질긴 것이니 그가 설사 갑옷을 입고 있대도 견뎌 낼 도리가 있을까요. 이쯤 되면 환자 입장에서는 병과 싸워야 하는 '투병'보다도 사람들의 무지와 편견에 맞서야 하는 '투쟁'에 더 힘들 수 있습니다.

병과 장애가 사람 가려서 오지 않지만, 사람만이 그것들을 가려 금밖으로 내몹니다. 그 몸을 내치는 것이니 병과 장애가 아니라 사람이 나동그라집니다. 장애와 질병의 경계는 흐릿합니다. 장애 있는 몸이 모두 아픈 것은 아니지만 어떤 장애는 몸의 통증을 동반하고 그 몸은 상당한 제약을 받습니다. 제약은 거의 대부분 인권침해로 이어집니다. 따라서 한 사회가 취약한 몸에 대해 어떤 이미지를 생산하고 배포

하느냐가 중요합니다. 한 사회의 건강관은 사회적, 문화적 맥락에 깊게 뿌리박혀 있고 그 안에서 성장하고 발전하기 때문입니다.

이 책에는 아파서, 장애가 있어서, 몸의 기력이 예전 같지 않아서 집에서, 직장에서, 사회에서 동그마니 혼자 남겨진 사람들의 이야기가 담겨 있습니다. 그들은 자신의 '몸뚱이'를 괴롭히는 조건도 무섭지만 더 두려운 것은 병, 장애, 노화보다 오래 살아남아 아무 때나 괴롭히는 '차별 바이러스'라고 말합니다. 이 바이러스는 사람들의 편견을 먹고 자라서 그토록 질긴 것일까요. 한동안 '바이러스와 함께 살아간다living with virus'는 표현의 '함께with'를 깊이 생각했습니다. 그러던 어느 날 선물 받은 책에서 저자의 오랜 사유, 아니 그가 삶에서 길어 올린 다음의 표현을 만났습니다.

골형성부전증 또는 장애 그 자체는 이미 내 몸이며 나 자신이다. 나는 이것을 **가지고 사는 게 아니라 이것 자체로** 살아왔고 살아가고 있다…. 내 삶의 한 부분이 되어 내 몸의 독특한 운용방식을 구성했으며, **그 자체로 나 자신**이 되었다.
— 김원영, 『나는 차가운 희망보다 뜨거운 욕망이고 싶다』 중(강조는 인용자)

'함께'도 따뜻합니다. 그러나 동거로서의 곁이 아닌 나 자체, 내 자신이라는 사유는 온전히 그가 몸으로 살아온 시간이 맺은 열매라 더욱 값집니다. 열매를 맺기까지 거센 비바람을 오롯이 감내했을 그의 모든 시간에 존경을 표합니다. 책날개에는 "생각해 보면 지금의 저는 언제나 당시에 만났던 사람들 덕분이었습니다"라고 쓰여 있었습니다. 새삼스레 깨닫습니다. 삶에 대한 사랑과 자기애는 거울처럼 비추며 존재하는 타인과의 교감에서 나온다는 것을.

살면서 정작 힘들었던 순간은 이해 따위는 필요 없다는 냉담한 얼굴을 한 이들과 긴 세월을 함께해야 한다고 자각하던 때였습니다. 하여 우리는 타인의 따뜻한 얼굴과 눈빛이 극히 개인적인 시간 속에서 고통받아 온 나의 슬픔을 어루만질 때라야 진짜 살아 있노라고 말할 수 있습니다. 그럴 때 아픈 나는 어서 나아야겠다는 의지마저 회복할 수 있습니다. 시몬 베유Simone Weil는 "관심은 가장 귀하고 순수한 관대의 형식"이라고 했습니다. 그러니 우리는 관심 어린 따스한 눈빛만으로도 누군가를 도울 수 있습니다.

아픈 사람을 혹시 탐탁스럽지 않게 느끼고 있다면, 그건 한 번 입력된 정보가 수정되지 않은 채 굳어졌거나, 당사자의 이야기를 들어 볼 기회가 없어서는 아니었을까요. 아직 그 수가 많지는 않지만 병력으로 차별할 수 없다는 국가인권위의 권고 사례가 더러 있습니다. 이미 언론을 통해 보도되었지만 인기(?) 없는 주제여서 많이 알려지지 않았습니다. 필요할 경우 찾는 수고를 덜기 위해, 이제부터 소개할 이야기들 안에서 전해 드리겠습니다.

단절된 시간 동안 퇴적층으로 쌓인 오해가 단박에 해소되기는 어렵겠지만, 이 책이 우리의 편견을 잘게 부수는 데 미력하나마 일조를 하면 좋겠습니다. 그래서 평평하게 골라진 땅 위를 우리 모두가 자유롭게 이동하면 좋겠습니다.

이 책은 아픈 몸보다 더 아픈 마음을 다독여 인터뷰에 응해 준 모든 화자話者들에게 빚지고 있습니다. 어떤 말로도 표현할 수 없음을 송구하게 여기며 고마움을 전합니다. 책 안의 그들은 환자 대 의료인, 부양인 대 피부양인, 진정인 대 피진정인 등 다양한 모습으로 다가오지만, 저마다의 삶의 지형이 바뀌면 역할은 언제든 바뀔 수 있음을 보여 줍니다. 아픈 몸보다 더 아픈 세상의 차별로 결코 녹록지 않은 현실이지만 '사는 일'에 열정 소모를 마다하지 않는 그들에게서 인생人生을 봅니다. 귀한 시간을 내 주신 KNP+의 모든 활동가님들, 간사랑동우회 대표이신 윤구현 님, 책에 조언을 아끼지 않은 중환자실 호흡기내과 이낙원 님과 내분비내과 전문의 정희경 님, 아낌없이 좋은 자료를 제시해 주고 낙담할 때마다 힘이 되어 준 류영주 님께 특별히 감사의 인사를 드리고 싶습니다.

멀리 바라볼望遠 수 있도록 시계를 넓혀 주는 친구들과 암이 '몸'에 당도했지만 의연히 '삶'을 닦아 나가는 중인 내 친구 수영이, 일상을 나누는 동무이자 간혹 남의 편인 재명에게 이 책이 작은 선물이 되기를 소망합니다.

◦ 차례 ◦

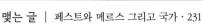

1

아
프
다
는

것

1. 어느 날, 병이 왔다

몸이 이상해요

51세, 남자는 고객의 전화에 응대하는 상담원들을 '관리'하는 일을 했습니다. 그는 10명의 상담원들이 쓴 그날 치 상담기록 4백여 건을 중간관리자로서 매일 검토하고, 상담원이 제대로 안내했는지 내용을 점검한 후 수정사항을 체크해 상담원이 보완할 수 있도록 도왔습니다. 그 밖에 하루에도 몇 차례씩 "너랑은 할 이야기 없으니 책임자 바꿔" 혹은 "남자 바꿔"라고 윽박지르며 상담원들을 나가떨어지게 만드는 '질 나쁜' 고객들의 전화를 대신 받았고, 직접 찾아와서 항의하는 고객들을 응대했습니다.

그는 하루 종일 좁은 상담실에서 "간과 쓸개를 전화기 옆에 꺼내 놓고" 전화를 받는 상담원들에게 관리자로서 자신이 더 해 줄 만한 일을 찾는 성실한 관리자이지만, 그런 그도 한동안은 출근하기가 싫었습니다. '또라이' 하나가 하루에도 몇 번씩 전화를 걸어 이유 없이 욕을 해 대기 시작하는데 그때마다 딱 돌아 버릴 지경이었기 때문입니다. 욕이라는 것도 그로서는 이제껏 한 번도 들어 본 적 없는 원색적인 것들이었습니다. 쓰레기차가, 쓰레기 더미에, 쓰레기를 마구 쏟아

붓는 것 같은 느낌이라고 했습니다. '미친놈이 또 지랄하는군', 듣고 넘기려 해도 수십 분씩 시달리고 나면 한동안 멍해져 아무것도 하지 못했습니다. 그때부터 가슴이 답답하고 불안해지는 증상이 시작되었습니다.

'또라이'가 급기야 사무실까지 찾아왔습니다. 여자 상담원만 골라서 지속적으로 괴롭히는 남자에게 그는 "왜 찾아와 못살게 구느냐"고 항의하며 따졌습니다. 싸움은 커졌고 사무실 직원들이 모두 뜯어말린 후에야 상황은 종료됐지만, 사과를 해야 하는 쪽은 또라이가 아닌 그였습니다. 그때가 오후 4시쯤. 그는 사무실에 더 있고 싶지 않아 조퇴를 하고 혼자 선술집에 앉아 술을 마시기 시작했습니다. 얼마나 먹었던지 어느 순간 필름이 끊겼고 누군가 깨워 일어나 보니 경찰이었습니다. 그는 길바닥에 쓰러져 있었던 겁니다. 집에 와서 수차례 토하고 선잠이 들었습니다.

다음 날 잃어버린 전화기를 찾으러 경찰서로 향하는데 그때부터 침울해지기 시작했습니다. 가슴이 답답하고 밤에는 거의 잠을 이룰 수 없었으며, 짧은 잠에 들다가도 깨어나길 수차 반복했고 걱정이 떠나지 않았습니다. 부서 회식이 있던 날, 지하에 있는 식당으로 들어가려고 계단을 내려가는데 앞이 어두컴컴해지면서 갑자기 땀이 나고 무서운 기분이 들었습니다. 동료들에게 내색할 수 없어서 그는 들어가자마자 인사만 하고 조용히 나왔습니다. 같은 상황이 몇 차례 반복되자 그는 건물 안으로 들어가는 일이 두려워지기 시작했습니다. 뭔가 좋지 않은 일이 생길 것 같다는 전조를 느끼면 슬슬 배가 아파 오면서 소화가 안되고 기분도 급격히 가라앉았습니다.

한번은 직원들과 야유회를 갔다가 숨을 못 쉴 정도로 몸이 움츠러들어서 이러다 죽는 게 아닐까 하는 마음에 가까운 응급실로 달려갔습니다. 몇 가지 검사를 받았지만 의사는 대수롭지 않게 아무 이상 없다며 돌아가라고 했습니다. 증상은 자주 반복됐고 그때마다 병원으로 달려갔지만 어디서도 그의 몸에 무슨 일이 생겼는지 알지 못했습니다. 돌고 돌아 찾아간 마지막 병원에서 마침내 그는 병명을 들었습니다. "공황장애 같습니다만."

62세, 남자는 요리사였습니다. 그가 정성스레 음식을 만들어 식탁에 내놓으면 손님들은 먹기엔 아깝다고 감탄했다는데 "예쁘다"고 말해 주는 그 소리가 듣기 좋아서 그는 오랜 세월 요리를 했습니다. 메인 요리는 주방장이 꼭 해야 해서 그는 하루 12시간씩 주방을 지켰습니다. 어느 여름부턴가 조금만 움직여도 몸에 땀이 많이 나고 몸 여기저기가 간지럽기 시작했습니다. 과로 때문으로 여겨 설탕물을 지니고 다니면서 열심히 먹었지만 차도가 없었습니다. 나이도 있고, 이제 하루 종일 서서 일하는 게 아무래도 무리인가 싶어 주방 일은 그만두었습니다.

그 후 사우나 입구에서 라커 키를 교환해 주는 일을 했습니다. 일이 그다지 힘들지 않았는데도 자꾸 픽픽 쓰러졌습니다. 크지 않은 병원에 가서 몇 가지 검사를 해 보았습니다. 병원에서는 그에게 결핵이라고 했고 한동안 결핵약을 먹었지만 상태는 나아지지 않았고 병세는 악화됐습니다. 이상하게 여긴 의사가 그날 오전 혈액검사를 해 보자고 하더니 다음 날 저녁 그를 곧장 1인실 독방으로 보냈습니다. 그가 에이즈에 걸렸다는 겁니다.

제가 "자, 이제부터 당신의 병에 대해 들려주세요"라고 말하면 병만 따로 떼어 설명하는 이는 아무도 없었습니다. 그들은 이 말을 자신의 인생 역정biographical history을 묻는 질문으로 받아들여서 자신이 누구인지, 어떤 일을 해 왔는지, 사는 모양은 어떠한지 한참을 풀어놓은 끝에 "아마도 이런 이유로 이 병이 오지 않았나 싶다"고 매듭지었습니다. 말하는 이가 질병을 이해하고 해석하는 방식은 자신의 생활 터전을 떼어 놓고 생각할 수 없기에 그의 이야기 안에는 가족, 친구들, 그가 치료기관에 다니며 만난 사람들이 숨 쉬고 있었습니다. 저도 익히 접해 본 의료 뉴스와 병원의 약품 냄새까지 고스란히 묻어 있기도 했습니다.

그들이 들려준 질병의 서사narrative에는 아픈 병을 낫게 하는 단순 치료가 아닌, 존엄한 인간으로서 존중받고 싶다는 통합적인 돌봄에의 바람이 들어 있었습니다. 의사가 환자를 제대로 만나고자 한다면 환자 삶의 서사와 맥락에 반드시 귀 기울여야 하는 이유가 여기에 있습니다.

자신이 겪어 온 이력으로서의 병(력)(11)을 어디서부터 어떻게 말해야 할지 몰라 저를 빤히 바라보는 이도 있었습니다. 그러면 저는 다시 이 병이 생긴 오랜 옛날, 가까운 예전, 혹은 최근에 당신에게 무슨 일이 일어났는지, 만일 예전의 당신은 A였는데 지금은 B라면 왜 그런지, 어떻게 살아가고 있는지를 물었습니다.

다소 긴 저의 설명이 끝나고 나면 상대는 짧은 상념 혹은 긴 고민

끝에 이야기를 들려주었습니다. 이 책에서는 용어를 구분 없이 쓰겠지만 사람들은 자신의 병을 질병, 질환, 병이라고 섞어 쓰고 자신을 환자, 질환자, 병자로 구분 없이 표현했습니다.[2]

2. 둘러보니 흔한 게 병

병은 아주 가까이 있다

큰 병의 전조로서의 증상이 아니라면 감기 정도의 일시적이고 가벼운 질환은 바쁜 생활에서 잠시 쉬어 가라는 쉼표로 봐도 무방합니다. 감기는 오래 머물지 않을 것을 알기 때문에 '왔다가 나갔다'고 합니다. 하지만 심장 질환, 고혈압성 질환, 뇌혈관 질환, 당뇨, 결핵, 희귀난치성 등의 만성질환이라면 이야기가 달라집니다. 클라인먼Kleinman은 이를 두고 "몸을 믿을 수 있다는 것은 너무나 기본적이어서 우리는 몸에 대해 전혀 생각하지 않는다—몸은 우리 일상의 경험에서 일종의 토대와도 같다. 만성질환은 그러한 근본적인 신뢰에 대한 배신이다"라고 했습니다.[3]

세계보건통계(The World Health Statistics, 2012)는 세계적인 보건문제로 만성질환의 증가를 꼽습니다. 뇌졸중과 심장 질환으로 사망하는 이들의 절반이 고혈압 환자인데 더 자세히는 전 세계의 3명 중 1명이고, 10명 중 1명은 당뇨병을 가지고 있습니다.[4] 사정이 이러하니 세계보건기구(WHO)가 모든 사람이 경제적 어려움 없이 기본적인 양질의 의료서비스를 받아야 한다는 '보편적 의료보장' 체계를 만성질환으로 확대해 예방과 관리에 역점을 두는 것은 당연한 일입니다. 만성질환은 그만큼 흔하기 때문에 가까이서 접해 본 사람들은, 특히 부모가 만성질환으로 돌아가시거나 현재 앓고 있다면 언젠가는 자신도 같은 병으로 고생하지 않을까 은근히 걱정합니다.

40대 후반인 지인 역시 지난해부터 고혈압을 앓고 있습니다. 그녀는 이제부터 혈압 약을 몸에 '지니고 다니며' 먹어야 한다는 진단을 받았을 때 자신도 엄마와 똑같은 길을 걷게 되었다는 사실에 많이 놀랐습니다. 엄마처럼 살지 않을 거라고 다짐해 왔지만 적어도 몸의 길은 엄마와 똑같은 만성질환자로 접어든 겁니다.

제 사촌 언니도 '가족력'이라는 점에서 비슷하다며 자신의 경험을 들려주었습니다. 언니의 어머니는 언니가 어렸을 때 간경화로 돌아가셨습니다. 언니의 어머니뿐만 아니라 외할머니, 이모 모두 간암으로 돌아가셨다고 합니다. 그런 사인死因을 아는 언니의 친척들은 언니가 다 자라고 난 뒤에도 언니만 보면 "너는 간을 조심해야 한다"고 인사처럼 말했습니다. 건강검진을 받으러 병원에 갈 때마다 작성해야 하는 문진표에도 예의 그 '가족력'을 묻는 문항이 있었습니다. 언니가 간질환에 체크하면 의사선생님도 언니에게 간염 예방접종은 받았는지와 어머니의 사인을 물었습니다.

아버지가 전립선암에 걸리고 오래지 않아 어머니가 유방암에 걸렸다는 여성을 만났습니다. 생물학적으로 충실히 복무해 온 기관으로서의 몸의 두 자리가 소임을 다한 후 맞이한 암. 저는 그녀에게 부모의 암을 어떻게 받아들였는지 물었습니다. 그녀는 남자의 몸에 대해서는 "아는 게 없어서" 아버지가 느낄 고통이나 슬픔은 짐작할 수 없지만 중력의 영향을 받는, 곧 떨어져 나갈 가슴 한쪽에 대해서는 같은 여자로서 어머니가 느낄 상실감을 조금은 알 것도 같아 "두 개" 모두 달려 있을 때 여기저기 많이 돌아다니자며 어머니를 모시고 노래방이며 찜질방을 다녔다고 합니다. 두 분 모두 칠십을 넘겼으니 병이 오는 것도 무리는 아닌데, 그래도 암은 다른 병에 비해 어감이 무거운지라 자식들이 느끼는 심리적·경제적 부담이 적지 않았습니다.

아버지가 암에 걸렸을 땐 한 집 걸러 온다는 '암'이 기어이 우리 집에도 왔구나 싶어 아버지를 볼 때마다 불쌍한 마음이 들었습니다만, 1년 후 엄마에게도 암이 찾아왔을 때 "또?" 하는 난감함만 느꼈을 뿐 처음처럼 놀라지는 않았다고 합니다. 그녀는 집안에 식구가 많다면 암도 먼저 "맞는 게" 중요하다고 했습니다. 다만 형제들이 돌아가면서 부모님을 돌봐야 하기에, 부모가 아프면 자식의 시간이 줄어드는 것은 말할 것도 없고 병원비를 분담하는 등 해결해야 할 크고 작은 일에 스트레스를 받았습니다.

어머니는 그녀가 어릴 적에도 병을 "끼고" 살았기에 그녀는 병에 익숙합니다. 공복에 한 번 식후에 한 번 혈당 체크를 하거나 스스로 윗옷을 들어 올려 배에 인슐린 주사를 놓는 모습도 자주 보았습니다. 단추가 떨어졌거나, 양말에 구멍이 나 있거나, 준비물을 챙겨 가지 못하는 날의 연속이었지만 모두들 그러고 사는 줄 알았습니다. 그러다 다른 아이들은 모두 갖춰 입고 학교에 오는 걸 알면서는 "등이 굽어지면서" 부끄러웠습니다.

그녀 아버지는 전립선암만으로도 쉽지 않은 인생에 치매까지 왔습니다. 치매는 한 줌 남은 연민마저도 증발시키는 병이라며, 한자리에 앓아누워 있는 사람은 차라리 고마운 사람이라고 그녀는 말했습니다. 아버지는 정신이 들고 나기를 반복하는데 "여긴 어디? 너는 누구?" 하다가도 어릴 적 동네 친구의 이름을 기억하고 그때의 일을 끝도 없이 늘어놓으며 세밀하게 묘사할 땐 너무도 '멀쩡해' 보인다고 합니다. 하루의 반은 멀쩡하고 반은 정신이 나가서 행동하니 엄마는 "저렇게 멀쩡하면서 사람을 골탕 먹인다"고 아버지를 몰아붙입니다. 그녀와 동생들은 아버지를 '환자'로 보는데 엄마만 여전히 나쁜 짓, 몹쓸 짓하는 '남편'으로 보고 있다고 말하며 그녀는 씁쓸하게 웃었습니다.

금융기관에서 20년 넘게 근무해 온 남자는 인생이 운이라고 생각해 왔습니다. 자신을 이끌어 줄 만한 사람에게 줄을 잘 서면 인생은 성공이지만 그렇지 않으면 실패에 다름 아니었으니까요. 그런 신념으로 열심히 일해 온 덕에 신도시에 50평 아파트를 얻었고, 한도 없이 쓸 수 있는 회사 멤버십 카드로 친구들에게 곧잘 기분도 냈습니다. 그렇게 40대 후반까지 최연소 임원도 하고 경제적으로 여유도 누리면서 남부럽지 않게 살아왔습니다.

남자는 운동을 좋아했습니다. 젊어서는 테니스를 쳤고, 회사 카드로 친구들과 제법 비싸다는 골프도 쳤으며, 매일 아침 헬스클럽에 다니면서 체력을 길렀습니다. 운동은 몸에 밴 습관이라 하루만 걸러도 몸이 알아챘습니다. 한마디로 부족함이 없는 삶이었습니다.

90년대 후반 IMF가 왔고 남자가 다니던 은행은 큰 은행에 인수됐습니다. 곧바로 구조조정이 시작됐고 간부들이 대거 옷을 벗었습니다. 대학에 보내야 할 아이들도 둘이나 있었지만 50대 초반에 그는 실업자가 되었습니다. 부동산이 호황일 때 친구들은 땅 투기를 해서 돈도 모았지만 남자는 그런 재주는 없었기에 모아 둔 재산은 퇴직금이 전부였습니다.

2년 정도 퇴직금을 까먹으며 사업을 구상했습니다. 이것저것 해 보았지만 돈만 까먹고 지내다 소일 삼아 해 보자는 마음에 공인중개사 자격증을 따서 지금의 부동산 사무실을 열었습니다. 10년 동안 동네 아파트 입구에서 장사하고 있지만 솔직히 돈이 벌리는 일은 아닙니다. 사실은 친구들과 어울려 조그만 건물에 투자한 게 있는데, 그게 팔리지는 않으면서 세금만 꼬박꼬박 나가는 통에 이자를 꿔다 메우기 바빠 스트레스가 쌓이기 시작했습니다. 형편이 어려워지면서 집도 자꾸 '아래로만' 옮겨야 했습니다.

자꾸 돈, 돈 하는 거 같아 뭣하지만 남자는 돈이 좀 있으면 좋겠다고 생각합니다. 지금은 이제껏 부어 놓은 국민연금으로 삽니다. 한 달에 145만 원 정도 나오니까 적진 않지만 돈 쓰던 가락이 남아선지 여전히 기분을 내고 싶을 때도 있습니다. 하지만 현실을 자각해야 한다는 데 생각이 미칠 땐 우울해졌습니다.

남자는 지난해 가을부터 입안이 마르고 어쩐지 힘이 없었습니다. 육십 평생 병치레를 안 하던 터라 대수롭지 않게 여겼습니다. 동네 병원을 찾아가 몸에 기력이 없다고 말했더니 의사선생님도 가볍게 영양주사나 한 대 맞고 가라고 했습니다. 주사를 맞고 집에 돌아왔지만 여전히 입이 말랐습니다. 혹시나 하는 마음에 다른 병원에 갔더니 역시 수액 주사를 맞으라고 했습니다. 이번에도 포도당 주사를 맞고 왔습니다. 그래도 피곤한 기운은 가시지 않았고 증세는 심해졌습니다.

다른 병원을 찾았더니 이번에는 피검사를 하자고 했습니다. 의사가 혈액검사 결과를 보더니 혈액 속에 염증이 많다면서 이온음료를 마시라고 했습니다. 남자는 의사가 시키는 대로 이온음료 한 통을 다 마셨습니다. 그 뒤 뭐가 잘못된 건지 계속 토하기 시작했고 일어서면 천장이 빙빙 돌았습니다. 밤새 그러다 남자는 집 근처 응급실로 옮겨졌는데, 그 병원에서야 자신이 당뇨에 걸렸음을 알았습니다. '내가 당뇨 환자라고? 이제 정말 10원어치의 운도 남지 않은 건가.' 남자는 충격을 받았습니다.

당뇨병은 평생 관리해야 하는 질환입니다. 자신이 당뇨에 걸렸는지 모르고 사는 사람도 많고, 알아도 관리 못 하는 사람도 많습니다. 당뇨에 걸리면 많은 사람들이 혹 췌장암은 아닐까 의심합니다. 꼭 해야 하는 건 아니지만 의심을 지울 수 없으니 환자는 의사에게 암이 아니냐고 묻고, 의사는 알 수 없으니 CT 촬영을 권합니다. 운을 믿는 이 남자도 역시 암을 의심했습니다. 검사 결과 그는 암은 아니라는 진단을 받았습니다. 의사는 그에게 염증이 많았었는데 이제 정상이 됐지만 췌장 기능은 여전히 부실하다고 했습니다. 그는 당뇨 환자가 된 것입니다.

당뇨는 췌장에서의 인슐린 분비에 장애가 생기거나 몸의 인슐린 저항성이 증가하여 발생합니다. 28세 여자는 증세가 무척 심각해서 콩팥이 망가져 투석이 불가피했고, 눈에 이상이 와서 사물을 구분하기가 쉽지 않았습니다. 주치의에 따르면 여자는 입, 퇴원을 반복했지만 쉽게 나아지지 않자 어느 순간 인생을 포기해 버린 사람처럼 굴었습니다. 당뇨의 원인이 무엇이든 간에 환자에게 가장 중요한 건 식이 조절을 통한 혈당 조절임을 누구보다도 환자인 그녀 자신이 잘 알았지만, 그녀는 의료진의 눈을 피해 병원 밖으로 '탈출'해서는 1천kcal이 넘는 삼계탕 한 그릇을 뚝딱 먹고 들어왔습니다. 기겁한 의사가 혈당이 높으면 혈압을 잴 수도 없다고 협박도 하고 불평도 했지만 그녀는 어차피 얼마 안 가 죽을 텐데 우울한 병원에만 갇혀 있긴 싫다며 병원 탈출을 멈추지 않았습니다. 그녀는 29세를 일기로 생을 마감했습니다.

주변을 둘러보니 아픈 사람이 셀 수 없이 많습니다. 중장년층에서는 병원 치료를 받지 않는 사람을 찾기가 힘들 지경입니다. 만성질환은 나이를 가려서 오지도 않았습니다. 어떤 병이든 진단 후에는 이제껏 접해 본 적 없는 새로운 차원의 감정 상태로 들어가기도 합니다.

3. 긍정과 부정 사이

하루에도 수십 번, 감정의 시소를 탄다

"당신은 당뇨입니다", "당신은 에이즈입니다"라는 의사의 진단은 무거운 선고입니다. 진단받은 뒤로 이들의 마음속에는 여러 갈래의 분수噴水가 솟아오릅니다. 바로 부정denial이라는 감정의 분수인데 시시때때로 솟아오르며 이들을 가만히 두질 않기에 놀람, 경황없음, 충격으로 일상이 틀어지거나 무너지고 때로 모든 것을 놓아 버리고 싶은 지경으로 치닫게 만들기도 합니다.

질병의 종류에 따라서, 병의 위중한 상태에 따라서, 혹은 병에 투영된 사회 가치에 따라서 자신의 병을 받아들이고 대응하는 데는 차이가 있지만 '나 같은 사람이 또 있을까' 싶어 '나 같은' 사람을 찾아 헤매는 마음은 많이 비슷했습니다. 그 사람들도 나처럼 우울해하다 죽음도 생각해 보게 되는 걸까, 불안한 마음에 여기저기를 두드려 보기도 합니다. 신체 이상의 모든 정보를 취합한 후 인터넷에 적어 넣고 무수한 자료를 읽어 가며 의사처럼 요인분석도 합니다. 자신과 같은 증상이 발견되면 '정말 나와 같구나' 하는 생각에 한순간 기쁘기까지 합니다. 과연 그 안에는 없는 게 없지만 어느 창에 매달려야 하는지 확신이 서지 않습니다.

동지를 찾아 헤매는 '인터넷질'은 잠깐의 위안은 주지만, 소화가 안 되고 불안이 엄습해 오면서 컨디션이 바닥을 치기 시작하면 모든 것이 깜깜해지며 무의미해지는 절망의 순간이 찾아옵니다. 그러다 운 좋게 같은 처지의 사람들을 만납니다.

"제대로 알아야 하지 않을까 싶어서 카페 가입하고는 수험생처럼 공부하듯이 하루에 2~3시간씩 찾아봤어요. 우리 같은 사람들이 다 죽는 건 아니구나, 꾸준히 약을 먹고 신경 써야 한다는 점에서 고혈압, 당뇨랑 거의 같구나. 온라인 공간에서지만 힘들 때 물어볼 사람들이 생겼으니 위안도 되고 생활이 많이 달라졌죠." (남, 40대, HIV)

"처음에는 질병 정보를 알아보는 것조차 무서웠습니다. 제 병은 1~2년 안에 죽는다고 했으니까요. 부모님은 바쁘셔서 알아볼 형편이 안 되고 제가 찾아 헤매는데 그러다 환우회 카페에 가입했어요. 정보도 보고. 도대체 옛날 사람들은 어떻게 치료했을까 싶게끔 다양한 정보들이 있었어요." (여, 20대, 재생불량성빈혈)

이름조차 희귀한 재생불량성빈혈이라는 질환에 걸린 그녀는 혈액 암협회에서 여는 각종 세미나와 의학 정보를 환우회 교류를 통해 얻었습니다. 희귀한 병을 가진 사람들이 만나 공감할 자리가 있다는 것만으로도 큰 위안이 되었지만 시간이 좀 지나자 양가감정을 느꼈습니다. 많이 나아지고 있다는 다른 환자의 투병 체험기를 읽으면 희망에 부풀다가도('당신도 나아지고 있으니 나도 나아지겠지') 나빠지는 사람을 보면 다시 걱정에 휩싸입니다. 그런데 스스로도 재미있다고 느끼는 건, 나아지고 있다는 정보마저도 어떨 땐 부러움에 질투가 나고('당신은 이식을 받았으니 나아지는 거지') 자신은 그럴 수 없다는 데 생각이 미치면 힘이 빠지면서 다시 나락으로 떨어지는 기분에 사로잡힙니다.

진단받은 직후 '아, 나는 에이즈 양성이구나,' 확진 사실을 비교적 쉽게 받아들였다는 40대 남자는 여러 경로 끝에 『에이즈는 없다』라는 책을 접했습니다. 질병 자체가 '없다'면 걱정할 이유가 뭘까. 제목을 믿고 싶은 마음에 읽고 또 읽었지만 어느 순간 병을 보는 다양한 관점이 있다는 정도로 받아들일 뿐, '없다'는 말에 더는 매달리지 않기로 했습니다. 관점과 정보가 훌륭한 책이긴 했지만 현재 몸 상태만 보면 약은 먹어야 하고 관리도 받아야 했습니다.

그는 다시 방도를 찾다 에이즈 관련 협회에서 주관하는 에이즈 간병인 교육에 등록했습니다. 자신과 같은 처지의 감염인들을 도우려는 건 아니었습니다. 인터넷 서핑만 하면서 혼자 불안해하기보다 전문가의 지도를 받아 스스로를 제대로 돕고 싶었기 때문입니다. 닥치는 대로 정보를 수집하는 일도 한계에 다다르면 꼭 필요한 몇 가지만 남기고 버려도 좋겠다는 용기도 생기는 겁니다.

어떤 이들은 병이 오고 난 후 더 작은 일과 순간에 집중하게 되었다고 합니다. 중요하지 않은 일들은 다 떨쳐 내고 꼭 만나야 하는 사람과 더 만나고 싶은 사람 그리고 자신의 도움이 필요한 사람 순으로 만남의 순도와 밀도가 높아진다고 했습니다. '우리'라고 부를 친밀한 사람들이 생겼고, 진정한 공감의 의미도 새롭게 되새기게 되었습니다.

놀라운 건, 자신에게 생긴 단점(병) 때문에 누구를 돕고 싶어 하는 마음까지 생겼다는 점입니다. 이해해 본 적 없던 타인을 수긍할 수 있게 되었고 그들을 위해 돈과 시간 같은, 그전에는 자신만을 위해 쓰던 소중한 것들도 내놓기 시작했습니다.

"사회생활을 잘하고 싶은 욕심, 돈 욕심, 생활을 잘 꾸리고 싶은 욕심… 이런 걸 어느 순간 내려놓게 되는 거예요. 홀가분하기도 해요. 집 근처에 작은 텃밭을 가꾸기 시작했는데요. 어느 날 잡풀을 뽑고 있는데 비가 오는 거예요. **지나가는 비**였어요. 비 맞으면서 풀 뽑는데 기분이 좋더라고요. 그전 같으면 비를 피했을 텐데 말이에요. 아, 이런 느낌도 있구나." (남, 40대, HIV)

비 맞으며 풀을 뽑는 게 좋았다는 그는 "이렇게 표현하면 이 병 걸린 사람들은 싫어하겠지만…"이라고 말끝을 흐리더니 병 걸린 걸 나쁘게 생각하지 않는다고 했습니다. 자신을, 처음으로 제대로 생각하는 새로운 힘이 생긴 것 같다고 했습니다. 그가 현실을 담담히 받아들이는 모습이 보기 좋으면서도 마음 한편에서는 그렇게라도 긍정의 위약을 발라야 이 국면을 돌파할 수 있다고 여기는 건가 싶었습니다. 짐작은 곧장 바버라 에런라이크Barbara Ehrenreich를 호출했습니다.

그녀는 『긍정의 배신Bright-Sided』에서 "(암을 통해) 나는 더 강해졌고 인생의 우선순위를 새롭게 규정하게 되었습니다"라는 식으로 암에 걸린 자신의 상태를 무한 긍정하는 사람들의 예화들을 소개합니다. 그녀는 미국 사회에 만연한 '긍정주의'로 인해 사람들이 얼마나 터무니없이 긍정적으로 사고하고 행동하기를 강요당하고 있는지 꼬집습니다. 치료 못지않게 병을 대하는 태도를 조정하는 게 중요하다고, 병 앞에서 절망만 하느니 왜 하필 이 시기에 이 병이 내게로 왔을까를 성찰적으로 긍정하는 게 더 바람직하다고 유·무형으로 압박하는 사회가 한없이 불편하다는 겁니다. 긍정주의는 무엇보다 분노와 공포라는 실체적 감정을 부정하고, 그 감정들을 쾌활함의 분칠 아래 묻어 두도록 강요한다고 그녀는 주장합니다.

이 책은 발간되자마자 화제를 불러 모았고 독자들 사이에 큰 반향을 불러 일으켰습니다(이 책의 한국어판 부제는 '긍정적 사고가 어떻게 우리의 발등을 찍는가'입니다). 저 역시 그녀의 명석한 사유에 감탄하며 책을 읽었기에, 병을 낙관적으로 해석하는 사람들을 만날 때면 이런 가정(긍정의 배신)도 있는데 어떻게 생각하느냐고 물었습니다. 그중 한 답변이 인상적이었습니다. 긍정에게 배신당할 수 있으니 긍정을 의심해 보라는 것도 아픈 사람에게는 피곤한 일이며, 하루에도 긍정과 부정의 시소를 수십 번 타는데 시소가 어느 쪽으로 기울었을 때 그 질문을 받느냐에 따라 달라진다는 것입니다. 생각할수록 우문현답이었습니다.

병을 낙관적으로 생각해야 한다는 긍정에의 강요가 설혹 문제가 된다 해도 억지로라도 긍정하고 싶은 사람도 있습니다. 평생을 신을 믿어 온 성직자가 어느 날 실명의 위기에 처했습니다. 그가 밥 먹는 것처럼 매일 해 온 기도가 그날 이후 원망의 소리로 변했습니다. 의사가 점차 나아지고 있다고 말해도 언제 나빠질지 모르니까 자꾸 신경 쓰게 되고, 그게 언제쯤일지 예측할 수 없으니 미래를 계획하기 어려웠습니다. 예전에 비해서 일에 전력을 쏟지 않는 건 체력이 완전히 고갈되면 어쩌나 불안해서입니다.

"실명에 대한 두려움보다도, 또 언제 다시 생길지 모르는 '그때와 같은 상황'에 심리적으로 위축되곤 합니다. 이게 고약합니다. 평생 관리해야 한다는 건 알겠는데 일상에서 어느 선까지 몸을 써야 하는지 알 수 없어서요. 이 정도 일은 해도 되는지, 이 정도 몸은 써도 되는지……. 틈나는 대로 수술받은 눈으로 주변을 돌아보는 버릇이 생겼어요. 아직 오지 않은 현실인데, 괜한 걱정이겠지요." (남, 40대, 실명 직전 수술)

눈이 아프다고 해서 눈만 아픈 건 아니며 다른 기관도 다 아프기 시작하니, 그는 '눈만 아프도록 내버려 두지 않는구나. 몸 전체가 다 같이 아파하는구나' 하며 전신의 반응에 놀랐습니다. 수술 후 5개월 정도를 엎드린 채 하루에 2~3시간 자는 둥 마는 둥 하면서 지내다 보면 이전에 살아온 시간을 모두 부정당하는 느낌이 들면서 내가 뭘 그리 잘못했나 싶은 생각이 들었습니다.

교통사고로 40세 이후에 휠체어를 타기 시작한 55세 남자는 죽고 싶었던 마음을 모두 끌어모아 살려는 의지로 전환시켰습니다. 이제는 자신의 경험을 아이들에게 들려주며 언제 일어날지 모르는 사고의 위험성을 환기시킵니다. 그는 교실에 들어가서 아이들과 눈을 맞춘 뒤 '장애 발생 예방, 어떻게 할 것인가'에 대해 수업합니다. 예방 계명을 쓰고 따라하게도 합니다. 무단횡단 안 됩니다, 위험한 놀이 하지 마세요, 다이빙 하지 마세요, 오토바이 타지 마세요, 차에 탈 때는 꼭 안전벨트를 하세요, 12세 이하는 앞좌석에 앉지 마세요. 우리나라 장애인의 90%가 후천적 장애인이니까 꼭 명심하세요, 라고 힘주어 말합니다. 그리고 난 뒤 본인이 다치기 전과 다치고 난 뒤의 모습을 사진으로 보여 줍니다. 아이들은 숙연해집니다. 수업이 끝나면 감명 깊었다는 후기가 올라옵니다.

그는 그렇게 보람을 수집하며 삶의 의지를 다지고 있습니다. 자기 몸의 이전과 이후(before/after)를 비교해 보여 주며 교훈을 제공하고 살아가는 일이 아무리 보람되다 해도, 가르치는 일 외에 더 나은 일이 주어진다면 그 일을 하고 싶습니다. 몇 번이고 사고의 기억으로 다시 돌아가야 하는 이 가혹한 데자뷰는 겪고 싶지 않습니다.[5]

긍정과 부정을 되풀이하며 길어 올린 두레박 안에는 회한과 슬픔, 번민과 불안, 그리고 소소한 기쁨이 담겨 있습니다. 왜 내게 이런 일이 있어났을까 도저히 납득할 수 없는 순간도 있었지만 이제는 달라진 조건에서 어떻게든 살아가야 한다고 마음먹기도 합니다.

바버라 에런라이크와는 다른 방식으로 저도 작은 결론에 도달하게 되었습니다. 아픈 사람이 스스로를 격려하는 방식이 긍정이든 부정이든 그것은 그 안에서 요동치던 시간의 산물이어서 외부의 어떤 판단도 그보다 단단할 순 없다는 것입니다. 그러나 이들은 병과 병에 대한 인식의 정립이 아무리 고통스럽다 해도 가까운, 사랑하는 사람들과의 관계가 파열되고 단절되는 것보다 더한 고통은 없다고 말합니다.

4. 지지와 갈등의 원천, 가족

먼 '이해', 가까운 '이별'

한 사람이 앓는 병은 남들로서는 알 수 없으며, 사람에게서 병만 따로 떼어 설명할 수 없고 인생과 병을 구분 짓기도 어렵습니다. 전체로서의 개인에게 온 병이라서 당사자는 자신의 전부로 혹은 애써 일부로 받아들입니다. 받아들이기까지 오래 걸리고 끝내 받아들이지 못하기도 합니다. 그 와중에 가족, 친구, 연인이 머물기도 하고 떠나기도 하며 그도 아니면 얼음처럼 차갑기만 합니다.

사람을 만나고, 사랑하고, 헤어지고, 다시 만나는 일은 반복되는 계절만큼이나 자연스러운 일이지만 몸이 취약한 상태가 되고 나면 치르기 힘든 '과업'이 됩니다. 이전과는 달라진 몸 상태를 가족과 연인에게 털어놓을 수 있을까. 누군가를 사랑하는 일이 **가능한가, 아닌가**를 두고 한 번도 이처럼 긴 고민을 해 보지 못했지만 고민은 깊어만 갑니다. 적절한 틈을 봐서 솔직하게 털어놓든, 끝내 숨기든, 그도 아니면 떠나가길 바라든 선택의 기로에 놓입니다.

나는 나는 죽어서 파랑새 되어 / 푸른 하늘 푸른 들 날아다니며 / 푸

른 노래 푸른 울음 울어 예으리 / 나는 나는 죽어서 파랑새 되리

— 한하운, 「파랑새」

「파랑새」로 널리 알려진 시인 한하운(1919~1975)은 나이 서른에 〈신천지〉에 한하운 시초를 발표하고 시집 『보리피리』를 펴냅니다. 평생 그를 따라다니며 괴롭힌 한 단어는 지금은 한센병이라고 부르고 그 시절엔 문둥병 혹은 나병이라 불렸던 '문둥이'였습니다.

「파랑새」는 누구나 알지만 제 경우엔 '교과서'에 실렸기에 온전히 음미하지 못하고 어물쩍 넘겨 버린 시였습니다. 학교를 졸업할 즈음 우연히 손에 들어온 『보리피리』는 파랑새가 머금은 서슬 퍼런 슬픔 자체였습니다. 자신의 몸에 갇힌 갑갑한 영혼을 풀어 주려고 세상을 자유롭게 나는 파랑새를 지은 것일까……. 몇 장을 더 넘기다 아름답고도 안타까운 다른 시를 발견했습니다.

P양, 몇 차례나 뜨거운 편지 받았습니다. / 어쩔 줄 모르는 충격에 외로워지기만 합니다. / 孃이 보내 주신 사진은, 얼굴은 오월의 아침 아카시아꽃 청초로 침울한 내 병실에 구원의 마스콧으로 반겨 줍니다. / 눈물처럼 아름다운 淸淨無垢한 사랑이 회색에 포기한 나의 사랑의 창문을 열었습니다. / 그러나 의학을 전공하는 양에게 이 너무나도 또렷한 문둥이 병리학은 모두가 부조리한 것 같고 이 세상에는 안 될 일이라 하겠습니다. / P양, 울음이 터집니다. 앞을 바라볼 수 없는 이 사랑을 아끼는 울음을 곱게 그칩시다. / 그리고 차라리 아름답게 잊도록 덧없는 노래를 엮으며 / 마음이 가도록 그 노래를 눈물

삼키며 부릅시다. / G선의 엘레지가 비탄하는 덧없는 노래를 다시 엮으며 / 이별이 괴로운 대로 리라꽃 던지고 노래부릅시다.

— 한하운, 「리라꽃 던지고」

시인은 양孃이라 칭한 여인으로부터 뜨거운 편지를 받았지만 편지는 다름 아닌 그녀의 청초한 얼굴이자 귀하고 아름다운 사랑이라 '또렷한 문둥이'인 자신은 차마 양의 마음을 받을 수 없습니다. '어쩔 줄모르는 충격에 외로워지기만' 한 시인은 '차라리 아름답게 잊도록 덧없는 노래를 엮'어야만 했습니다.

사랑하고 사랑받는 일이 불가능하리라는 인식의 종착역에 한센병과 HIV/AIDS가 있었습니다. HIV 감염을 진단받은 어떤 이는 누군가를 만나 새로운 관계를 만드는 일, 누군가를 진심으로 사랑하는 일이 세상에서 가장 어려운 일이 되어 버렸다고 했습니다. 상대가 이해심이 넓은 사람이니 어쩌면 별일 아니라고 다독여 주지 않을까, 좋은 쪽으로 생각도 해 보지만 버림받는 것보다는 덜 아플 거라는 생각에 먼저 이별을 고했습니다.

혼자서 쌓아 올리고 허문 모래성은 오를 수 없는 거대한 산이 되었습니다. 그 후 혹여 누구를 만나더라도 털어놓지 못하고, 그토록 무거운 비밀을 간직한 채 살아갈 수 있을까 의심이 들면 그때부터는 고백해야 한다는 갈등에 휩싸입니다. 죄책감과 부담감을 이기지 못해 고백하고 이별을 택했다는 이도 있었고, 다행스럽게도 고백할 기회를 놓친(?) 이도 있었습니다.

"사귀는 사람에게 내가 아프다고 털어놓지 못했어요. 상대가 힘들어 할 거 같았어요. 이야기해야지, 이야기해야지 하고선 시간만 축냈는데 얼마 전에 그 사람이 죽었어요. 내가 아픈 줄 모르고 갔으니 차라리 다행이다 싶어요." (남, 50대, HIV)

친구들은 그에게 차라리 잘되었다고 위로도 해 주었지만 이별의 상처가 쉽게 회복되진 않습니다. 아픈 상태로 누구를 만나고 함께 사는 일이 뭐가 그렇게 중요하냐고 되물을 수도 있습니다. 그러나 만성질환은 평생 병과 함께 살아간다는 계약서에 원치 않는 도장을 찍는 것을 의미합니다. 그런 몸으로 '누구와' 함께 나이 들어 가고 싶은가는 가벼운 고민일 수 없습니다.

하지만 병 이후 자의든 타의든 몸에 '하자'가 생겼다고 느끼면서부터 스스로 모든 가능성을 차단하기 시작합니다. 가능성은 미래를 가리키는 단어이기 때문입니다.

"몇몇 친한 친구가 있지만 그마저도 좁아져요. 아프고 나서는 아무래도 시간이 줄어드니까 자연스럽게 멀어지죠. 인간관계가 확 좁아졌어요. 연애도 마찬가지죠. 연애는 가볍게 하고 헤어질 수도 있지만 접은 지 오래됐어요. 이렇게 아픈 여자를 누가 며느리로 데려가겠나, 솔직히. 물론 요즘에는 백혈병 환자도 임신하고 출산한다고 하는데, 저 같은 환자는 임신하면 빈혈이 더 심해진대요. 임신으로 발병하기도 하니까 리스크가 큰 거죠. 하지만 임신 출산도 못 하는 여자와 누가 결혼을 하겠어요." (여, 20대, 재생불량성빈혈)

병이 생긴 뒤에도 연애하고 싶다는 생각을 안 해 본 건 아니고 스치듯 가볍게 만나고 헤어지는 관계라도 연이 닿는다면 하고 싶지만 결혼, 가정, 며느리, 임신이라는 미래를 떠올리면 모든 게 아지랑이처럼 아련하기만 합니다.

가족 없이 단신으로 병과 싸우는 이들도 적지 않습니다. 가족이 없어 외로움을 느낀다는 어떤 이는 이렇게 말합니다.

"주변을 둘러보면 결혼하신 분들은 헤쳐 나오는 게 빨라 보였어요. 그렇지만 어떤 가족도 없는 저는 힘들었죠. 새로운 꿈을 꾸게 하는 힘이 가족에게서 나와요. 힘을 받는 거예요. 동성애자 중엔 가족과 사이가 좋지 않아서 혼자 지내는 분이 많아요. 그래서 어려울 때 도움 받을 가족이 없어요." (남, 40대, HIV)

병이 깃든 몸만 치료하고 나면 병에서 자유로워질 거라 여기지만 환자는 발병 이전과 이후 삶이 달라지기고 하고, 후유증을 앓는 정도도 저마다 다르며, 재발하거나 혹은 앓던 병 외에 다른 병이 생기기도 합니다. 질병 경력illness career이 쌓이는 겁니다. 이 과정을 곁에서 고스란히 지켜보거나 개입하는 이들이 가족입니다.

아픈 사람에게 가족은 한없이 미안하고도 고마운 존재들입니다. 가족은 이들에게 등대이자 보루지만 가족이 이들을 단념하거나 포기하기로 마음먹는다면 이들은 당장 표류하는 난파선이 될 수도 있습니다. 우리 사회처럼 개인의 질환을 가족 구성원의 헌신과 희생에 기대어 해결해야 하는 곳, 가족의 다른 이름이 '책임'인 곳에서는 더욱 그러합니다.

"어느 날, 아들과 한방에서 텔레비전을 보는데 갑자기 몸이 쪼그라드는 것 같은 발작이 찾아왔습니다. 저는 아이가 저를 보고 놀랄까 봐 급히 비상약만 챙겨 나와 발작이 그칠 때까지 밖에서 한참을 떨었습니다. 한번 시작되면 어디든 웅크리고 들어가 숨어야 하는, 흡사 포획당한 동물 같은 제 모습을 아이에게 보여 주고 싶지 않았습니다."
(남, 50대, 공황장애)

아내를 비롯한 성인들에게는 양해를 구하면 될 일이지만 아이에게는 약한 가장의 모습을 보이고 싶지 않았던 아버지. 그가 가장으로서의 권위와 위신 혹은 부양 능력의 저하를 고민한다면 어머니이자 아내는 실질적인 돌봄의 역할을 수행해 내야 합니다. 남녀 구분 없이 부양과 간호의 의무를 지는 가정도 있지만 대개 부양은 남자, 간호는 여자로 성 역할의 구분이 뚜렷합니다. 젠더gender로서의 성 역할은 '강한 가장'과 '흔들림 없이 내조하는 아내/엄마'를 스스로 부여하게 하고 외부에서도 그리 기대합니다.

어떤 의사는 진료할 때 당뇨를 앓는 성인 남자에게는 부인이나 돌봐 줄 가족을 대동하게 합니다. 당뇨가 악화되는 데는 식습관이 영향을 미치므로 습관을 형성하는 가족, 그중에서도 식단을 담당하는 부인이 꼭 알아 두어야 할 것을 가르치기 위해서입니다. 운동 역시 회복에 중요한 요인이라서, 환자가 혼자 걸으면 지루해서 포기하기 쉬우니 부인과 함께 걷는 게 좋다고 권합니다. 잦은 외식으로 높은 칼로리를 섭취할 수 있으니 가급적이면 도시락을 싸 줄 것을 권하기도 합니다. 부인은 할 일이 많아집니다.

반면 아내가 아프면 어떨까요? 집안의 '손'으로서의 아내 그리고 엄마가 몸져눕는 건 가족들에겐 걱정보다는 불편입니다. 돌보는 역할을 하던 사람이 아프면 그에게 돌봄을 받았던 기억은 가물고, 그를 어떻게 돌봐야 할지 난감하기만 합니다.

"갑상선이 와서 몸이 한없이 무기력해졌어요. 그런 적이 없는데 며칠을 누워 있었죠. 남편은 제가 아픈 게 일단 무조건 귀찮은가 봐요. 제가 뭘 해 달라는 것도 아닌데 짜증부터 내고 봐요. 안쓰럽긴 한데 뭘 어떻게 해 줘야 할지 몰라 그러는 거 같아요. 저는 그냥 아무것도 하지 말라고 하죠. 불안하고, 오히려 해 주려 마음 쓰는 게 신경 쓰이니까요. 자기 아플 때 뒷바라지한 건 기억도 못 해요."

(여, 40대, 갑상선 질환)

50대 초반의 여성은 베이비부머 세대입니다. 입학할 나이가 되었고 동네 친구들은 학교에 간다고 들썩거렸지만 엄마는 그녀에게 학교에 가자는 말이 없었습니다. 기다리다 못한 그녀가 "엄마, 나는 학교 안 가? 나는 왜 학교 안 가?" 하고 물었습니다. 엄마는 "너는 학교 안 가. 약해서 못 가"라고 말했습니다. 어린 여자아이는 사흘 내내 먹지도 않고 학교에 보내 달라고 울기만 했습니다. 입학식 날, 밤새 울다 눈물을 그친 아이는 엄마에게 부탁했습니다. "엄마, 나중엔 꼭 보내 준다고 약속해." 그 말을 들은 엄마가 무슨 생각이 들었는지 자리를 박차고 일어나더니 "오늘 학교 가자. 엄마한테 업혀 학교 가자"고 했습니다. 그녀는 그날부터 엄마 등에 업혀 학교에 다녔습니다.

엄마는 이른 새벽 그녀를 업어 학교에 데려다 놓고 밭에 가서 일하다가 오후 2~3시쯤이면 다시 한 시간을 걸어 학교에 와서는 그녀를 업고 집에 돌아와 다시 밭으로 나갔습니다. 그러기를 몇 년, 그런 엄마가 안쓰러워서 그녀는 언제부턴가 혼자 다닐 수 있다고, 십리 길을 다리를 절면서 학교에 다녔습니다. 친구들이 따라오면서 '다리병신'이라고 놀렸습니다. 그런 날이면 집에 돌아와 울고불고 야단을 피웠습니다. "왜, 왜 나를 낳았어?"

그녀는 폴리오바이러스에 감염되어 어린 시절부터 한쪽 다리를 심하게 절었습니다. 사람들이 '소아마비'라고 부르던 이 바이러스는 그때만 해도 흔한 질환이었습니다. 그녀는 어린 시절을 친구들이 놀렸던 '소리'로 기억합니다. 자신의 장애가 무엇인지 몰랐던 그 시절 그녀는 엄마를 원망했지만, 장애아를 키우며 엄마가 감내해야 했을 외로웠던 시간을 이제는 압니다. 그 시절의 엄마만 떠올리면 가슴이 먹먹해지는 이유입니다.

장애인의 가족과 HIV 감염인 가족과 에이즈 환자 가족은 다른 질환에 비해 더욱 복잡한 심경을 느낍니다. 안타까움에서 비롯된 연민과 사회가 심어 준 오명에서 비롯된 회피 사이에서 갈등을 겪습니다. 말할 것도 없이 HIV 감염인과 에이즈 환자 가족의 거부감과 당혹감이 가장 큽니다.

"군대에 가야 할 때인데 왜 안 가냐고 형이 자꾸 물어서 형에게만 틸

어났어요. 형이 "병신아, 어떻게 행동하고 다녔기에 네 몸 간수도 못하냐"고 많이 때렸어요. 계속 맞았어요. (왜 털어놨어요?) 동료들에게처럼 뻥치고 안 볼 사이 아니고, 가족이니 오래 봐야 하잖아요. 문자가 왔더라고요. 어떻게 해야 하는지 몰라서 그랬는데 미안하다. 찾아보니까 괜찮다더라……. 예전이랑 달라진 건 없어요. 주로 전화나 문자하는데, 만나면 "몸 괜찮냐" 그걸로 끝이에요. 긴 설명 없이 서로그렇게 묻는 게 편해요." (남, 20대, HIV)

HIV 감염 진단을 받은 또 다른 남자도 비슷한 고민에 빠졌습니다. '어쩌지, 말해야 하나.' 고민은 깊어 갔지만 엄마만 보면 죄송해서 눈물만 났습니다. 엄마 아빠는 이제 나를 어떻게 생각할까. 가정해 보는것만으로도 두려웠습니다. 결정을 못 하는 사이 부모님이 먼저 알게됐고, 그날 이후 엄마는 이 병은 반드시 낫는다며 그를 교회에 끌고다녔습니다. 울면서 기도하면 하나님이 병과 동성애 모두를 치료해 주신다는 겁니다. 모난 돌이 정 맞을까 걱정스럽고 안타까운 부모의 마음을 모르지 않지만 '직선이 되라고, 너의 휘어진 자로 재'(타블로, 「열꽃」 가사 중)는 행위에 다름 아니었습니다. 그는 쫓겨나다시피 독립을택했습니다.

원래부터 대화와 교류가 없던 가족이라면 가족 구성원의 병은 서로에게서 더 멀어지는 계기로 작동할 뿐입니다. 어린 시절을 떠올리면누나와 형에게 맞고 자란 기억이 전부인 20대 남자는 HIV 감염 이후집과는 연락을 아예 끊었고, "애 낳고 알았습니다. 내가 이반(異般, 동성애자)인 줄"이라고 말하는 50대 초반의 남자는 "많고 많은 병 중에 하필이면 에이즈가 뭐냐"며 매일 울던 아내와 이혼했습니다. 그는 이 병이 아니었다 해도 아마 헤어져야 했을 거라고 했습니다.

대기업 공장에서 일하고 있는 40대 남자는 자기가 HIV바이러스에 감염되었다는 전화를 보건소 직원으로부터 받았습니다. 확진 사실을 받아들일 수가 없었던 남자는 한동안 누구라도 다시 전화를 걸어 "미안합니다, 실수했습니다. 다른 사람과 데이터가 바뀌었습니다"라고 말해 주는 상상에 빠졌습니다. 매일 아침 혼자서 파이팅을 외치며 출근할 정도로 활달하던 그는 감염 사실을 알고 난 후부터 '그래 봐야 나는 감염인이다'라는 깊은 절망에 한동안 땅만 보고 다녔습니다.

우애가 두터운 여자 형제들 가운데 자란 이 남자는 누나들과 마음이 잘 맞고 매우 친밀합니다. 그토록 마음이 잘 통하지만 HIV에 감염됐다는 말은 꺼내지 못했습니다. 그가 사랑하는 어머니와 형제들은 입버릇처럼 결혼을 재촉해 왔지만 서로의 손에 동상이몽의 카드가 들려 있으니 그림을 맞춰 볼 엄두도 못 냅니다.

28세 남자는 군 제대를 앞두고 받은 건강검진에서 HIV바이러스에 감염된 사실을 알았습니다. 제대한 지 한 달 만에 집으로 발송된 우편물에는 보건소로 전화 달라는 안내문이 들어 있었는데 불행히도 그의 아버지가 먼저 열어 보았고, 가족들은 그의 감염 사실을 모두 알게 되었습니다.

그날 이후 모든 것이 달라졌습니다. 어머니는 가족들 빨랫감 가운데 그의 것만 따로 분리해 돌리고, 식기도 그의 것을 따로 마련했습니다. 찌개를 가운데 놓고 숟가락으로 함께 떠먹던 밥상문화도 사라졌습니다. 가족들은 화장실도 따로 썼습니다. 달라진 것은 아무것도 없으니 예전과 똑같이 생활하면 된다고 주치의가 그의 어머니에게 신신 당부했지만 가족들은 의사의 말도 믿지 않았습니다.

이쯤 되면 당사자는 분노를 느낄 만도 하지만, 괜찮다고 말해 주는 반영자로서의 거울이 없으니 반복되는 자기혐오self-hate는 오롯이 당사자의 몫입니다.

5. 질병, 장애, 노화 사이

한데 묶이고 싶지 않다!

아픈 사람, 장애인, 노인 같은 이른바 약자들은 세상의 속도에 어지럼증을 느낀다는 점에서 한집에 사는 사람들입니다. 건물들은 너무 높고 올라야 할 계단은 많으며, 출입문은 너무 빨리 닫히거나 열기에 너무 육중합니다.

신체 기능에 별다른 이상이 없을 때 우리는 외부 세계의 견고함을 잘 인식하지 못합니다. 적응력이 뛰어난 우리의 몸이 불편하면 불편한 대로 환경에 맞추려 노력하기 때문입니다. 하지만 몸을 의지대로 부릴 수 없는 순간이 오면 무력해진 몸은 위협적인 주변 환경에 움츠러들 수밖에 없습니다.

병(력)을 살피다 보면 곳곳에서 장애차별 근거 조항을 만나게 됩니다. 실제로 호주의 「장애차별금지법Disability Discrimination Act」은 '장애'를 신체와 정신의 기능 중 전체 혹은 일부를 상실한 것과 질병 혹은 질환을 일으키는 신체기관을 가진 것으로 인해 사고 과정과 현실 인식에서 다른 사람들과 차이가 나는 상태로 규정하고 있습니다. 이 규정을 다시 과거에 존재했지만 더 이상 존재하지 않는 장애, 미래에 생길 수 있는 장애, 유전되는 장애로 넓게 묶습니다.

장애와 질병이 한데 묶이는 것을 원치 않던 때도 있었습니다. 아픈 사람은 나는 '지금' 아플 뿐이고 치료하면 나을 텐데 왜 나를 장애인으로 분류하려 드는가 물었고, 장애인은 장애인들이 언제나 치료를 필요로 한다는 생각을 바로잡고 싶어 했습니다. 장애는 (불치)병이 아니라 오랫동안 장애를 병으로 간주하고 배제해 온 결과일 뿐이니, 편견을 고치려 들지 않는 이 사회가 문제라는 것입니다. 서구의 장애인 인권운동단체들도 초기에는 질병을 장애의 범주에 포함시키는 걸 꺼렸다고 합니다. 장애도 무거운데 낙인이 심한 AIDS나 심각한 질병까지를 추가로 얻고 싶지 않았기 때문이겠지요.

한 장애인은 이렇게 얘기했습니다. 당사자들이 아무리 엄밀하게 구분하고 싶어 해도 손상, 약함, 무력함, 의존성, 수동성, 수치심, 무능력은 장애와 질병이 "함께 쓰는 식기食器"라고 말입니다. 관절염, 심장과 호흡기 질환, 당뇨, AIDS 등의 만성질환은 악화되면 극심한 통증과 장애를 동반하기도 합니다. 따라서 이를 굳이 분리하려 애쓰기보다는 통합적으로 바라봐야 한다고 했습니다. 그의 말을 들으니 사고 이후 병과 장애를 동시에 겪어야 하는 이가 떠올랐습니다.

눈떠 보니 자신이 중환자실에 있더라는 50대 남자는 자동차 사고로 크게 다쳤습니다. 자신의 목 아래에 구멍이 뚫려 있고 그 안으로 음식이 들어가고 있었습니다. 두 눈으로 보고 있는데도 믿기지 않았던 상황! 그날 이후 남자는 제대로 잠을 이룬 밤이 없습니다. 그는 그렇게 40여 일을 중환자실에 누워만 있었습니다. 일반 병실에 들어온 뒤에는 혼자서는 아무것도 할 수 없었습니다. 갑자기 움직일 수 없는 인생이 시작된 겁니다.

"의사선생님이 평생 휠체어를 타고 살아야 한다기에 그 선생님 면전
에 대고 욕했어요. 제 병간호를 하신 어머니는 조금이라도 더 희망적
인 말을 듣고 싶어서 이 병원 저 병원 저를 많이도 데리고 다녔어요.
그 때문에 부모님하고도 많이 싸웠습니다. 의사선생님께 부탁했어
요. 더는 살고 싶지 않으니 차라리 죽는 약을 달라고요."

아무도 모른다, 몸의 통증

의사에게 죽는 약을 달라던 그였지만 시간이 흐르면서 어떻게든 받
아들이려 재활치료도 성실하게 받았습니다. 하지만 24시간 몸에 달라
붙어 있는 통증만은 도저히 견딜 수 없었습니다. 그는 어느 날 차에
뛰어들었습니다. 달려오던 운전자가 뭔가 감이 왔는지 차를 멀리 세
우고 달려오더니, 죽으려면 혼자 죽지 왜 애먼 사람 죽이려 드느냐고
격노했습니다. 백번 지당한 말이지만 차로 뛰어들었던 그 순간의 그
는 솔직히 살고 싶은 생각이 없었습니다. 손도 자유자재로 움직일 수
없는 '산송장'의 일상, 살아 있는데도 살아 있는 것 같지 않다면 굳이
살아가야 할 이유가 무엇인지 그로서는 알 수 없었습니다.

"손에서 무릎, 무릎에서 발끝까지 저릿저릿하고 피가 안 통해서 오는
통증이에요. 아침에 집사람이 만져 주고, 저녁에는 물리치료를 받아
요. 그러다 또 밤이 오면 통증에 시달리죠. 자다 깨다 자다 깨다 새벽

이 오면 통증이 참을 수 없을 지경에 이르면서 죽고 싶어요. 잊으려고 찬송가를 막 부르다가 또 잠이 들고……. 14년째 하루에 약을 네 번씩 먹어도 안 돼요. 안 먹으려 해도 끊을 수 없어요, 몸이 그냥 통증 자체라."

몸이 그냥 통증 자체라는 그에게 몸의 감각은 어떤 것일까요. 날카로운 것을 만졌다가 손을 베인 경험 때문에 뾰족한 것을 만지지 않듯, 위험해 보이는 일은 몸이 먼저 저어하기 때문에 안전할 수 있습니다. 그럴 때 몸의 감각은 척후병입니다. 위험을 경고하는 훌륭한 방어 기제로 작동하니까요. 하지만 임계점을 넘어가면 몸은 통증에 온전히 먹히고 맙니다. 통증의 경로를 몸의 주인은 알 길이 없고, 하루 종일 몸이 치른 전투의 흔적도 보이지 않습니다. 오죽하면 그 고통을 끝내려 차에 뛰어들었을까요.

그의 이야기를 듣다 보니 문인수의 시 「이것이 날개다」가 떠오릅니다. 시에는 뇌성마비 중증 언어장애인 마흔두 살 라정식 씨의 장례식에 모인 지인들의 대화가 담겨 있습니다. 시의 일부를 옮겨 봅니다.

자원봉사자 비장애인 그녀가 병원 영안실로 달려갔다.
마침, 같은 처지들끼리 감사의 기도를 끝내고
점심식사 중이다.
떠먹여 주는 사람 없으니 밥알이며 반찬, 국물이며 건더기가 온 데
흩어지고 쏟아져
아수라장, 난장판이다.

그녀는 어금니를 꽉 깨물었다. 이정은 씨가 그녀를 보고 한껏 반기며
물었다.

#@%,0%$&*%ㅒ#@!$#*? (선생님, 저 죽을 때도 와 주실 거죠?)

그녀는 더 이상 참지 못하고 왈칵, 울음보를 터트렸다.

$#?&@\.?%,*&#…… (정식이 오빠 좋겠다, 죽어서…)

여느 장례식장이라면 이른 나이에 세상을 뜬 고인에 대한 안타까움
이 봇물을 이루겠지만 고인이 된 라정식 씨와 같은 처지인 지인들은
그럴 맘이 없습니다. '빨리 죽어서 부러움을 사는 사람도 있구나.' 시
를 읽는 동안 어금니를 꼭 깨물어야 했습니다.

선천성 소아마비로 경도 장애 등급을 받은 50대 여자는 20대까지
는 이렇다 할 몸의 통증이 없었습니다. 하지만 다리를 더 절게 되면서
몸의 리듬이 완전히 깨졌고, 균형을 잡느라 몸이 갖은 애를 쓰면서 통
증은 더 심해졌습니다. 지금은 통증클리닉에 찾아가 진통 완화 주사
를 맞고 있습니다. 밤은 그녀에게 통증의 다른 이름입니다. 깊은 어둠
은 아주 깔끔하고 간단하게 그녀를 삼켜 버립니다.

그녀는 생각해 봤습니다. 자신은 경중 장애인데도 이렇게 아파서
죽고 싶은데 중증 장애인들은 얼마나 힘이 들까.

그녀는 사실 자신을 괴롭히는 통증보다 자신이 누구인가를 받아들
이는 게 더욱 힘들었습니다. 장애인은 어느 순간까지, 할 수만 있다면
"자기 자신을 끊임없이 배척하려고 노력하는 사람들"이라고 그녀는 말
했습니다. 아무리 아니라고 부인해도, 자고 일어나도 변함없이 장애가
있는 자신의 몸을 받아들이는 일이 세상에서 가장 '먼 이해'라는 것입

니다. 자신의 몸을 힐끗거리는 타인의 시선을 의식하느라 밖에 나와 있는 동안은 경직된 채로 통증을 누르지만 지금보다 더 심해지면 휠체어에 앉아야 하는 날이 올 겁니다. 그녀는 지팡이를 짚는 일마저 엄두를 못 내고 있습니다.

고통은 전적으로 개인의 감각에서 비롯되니 "얼마나 아프냐 하면요", "잘 모르시겠지만…", "짐작하실 수 없겠지만…", "절대 모를 거예요" 같은 화자의 표현은 듣는 이로서는 차이를 가늠하기 어려웠습니다. 그럴 때는 비유가 고마웠습니다. "바늘 끝으로 꾹꾹 찌르는 것처럼", "몽둥이로 누가 내리치는 것처럼", "뜨거운 물에 갑자기 데인 것처럼", "머리를 누가 잡아 뜯는 것처럼" **아프다** 말해 주어야 더 잘 이해되는 느낌이었습니다. 비유는 현상을 쉽게 풀어 이해를 돕지만 그렇다고 화자와의 간격까지 좁혀지는 것은 아니었습니다.

장애, 노화, 병보다 무서운 것

시간을 역행하진 못하니 노화는 모두에게 평등하고, 노화에 따를 장애는 모두에게는 아닐지라도 불가피합니다. 진화생물학과 의학의 관계를 흥미롭게 풀어낸 『인간은 왜 병에 걸리는가Why We Get Sick?』(R.네스, G.윌리엄스)에서는 "노화를 하나의 질병이라고 한다면 불치병인 셈이다"라고 했습니다. 또한 "노쇠는 단순한 과정이 아니라 여러 가지 질병에 걸릴 위험성이 증가하거나 손상을 복구하는 능력이 감소하는 복합적인 현상"으로 나타나기에 인간은 노쇠할수록 신체 면역기능이 저하되고 이로 인해 사소한 감염이나 질병에 취약해지는데, 이는 우리 몸의 면역계가 연령의 영향권에서 벗어날 수 없다는 의미이기도 합니다.

평균수명의 연장과 노령인구 증가로 의학은 점점 더 만성질환에 초점을 맞추고 있습니다. "폐렴을 퇴치하는 항생제를 개발하거나 수술을 집도하는 것이 의사의 본업이며 당연히 그런 일(치료)만 하게 될 줄 알았던 의사들이 실제로는 고혈압을 체크하거나, 기억력의 감퇴 수준을 판정하거나, 만성 심장질환의 증상을 약간 누그러뜨리는 일(관리) 등을 하고 있음"을 깨달았으니까요. 병과 죽음에 대해 그다지 관심이 없는 '젊은이'에게 건강이 주요 관심사로 등장하는 데는 족히 20~30년은 걸립니다. 젊다고 병에서 자유로운 건 아니지만 현재 건강하다면 병(력)은 먼 나라 이야기일 뿐입니다.

대학생들과 함께 〈병(력)과 장애〉를 주제로 인권교육을 나눈 적이 있습니다. "나에게 (장애와) 병은 무엇인가?" 이 질문에 학생들은 "생각해 본 적 없는 단어", "나이 들어 간다는 것과 불운하다는 증거"라 답했고 어떤 학생은 "아프니까 중년이다"라고 너스레를 떨기도 했습니다. 학생들은 장애와 병에서 어떤 흥미도 찾지 못했습니다. 그러나 손상된 몸, 질병에 걸린 몸, 늙어 가는 몸은 시기만 다를 뿐 몸 하나가 통과해야 할 자연의 길입니다.

교양교육으로 사회화된 현대인들은 이제 직접적인 차별 행위는 삼갑니다. 예를 들면 "당신은 장애인이라 안 됩니다", "당신은 노인이라 출입이 불가합니다"라고 면전에서 말하지는 않습니다. 하지만 장애와 노화와 질병이 동등한 선에서 경쟁할 수 없게 설정된 '조건'으로 작용하면 곧장 차별이 정당화될 수 있습니다. 이때의 조건은 '경쟁력'과 '능력'이 되고 그걸 갖추지 못한 사람은 비장애인에 비해 능력이 없는 장애인, 젊은이에 비해 성과가 떨어지는 노인, 아프지 않은 사람에 비해 경쟁력이 없는 아픈 사람이 되고 맙니다.

속도가 최상의 가치인 사회에서 효율성이 떨어지는 능력 없는 자는 차별받아도 별수 없고, 이런 문화권에서는 피해자 스스로 '나는 차별받아 마땅하다'고 여깁니다. 차별받는 원인을 자신에게로 돌리는 내재된 차별이 작동하는 것입니다. 그럴 만하다고 동의가 되는 상태로의 전락! 이것이 장애, 노화, 병보다 더 무서운 순응입니다. 우리가 진짜 경계해야 할 것은 "이건 차별 아니냐"고 따지고픈 마음을 놓아 버리고 싶은 지독한 허무감인지도 모릅니다.

2

몸 하나에 별별 시선

1. 덥석 잡히는 몸

휠체어는 무엇이고, 무엇이어야 하는가?

> 만약 우리가 우리 스스로를 정의하지 않는다면
> 다른 사람들이, 그들의 편의에 따라,
> 우리에게 해가 되는 방식으로 정의할 것이 분명하다.
> — 오드리 로드

오래전 가을로 기억합니다. 지역의 장애인 복지시설로부터 시설 종사자들, 그러니까 신입 사회복지사를 위한 인권교육을 해야 하니 꼭 좀 와 달라는 전화를 받았습니다. '꼭 좀'에는 이유가 있었습니다. 그 시설이 있는 지역은 서울에서 버스로 네 시간쯤 가야 하는 먼 거리인 데다, 도착해서도 다시 시외버스를 타고 읍으로 들어가야 해서 강사를 초청하기가 죄송스럽고 청해도 번번이 퇴짜를 맞는다 했습니다. 섭외의 곤란함을 충분히 이해하고도 남음이 있었기에 저는 가겠다고 했습니다.

제 시간에 앞서 시설의 선생님들이 '원장님'이라고 부르는 시설장의 인사말이 있었습니다. 그는 다음 순서인 제게 명함 한 장을 쥐어 주고는 단상에 올랐습니다. 명함 뒷면에 빼곡하게 적힌 무수히 많은 직함을 빠르게 눈으로 훑고 있는데 그가 연설을 시작했습니다. 자신은 무척 바쁜 사람이지만 그 일정을 쪼개 서울에서 내려왔음을 거듭 강조했습니다.

말씀이 다소 길어지는가 싶었는데, 어느 대목에서 저는 제 귀를 의심했습니다. 그는 신입 사회복지사들을 '병아리' 복지사라고 부르며 병아리 복지사들이 시설 입소자들에게 어떻게 해야 하는지를 알려 주겠다고 했습니다. "사회에서 보던 사람들과 틀리게, 이상하게 생겼다고 피하지 말고 먼저 다가가 손도 잡아 주고, 안아도 주고, 다독이며 격려도 해 주라"는 것이었습니다. 그것이 따뜻한 복지라고 했습니다.

그의 순서가 끝났고 제게 마이크가 넘겨졌습니다. 저는 다급함을 느꼈습니다. 여느 기관장들처럼 인사말만 끝내고 나가려는 그를 급히 불러 세운 저는 잠깐만, 한 말씀만 듣고 가 주시라 부탁했습니다. 저는 그를 맨 앞좌석으로 안내한 뒤 청중을 향해 말했습니다.

"여러분들이 거리를 지나는데 처음 본 낯선 사람과 친해지고 싶은 마음이 들었습니다. 그래서 그에게 다가가 손을 잡고, 그를 안아 주었습니다. 상대방은 어떤 반응을 보일까요?"

머리 위에 전구가 켜졌다는 듯 눈빛을 반짝이던 한 사람이 "놀라고 불쾌하게 여기겠죠. 심하면 성희롱으로 고소를 당할 수도 있고요"라고 말했습니다. 어떤 이들은 키득거렸고 어떤 이는 고개를 끄덕였습니다.

저는 멈추지 못했습니다. 처음 본 시설생활인들에게 다짜고짜 다가가 덥석 손을 잡고, 껴안고 안부를 묻는다면 그들이 고마워할 거라는 그의 생각은 어디에서 왔을까요. 그렇게 하는 사람은 필시 '사회적 소수자'에게 아무런 편견 없이 열려 있다는 인상을 주고 싶겠지만, 인사를 받는 이도 같은 느낌을 받을까요.

선거철만 되면 입후보자들은 민심을 경청하겠다며 굳이 복잡한 시장이나 상가로 들어갑니다. 그러고는 일하느라 바쁜 상인들에게 다가가 의사를 묻지도 않고 덥석 손을 잡거나 껴안고는 엄지손가락을 치켜들어 1번을, 두 손가락을 V자 모양으로 펴서 2번을 만듭니다. 저는 이 후보들이 번듯한 기업 사무실에서, 은행 창구에서, 혹은 대학 교직원을 찾아가 '덥석' 붙잡는 걸 본 적이 없다고, 이번엔 원장님에게 눈을 맞추고 말했습니다. 그는 (훈계가 다 끝났으면)이제 나가도 되는지를 눈짓으로 물었습니다.

다음은 어느 해 5월로 기억합니다. 저와 몇몇 동료들은 시의원들을 위한 인권교육 프로그램을 만들어야 했습니다. 의원들은 구, 시에서 실제로 현장을 바꿀 수 있는 권한을 가진 사람들이었기에 우리에겐 매우 중요한 고객(?)이었습니다. 그들이 지역사회의 현안들을 처리할 때 인권을 먼저 생각하는 행정을 펼친다면 그보다 좋은 일은 없을 테니까요.

저는 '덥석 원장님'을 떠올렸습니다. 그분은 우리 사회 오피니언 리더라는 분들의 양식과 상식 그리고 인권의식에 대해 두고두고 생각할 거리를 제공해 주었습니다. 우리는 표피적인 인식 개선보다는 이 수업에 참여하고 각자의 자리로 돌아간 뒤에도 절대로 잊어버릴 수 없는, 몸에 각인된 기억을 만들고 싶었습니다. 우리는 궁리했습니다. 1박2

일 동안 어떤 커리큘럼을 짜야 참가자들이 잊지 못할 몸의 기억을 지니게 될까.

교육기간 동안 참여자 40명 전원이 휠체어를 타고 생활하는 건 어떨까 하는 의견이 나왔습니다. 이제는 장애 인식을 개선하자고 안대를 두르거나 휠체어를 타는 체험 방식의 교육은 꾸리지 않지만, 그때만 해도 장애 체험을 직접 해 보는 교육이 꽤 많았습니다.

저는 걱정이 앞섰습니다. 어설프게 운영된다면 진지한 성찰에 미치지 못하고 장애인을 대상화할 수 있고, 놀이처럼 희화화될 가능성도 있으며, 무엇보다 참여자가 재미있는 경험 한번 해 봤다고 교육을 전시할 위험이 있었습니다. '진지한 성찰'이라는 것도 자신할 수 없었습니다. 휠체어를 타고 불편함을 겪어 보니 내가 장애인이 아닌 게 얼마나 다행인가 하는 안도의 성찰에만 그칠 수도 있었기 때문입니다. 그러나 한편으론 만일 실패로 끝난다면 시행착오를 통해 새로운 대안을 모색해 보는 계기가 되지 않을까, 일말의 기대도 있었습니다.

우리는 휠체어가 다니기에 불편함이 없도록 환경을 바꾸지 않았습니다. 장애 편의시설이 있으면 있는 대로, 없으면 없는 대로 두었습니다. 참가자들은 출입구에 문턱이 있는 강의실에서 교육을 받다가 끼니때가 되면 교육장과 1백 미터가량 떨어진 식당으로 밥을 먹으러 가고(중간에 낮은 턱이 두어 개 있습니다) 휠체어가 들어가기엔 턱없이 좁은 화장실을 드나들었습니다.

처음 휠체어를 배분받을 때 그들의 표정에는 곤란하지만 재밌겠다는 호기심 어린 웃음기가 가득했습니다. 놀이기구를 타듯 앉아서 무엇을 작동할 수 있는지 점검도 해 보고 바퀴를 굴려 속도도 내 보았습니다. 그렇게 저마다 자신의 '다리'에 앉아 환담을 나누다가 수업을 듣기 시작했습니다.

수업 중간에 한 분이 휠체어에 앉아 있다는 걸 잊어버렸는지 벌떡 일어나서 전화를 받으러 나가려고 했습니다. 저는 그분에게 정중하게, 하지만 분명하게 두 가지를 물었습니다. 첫째, 당신은 장애인인데 어떻게 벌떡 일어났느냐. 둘째, 수업 중에 전화를 받겠다고 교실 밖으로 나가는 중고등학생을 본 적이 있느냐. 그는 얌전히 다시 앉았습니다. 사람들은 킬킬거렸지만 시간이 지날수록 그들도 몸을 뒤틀거나 하품을 하거나 괜히 바퀴를 잡고 굴려 보기도 했습니다. 나중에 들었습니다만, 운영 실무자들이 보이지 않을 때는 휠체어를 버려두고 화장실에 다녀오기도 했다고 합니다. 어쨌든 모두가 비교적 성실하게 1박2일 동안 휠체어에 앉은 채 교육에 임했습니다.

드디어 일정을 마치는 순간이 왔습니다. 이제 10분만 지나면 휠체어를 반납하고 두 다리로 걸어 나가도 되지만 처음 휠체어를 탔을 때의 개구쟁이 얼굴들은 찾아볼 수 없었습니다. 자리를 정리하고 돌아갈 채비를 하고 있는 이들을 찾아가 소감을 물었습니다.

40대 초반의 여성 시의원이 말했습니다. "이틀만 지나면 이걸 걸어 차 버릴 걸 아는데도 내가 이틀 동안 포기한 것이 많다는 데 놀랐다. 두 번 가고 싶은 화장실을 참았다가 한 번 갔고, 복도에 진열된 커피와 쿠키를 가져오려다가도 문턱을 넘어가야 한다고 생각하니 번거로워 참았다."

30대 후반 남성 시의원에게도 물었습니다. 그가 반색했습니다. "단 하나 다행이라 느낀 것은 40명이 모두 휠체어를 타고 있었다는 것이다. 만일 누구는 타고 누구는 걸어야 했다면 몸이 느끼는 불편함 외에 상대적인 박탈감을 느꼈을 것이다."(휠체어 타는 교육 설계를 더는 하지 않았지만 당시 이 분의 코멘트는 훗날 비슷한 교육을 설계할 경우 집단을 체험과 비체험으로 나누어야 할지 고민을 안겨 주었습니다.)

대체로 비슷했습니다. 행동을 제한당하니 무력감을 느꼈고, 만일 평생 이런 조건으로 살아야 한다면 어떻게 생의 의지를 다져야 할지 알 수 없더라는 겁니다. 기대했던 대로 참가자들에게 강렬한 인상을 남겼으니 절반은 성공한 셈이지만 저희의 진짜 바람은 따로 있었습니다. 현업으로 복귀하면 당신들이 가진 '자리의 힘'으로 문제투성이 법률들을 손보고, 현장을 점검하고, 몸이 느꼈던 불편한 기억을 소환하여 편의시설을 만들어 주시길. 꼭 그리해 주시길. 그 후 그분들이 관련 작업을 하고 있다거나 했다는 소식은 듣지 못했습니다. 교육은 실패했던 걸까요.

어째서 최선을 다해 프로그램을 만들어도 결과는 크게 다르지 않을까. 휠체어 체험은 제아무리 의도가 좋았다 해도 경험 이상의 것이 되기 어려웠던 것일까. 곱씹어 볼수록 물음표는 커졌습니다. 저는 그 뒤 〈장애와 인권〉으로 사람들과 만나는 자리가 생길 때마다 이 의문에 대해 토로했습니다.

대화를 주고받으며 단서 정도는 얻을 수 있었습니다. 그건 장애가 내 바깥에 존재해서, 혹은 존재 자체를 감지하지 못할 정도로 멀리 떨어져 있어서 나와 무관한 세계인 까닭이었습니다. 아니면 알고도 두려워서 기꺼이 보고 싶지 않은 세계였습니다. 두려움은 실체를 가리고 벽을 만들어 직관과 경험으로부터 분리시킵니다. 가족이나 지인

중에 장애인이 한 명도 없는 사람이 거리감을 더 느꼈습니다.

휠체어는 다른 무엇보다 시각을 압도합니다. 휠체어를 탄 뇌병변장애인을 처음 만난 어떤 이는, 그를 만나자마자 몸이 긴장하기 시작하는데 자신 앞에서 몸을 뒤트는 상대에게 거부감을 느껴서가 아니라 혹시 자신이 그에게 실수라도 하면 어쩌나 하는 두려움 때문이었다고 했습니다. 그래서 '예의 바른 무관심'만 보이다 헤어졌습니다. 그건 진실로 상대를 위해서였지만 혹시라도 상대가 무시당했다고 느꼈으면 어쩌나 또 난감했습니다. 그러나 오해도 관계 안에서 싹트는 법. 그날 그들 사이에는 그 흔한 인사조차 없었으니, 오해라고 부를 만한 어떤 것도 없었던 셈입니다.

장애 있는 몸은 장애 없는 몸에게 언제고 나도 장애인이 될 수 있다는 두려움과 공포의 대상으로 '기능'하기 위해 존재하는 게 아닐까, 때로 무서운 생각이 들 때가 있습니다. 많은 인권교육들은 여전히 장애인이 겪는 각종 생활상의 불편과 사회적으로 당하는 차별 행위를 죽 나열하면서 "얼른 와 닿지 않거든 당신도 언제고 장애인이 될 수 있다고 가정해 보라, 우리는 누구든 잠재적 장애인이다" 라고 말합니다. 교육장에서만 일어나는 일도 아닙니다.

매년 4월 20일은 장애인의 날입니다. 대부분의 기념일은 짧고 요식적인 이벤트로 끝나고 말지만 2015년의 이벤트는 좀 달랐습니다. 이날 장애인 단체들은 장애인 생활시설에서 의문사를 당한 희생자를 기리기 위해 거리 행진을 하고 장례식을 치를 참이었습니다. 집회가 있는 곳이라면 어디든 오고야 마는 경찰이 그들의 운구차를 막아섰습니다. 이날 현장을 지휘하던 경비과장은 "오늘은 장애인의 생일이라

할 수 있는 장애인의 날"인데 "우리 경찰관도 불의의 사고로 장애인이 될 수 있다"며 당신들의 심정은 충분히 이해한다고 사람들을 향해 말했습니다.[6]

인터넷에 실린 기사를 여기까지 읽었을 때 저는 '장애인의 생일'이라는 표현이 마음에 걸렸지만 '역지사지' 하는 경찰, 이 정도의 상식을 갖춘 경찰이라면(특정 직업에 대한 너무 낮은 기대치 때문이겠지만) 최악은 아니라 여겼습니다. 그러나 다음 발언에서 곧장 기대를 접었습니다. 지휘관은 장애단체 활동가에게 "우리 다섯 명이면 저거(휠체어 탄 장애인) 들어낼 수 있다"며 의경들에게 장애인을 휠체어와 분리시켜서 옮길 것을 지시했습니다. 활동가들이 무례한 반인권적 행위를 사과할 것을 요구하자 "알았어, 사과할게"라고 반말로 일관하면서 말입니다.

상대방의 입장에서 생각해 보는 '역지사지' 관점이 인권을 존중하는 하나의 태도일 수는 있습니다. 그러나 '당신(나)도 장애인이 될 수 있다'는 말은 자신의 기준에서 더 큰 불행을 상정해 볼 때에만 고개를 끄덕이겠다며 최저선을 긋는 일입니다. '나에게도 그런 일이' 하고 상상해 보는 그 순간에 타인의 고통을 짐작해 볼 수는 있지만 그 안에는 그래도 내게는 오지 않았으면 한다, 절대 와서는 안 된다, 나는 당신과 다르다는 두려움만 가득 담겨 있기 때문에 일말의 공감도 자라나지 못합니다. 메시지와 메시지의 수용은 별개라는 사실만 확인했을 따름입니다.

장애 예방 캠페인에서 '(당신보다) 내가 더 낫다'는 비교우위로 배우는 인권은 그래서 명백히 반인권적입니다. 『건강과 질병의 사회학The Sociology of Health and Illness』의 사라 네틀턴Sarah Nettleton은 미국의 윙(Wang,

1992)이 분석한 사고 예방 캠페인 포스터에 담긴 문구를 자신의 책에 아래와 같이 인용했습니다.

'안전벨트가 답답하다고 생각하신다면 휠체어는 어떨지 생각해 보십시오' [7]

인권교육 시간에 이 문구를 소개하며 읽고 나면 어떤 생각이 드는지 물었습니다. 많은 이들이 생각 이전에 얼른 안전벨트를 끌어당겨야 한다는 다급함이 먼저 느껴진다고 했습니다. 그렇다면 광고가 의도한 목적은 달성한 셈입니다. 저는 책에 인용된 말을 더 끌어와서 장애가 있는 여성이 이 포스터를 보고 한 말도 들려주었습니다.

솔직히 말해 이런 광고를 보면 휠체어를 사용하는 게 뭐 그리 나쁜 일일까 하는 생각을 합니다. 휠체어 사용자, 수화 사용자, 의족 사용자 등은 뭔가 잘못됐다는 이야기를 또 듣는 거지요. 장애는 부정적인 것이고 삶을 비참하게 만든다는 아이디어를 내는 사람들은 광고 효과는 높일지 모르겠어요. 하지만 장애에 대해 더 잘 아는 우리들에게 그건 모욕이에요. [8]

대중의 인식 개선이 목적인 캠페인은 당연히 시행 전과 후의 인식 개선 효과를 기대합니다. 캠페인은 '사회적이고 정치적인 목적을 이루기 위해서 대중을 상대로 지속적으로 행하는 운동'이므로 공공캠페인은 보다 신중하고 사려 깊어야 합니다. 만에 하나 공공에 반하거나 더 나아가 사람들의 사유와 상상의 여지를 빼앗는다면 대중의 권리를 침해할 수 있기 때문입니다. 함민복의 시집『눈물을 자르는 눈꺼풀처럼』에는 이런 시가 실려 있습니다.

장애인 전용 주차구역에 외바퀴 / 휠체어 탄 사람이 주차되어 있다 // 그 위로 / 장애인 스티커 붙인 차가 진입한다 // 사각 보호선에 갇혀 비명도 없이 차에 깔리는 휠체어 타고 있는 사람 // 멈춘 차에서 휠체어가 먼저 내리고 / 운전자의 상체가 휠체어로 떨어진다 // 섬뜩하지 않았을까, / 마치 자신을 치는 것 같아 / 일반인들에게는 보호를 받으나 / 장애인들 차에 반복하여 깔리는 휠체어 탄 사람 // 장애를 각인시켜 주자는 것인가 / 국제적으로도 통한다는 저 잔인한 상징은
— 함민복, 「외바퀴 휠체어」

시인은 장애인 전용구역의 휠체어 탄 사람의 그림을, 장애인이 매순간 자신의 장애를 각성하면서, 자신을 반복해서 깔아뭉개며, 스스로를 치는 상황으로 묘사하고 있습니다. 예리한 시인의 눈에 포착된 부조리한 풍경이겠지만 시인의 눈에만 이 그림이 불편함을 주었다고 생각하지 않습니다. 마땅한 언어를 찾아내지 못했을 뿐 당사자 중 누군가는 "내가 하고 싶던 바로 그 말"이라고 느낄 수도 있습니다.

반면 장애인 주차장을 보는 비장애인들은 어떤 생각을 할까요. 이 세상에는 장애와 비장애가 있고 우리는 더불어 함께 살아야 한다는 인식을 갖게 될까요. 아니면 주차 공간 중 몇 개는 장애인에게 (어쩔

수 없이) 내줘야 한다거나, 주차할 공간이 모두 들어찼을 때는 쓸데없이 놀고 있는 공간으로 보여 '괜한 배려'로 읽히지는 않을까요. 제 짐작이 과도한 것이기를 바라지만 실제 그렇게 말하는 운전자를 만난 적이 있습니다.

어떤 '공간'이 경직된 사고의 틀 안에서 설계되면 그 공간도 경직되거나 무용한 장소가 되기 쉽습니다. 앞서 소개한 재생불량성빈혈을 가진 20대 여성은 병 진단을 받고 난 후 세상의 건물들이 자신에게 위협적이라는 사실을 처음으로 깨달았습니다. 조금만 걸어도 숨이 차고 계단을 오르기가 힘이 들던 그녀는 어느 날 학교 도서관에 가려다 왼쪽에는 도서관으로 진입하는 경사로가, 오른쪽에는 엘리베이터가 있음을 보았습니다. 힘들어도 경사로로 가려 했지만 숨이 가쁘기 시작했습니다. 하는 수 없이 엘리베이터를 타려는데 엘리베이터 문에 휠체어를 탄 사람만 이용할 수 있다는 안내문이 붙어 있는 게 아닙니까. 그녀에게는 가시적으로는 '멀쩡한' 두 다리가 있었습니다.

그녀는 편의시설이라는 게 문자 그대로 해석되는 현실에 절망했습니다. 휠체어를 타야만 엘리베이터에 오를 자격이 있다면, 그녀는 아픈 사람임에 분명해도 이번엔 휠체어가 없어서 장벽barries에 부딪친 셈입니다. 장벽이란 무엇을 못 하도록 막는 방해 요소지만 장애에서의 장벽은 환경 속에서 특정 요소가 없어서, 혹은 있는 그대로의 존재가 제한당해서 장애 또는 질병이 깊어지게 만드는 요인을 의미합니다. 장애인이나 질병으로 고통받는 사람들이 모든 생활 영역에서 동등하게 참여할 기회를 가로막는 서비스, 시스템, 정책(혹은 정책 없음)이 모두 장벽인 것입니다.

학교에 장애인이 이용할 수 있는 편의시설accomodation이 있다는 건 바람직한 일입니다. 그러나 합리적인 편의시설은 장애인이건 비장애인이건 상관없이 누구라도 이용할 수 있어야 합니다. 우리가 이용하는 모든 시설은 젊고 병이 없고 장애가 없는 사람들을 '기준'으로 만들어졌기 때문에 이 조건에 부합하지 못하는 이들은 활동과 참여가 불가하거나, 제약을 받거나, 참여하더라도 '배려'라는 미명 아래 시혜의 맛을 볼 뿐입니다.

1975년 유엔이 채택한 〈장애인 권리선언〉은 장애의 근원과 성질 그리고 심각성이 무엇이든 간에 가능한 가장 온전하고 완전하게 고상한 삶을 누릴 수 있는 권리를 동료 시민과 동등하게 갖고 그 기본적 인권이 지켜져야 한다고 천명하고 있습니다. 공간의 온전한 향유란 우리가 사는 환경이 변형이나 조정, 특수설계 없이도 모든 사람들이 최대한 사용할 수 있도록 미리 고안된 프로그램과 서비스를 말합니다. 바로 이게 누구라도 이용할 수 있도록 계획된 보편적 설계universal design입니다.

장애는 일상생활을 해 나갈 능력들 중 하나 또는 그 이상에 제약이 생겼음을 의미합니다. '불구의', '불구가 된 몸'으로서의 장애인disabled person은 사람보다는 장애를 강조한 표현으로, 사람 구실에 장애가 있다는 의미로 읽혔습니다. 그러나 장애인은 신체와 정신 혹은 감각에 손상이 생겨 장애를 가진 **사람**person with disability입니다. 이때의 장애인은 하나 또는 둘 이상의 장애를 '운명'이나 '팔자'라는 독방에 가두지 않고 사회 속에 스며드는 '사람'입니다.

오랜 세월 장애는 의료적 장애 개념에 따라 치료의 대상으로 여겨져 왔고 장애인은 복지와 재활 그리고 의료서비스의 수혜자라 여겼기 때문에 독립적인 주체이자 존엄한 인격체로 인정받지 못했습니다. 하지만 장애 개념은 점진적으로 발전하는 유기체처럼 점점 복잡하게 변화하고 있습니다. 장애와 질병은 오롯이 개인이 책임지고 해결해야 할 문제가 아니고 사회적 요인에 의해 발생하는 문제이므로 의료적 개념보다 장애의 환경적인 맥락context이 중시됩니다. 이것을 기존의 의료적 모델이 아닌 사회적 모델 개념이라 부르지만 그렇다고 의료적 모델이 중요하지 않다는 것은 아닙니다. 의료적 재활은 늘 우선순위에 둡니다. 다만 오랜 질병으로 기능이 훼손된 사람들을 환자로만 간주하고 장애'인'으로 인정하지 않았던 점을 바로잡으려는 것입니다.

진정한 의미의 참여는 '나도 참여는 했다'는 수준의 형식적이고 소극적인 관여가 아니라, 자신이 행사한 권한이 생활 전반에 (긍정적이든 부정적이든)미치는 실질적인 영향과 결과까지를 지켜보는 것입니다. 이것은 매우 적극적인 정치행위입니다. 그런 생생한 참여라야 장애인도 비장애인과 똑같다는 식의 형식적이고 선언적인 평등이 아닌, 장애인 비장애인 구분 없이 '다른 사람들과 동등한 기초 위에서on equal basis with others' 실질적인 평등의 기초를 마련할 수 있습니다. 그렇지 않다면 '휠체어'는 부정적 의미의 존재 증명 도구로서만 기능할 뿐입니다.

비교적 최근에 지역의 인권활동가들과 함께했던 교육에서 제가 저지른 일을 고백하지 않을 수 없습니다. 60여 명이 참석한 교육에는 지인들도 있었지만 낯선 얼굴들이 많았기에 저는 참가자들이 서로 반갑게 인사 나누는 시간을 갖고 싶었습니다. 휘 둘러보니 휠체어 장애인도 몇 분 있었습니다. 휠체어가 눈에 들어왔지만 굳이 변명하자면 제게는 너무도 흔하고 익숙한 것이어서 어떤 경계로도 작동하지 않았습니다. 그러다 무심코 이렇게 말하고 말았습니다.

"모두 자리에서 '일어나서서' 각자 인사하고픈 상대를 찾아가세요."

교육이 끝난 뒤 "소위 '인권 강사'라는 사람이 휠체어 탄 우리는 아랑곳하지 않고 '일어나라'고 했다"라는 후기를 들었습니다. 저는 몸 둘 바를 몰랐습니다.

박찬욱 감독은 국가인권위원회의 첫 인권영화인 〈여섯 개의 시선〉 중 「믿거나 말거나 찬드라의 경우」라는 옴니버스 단편을 만들기 위해 많은 관계부처 공무원들을 만나고 다니면서 깨달은 사실이 있다고 했습니다. 가해자가 진짜 가해자의 모습을 하고 위해를 가하려고 굳게 마음먹어서가 아니라, 인권감수성을 놓치는 순간 누구라도 가해자가 될 수 있겠더라는 것이었습니다. 저 역시 한순간 인권감수성을 놓쳤다고 변명하고 싶지만 여전히 마음은 무겁습니다.

시설장이 장애인의 몸을 아무 때고 덥석 만질 수 있는 이유, 그리고 휠체어 체험 교육이 석연치 않았던 진짜 이유는 우리가 장애인들과 삶의 공간에서 몸으로 부딪치며 함께 살아 내는 시간을 갖지 못했기 때문이었습니다. 쌓인 시간의 더께가 없으니 잠시 배우고 돌아서면 그뿐, 다시 만나면 처음 본 듯 또 깜짝 놀라거나 실수할까 마음을 졸이는 것입니다. 경험에서 비롯된 아픈 성찰이 제 삶 속으로 깊숙이 젖어들면 좋겠습니다.

그날 함께했던 모든 분들께 '입'으로만 한 교육에 대해 진심으로 사과드립니다.

2. 모욕당하는 몸

늙은 몸에 담긴 빈곤과 소외

눈이 손더러 내가 너를 쓸 데가 없다 하거나
또한 머리가 발더러 내가 너를 쓸 데가 없다 하지 못하리라
그뿐 아니라 더 약하게 보이는 몸의 지체가 도리어 요긴하고
우리가 몸의 덜 귀히 여기는 그것들을 더욱 귀한 것들로 입혀 주며…

— 고린도전서 12 : 21~22

어르신[9], 그러니까 노인을 뵌 건 어느 가을이었습니다. 지역의 노인
종합사회복지관에서 '또래(노인)상담'을 하게 될 노인 20여 명이 제가
일하는 곳에 방문하셨습니다. 이분들은 과거에 전문직, 회사원, 서비
스직에 종사했지만 은퇴 후에는 또래상담자로 일하고 싶어 하는 분들
로, 연령은 65세에서 75세를 웃돌았습니다. 또래상담을 위한 교육과
정 중 '노인과 인권'에 대한 정보를 얻으려고 오신 겁니다.

저는 노인 차별 사례들을 소개하면서 함께 나누고 싶은 활동을 몇
가지 준비했습니다. 그중 하나가 "또래 노인들이 가져올 만한 인권문
제"를 마인드맵mind map[10]으로 그려 보는 것이었습니다. 흥미 없어 하
시면 어쩌나 했던 우려와는 달리 손을 번쩍 들고 말씀하시거나 종이
에 열심히 적으셨습니다. 순서 없이 옮겨 보면 이렇습니다.

(1)자식들이 찾아오지 않아서 서운하다. (2)손자들이 냄새난다고 멀리한다. (3)만성질환(병)으로 늘 아프다. (4)자식에게서 버림받았다. (5)배우자가 무시하고 며느리가 학대한다. (6)없는 돈을 내놓으라고 자식이 폭력을 휘두른다. (7)노부부가 함께 살다 한쪽이 죽어 너무 외롭다. (8)아직 팔팔한데 사회에서 일을 주지 않는다. (9)배우자가 걸핏하면 때린다. (10)항상 가난하고 배고프다. (11)요양병원이나 시설에 있기 싫다고 한다.

고민 상담이라는 게 말 그대로 고민을 듣는 거라 유쾌한 내용을 기대하진 않았지만, 하나로 모아 놓고 보니 일간지 사회면 같습니다. 가난과 질병과 소외가 한데 모이는 곳이 노인의 몸인가 싶어 한순간 울컥했습니다. 교육이 끝나갈 즈음 미리 준비한 빵과 우유를 꺼냈습니다. 노인들은 빙 둘러앉아 담소를 나누며 간식을 먹었습니다. 가만히 보니 한 남자분은 드시지 않고 자기 몫의 빵과 우유를 가방 안에 챙겨 넣고 있었고, 여자분 역시 드시지는 않고 한 개만 더 줄 수 없느냐고 다른 사람의 안색을 살피며 물었습니다.

회사원으로 일하다 명예퇴직한 분도 있고, 자영업을 했던 분도 있고, 최근까지 건물 청소나 가사 도우미를 하는 분도 있었습니다. 그러나 이제 됐으니 그만 나오라는 데가 많았습니다. 전문기업체에서 일했다는 분은 경력이 오래되다 보니 회사에서 자신에게 높은 임금을 주는 걸 부담스러워하는 것 같아 스스로 그만두었다고 했습니다. 실제로 사업체에서 고령자 고용을 기피하는 이유는 일의 효율에 비해 높은 임금을 줘야 하고, 연령에 적합한 직급을 부여하기가 어려워서라고 합니다. 당사자인 노인들은 '젊은 사람들'을 위해서 적당한 때에 물러나야 한다고 생각은 하지만, 나이에 상관없이 일할 수 있는 여건이 주어지면 좋겠다고 말합니다. "누구나 다 이 자리에 와야 하지 않습니까?"라고 빵을 가방에 넣다 말고 한 분이 제게 말씀하실 때 그 말은 '당신도 머지않았다, 잘 준비하라'는 말로 들렸습니다.

모두들 간식을 드셨지만 모자를 깊게 눌러쓰신 남자 한 분만이 이 모임에는 어떤 관심도 없다는 듯 멀리 떨어져 앉아 있었습니다. 교육이 끝나고 한 분 두 분 돌아가시는데, 자리를 정리하고 있는 제게로 그분이 다가오셨습니다. 조심스레 말을 고르더니 상담자가 읽으면 좋을 책을 권해 달라고 하십니다. 그렇게 해서 그분과 저는 찻잔을 앞에 두고 마주 앉았습니다. '차까지 마실 생각은 아니었는데' 싶은 표정. 저는 그분이 말로 하지 못하고 직접 쓴 문장을 기억하고 있었습니다.

"나는 아직 쓸 만한데 일을 주지 않는다."

일하고 싶지만 갈 곳이 없다

그분은 비교적 젊은 나이부터 퇴행성관절염을 앓았습니다. 남들이 말하는 '한창 일할 나이'에 몸을 움직여 할 수 있는 일이 많지 않았고 배운 기술도 없어서 오랜 세월 건물 경비, 아파트 경비로 일해 왔습니다. 경비라는 일이 건물 입구에 난 좁은 공간만 지키면 되는 것 같아도 구석구석 점검도 해야 하고, 청소도 해야 하고, 순찰도 돌아야 해서 일을 하자고 들면 엉덩이 붙일 새 없이 움직여야 합니다.

그래도 그럭저럭 괜찮았습니다만, 몇 년 전부터는 아파트 부녀회

측과 용역업체의 협의 아래 한 해씩 재계약되는 '1년짜리' 목숨이 되고 만지라 이 사람들 눈 밖에 나지 않으려고 무던히도 애를 썼습니다. 자식뻘 되는 관리자가 와서 걸핏하면 "똑바로 하쇼, 제대로 못 하면 짤릴 줄 아쇼" 으름장을 놓아도 대꾸 한번 제대로 못 했습니다. 노인은 거기까지 얘기하고 찻잔을 들어 목을 축였습니다.

계약 만료 며칠을 남겨 두고 65세 이상은 더 이상 재계약을 하지 않기로 결정했다며 아파트 사무소장이 해고를 통보할 때는 앞이 캄캄해졌습니다. 그의 나이 69세. 그는 용돈벌이를 하거나 사회활동에 참여하거나 건강을 위해 일했던 게 아닙니다. 여전히 노인 둘 중의 한 명은 생계를 위해 일하고 있으니 엄밀히 말하면 생계비가 아닌 생존비인 셈입니다.

그날 이후 그는 당장 생계가 막막했습니다. 자식들은 모두 결혼해 일가를 이뤘지만 집에 있는 "마누라"와 먹고살려면 돈벌이는 꼭 필요했습니다. 해 온 일이 경비라 무가지 구인광고란에 실린 경비 관련 일에 죄 동그라미를 쳤습니다. 적지 않은 업체에 전화를 넣거나 찾아갔지만 질문은 두 가지로 압축됐습니다. 1번은 "몇 살이나 자셨어요?", 2번은 "어디 아픈 데 없으세요?"였습니다.

일자리 알아보는 걸 그만두고 집에 틀어박혀 있으니 아내가 복지관이라도 가서 '놀다 들어오라'고 합니다. 그는 늙은 노인들이 먼지처럼 뭉쳐 다니면 냄새밖에 더 나느냐고 짜증을 내면서도 못 이기는 척하고 복지관을 찾았습니다. 그냥 기웃거리다 돌아오려 했는데 '우울증, 무력감, 자살 충동을 느끼는 노인들을 위한 상담치료'라고 쓰인 벽보를 보자 마음이 흔들렸습니다. 일주일에 한 번씩 심리치료를 받게 됐습니다. "그따위로 일했다가는 짤릴 줄 아쇼"라는 말을 들을 때마다 가슴이 벌렁거렸다고 털어놨습니다. 상담자는 "모멸감을 느끼셨군요", "힘드셨겠군요"라고 말해 주었습니다. 그 순간에야 비로소 그 모진 말들을 억지로 참고 삼키느라 (화)병이 났음을 알았습니다. 늘 답답하던 가슴이 조금은 풀어지는 것 같았습니다. 복지관 프로그램에 하나둘 참여하게 됐습니다.

그는 아이처럼 떼쓰고 배고파하고 바보 같은 질문을 하는 노인들을 보면 속으로 혀를 끌끌 찼지만, 집에 돌아오는 길에는 나도 저들과다를 바 없다는 자괴감을 떨치기 어려웠습니다. 그럴 때마다 오늘까지만이다, 내일은 나오지 말아야지 했는데 다시 찾게 되는 자신이 싫다고도 했습니다. 처음 보는 사람에게 이런 얘기를 미주알고주알 해댔으니 자신이 돌아가고 나면 '늙은이가 주책'이라고 흉보는 건 아니냐고 저를 보며 겸연쩍게 웃었습니다.

언젠가 만났던 호스피스의 말이 떠오릅니다. 그녀는 노인요양병원에서 할머니 한 분을 오래 돌봤습니다. 할머니는 밥을 잘 먹다가도 저쪽에서 자식들 오는 게 보이면 슬그머니 수저를 놓으며 "통 입맛이 없어" 하고는 슬픈 얼굴을 한다고 했습니다. "이제 살 만큼 살았으니 얼른 가겠다"고 입버릇처럼 말하던 노인도 통증이 시작되면 의사 좀 불러 달라고, 나 좀 살려 달라고 발버둥 친다고 했습니다.

복지관에 오늘까지만 나오고 내일부터는 나오지 않겠다는 다짐도 살아 있는 동안 거듭 반복될 자연스러운 번복입니다. 사랑받고 싶은 욕구, 더 절실해지는 생의 욕구는 어쩌면 반사작용에 가까워서 이것을 나이 먹음으로 구분 짓는 일은 의미 없어 보였습니다.

머지않아, 아니 이미 진행 중인 노화와 제 늙은 몸을 상상해 봅니다. 신체 기능은 날로 저하되다가 마침내는 상실되겠지요. 정신 기능도 차츰 저하되어 판단이 흐려질 테고 의사소통에도 어려움을 겪을 것입니다.

실제로 이날 뵌 노인들이 두려워하는 질환은 치매, 뇌혈관 질환, 퇴행성 질환, 몸을 전혀 움직이지 못하는 중풍 질환이었고 요실금, 골다공증, 우울증, 당뇨, 고혈압, 만성심부전 등은 이미 한두 개쯤은 몸에 지닌 상태였습니다. 몸 바깥으로 드러나지 않아서 그렇지 걸어 다니는 병원이라도 봐도 무방했습니다. 그런데도 이 모든 걸 대수롭지 않게 말하던 여자분은 우유를 마시다 말고 말했습니다.

"나이 들어 아프지 않은 사람이 어디 있어요. 몸은 괜찮아요. 쓸모없는 노인네 취급받는 게 제일 마음이 아파요."

아프고 쓸모없는 몸이 갈 곳

노년기는 몸도 마음도 사회적인 존재감도 위축되는 시기라고 배웠습니다. 연장자의 경험과 지혜를 높이 사고 존경해야 한다는 당위적인 권고를 듣고 자라지만 자신의 집 또는 바깥에서 경험하는 할머니 할아버지를 우리는 무능력하고, 아프고, 냄새나고, 때론 아이 같고, 여전히 완고한 사람들이라고 말합니다. 노인은 주도적이고 주체적이라기보다는 수동적이고 보호받아야 한다는 인상 때문에 가족은 물론 사회 구성원들도 부담을 느낍니다.

언론이 노인'문제'[11]를 다루는 방식도 획일적입니다. 그래픽 처리된

낯익은 그림(젊은이 한 명의 등에 업힌 여러 명의 노인들)은 미래 세대가 부양해야 할 노인의 숫자인데, 노인을 업은 젊은이의 표정은 울상인데다 허리는 휘어져 있습니다. 그 둘은 절대 화해할 수 없을 것만 같습니다.

쓸모없는 노인네 취급받을 때마다 속상했다던 할머니의 말처럼, 아프고 쓸모없어진 몸은 놀림과 조롱을 감수해야 하는 몸입니다. 자신을 달가워하지 않는 가족에게 미안함을 느낀 노인이 있다고 칩시다. 그는 이제 가족에게서 독립하고 싶습니다. 하지만 가족관계에서 떨어져 나오고 싶어도 어느덧 이 관계만이 유일한 사회적 관계로 남아 있기 십상입니다. 가족 간의 유대를 중시하는 문화적 특성도 배제할 수 없지만 가족 외에는 마땅히 갈 곳이 없기 때문입니다. 가족 내에 자신의 '공간'이 없다는 것은 집안에서 노인의 역할과 존재감이 없다는 뜻입니다. 머물 곳은 가족뿐이지만 가족이 가장 먼 현실입니다.

노인시설에 종사하는 복지사가 들려주던 한 할머니의 이야기를 잊지 못합니다. 할머니는 배우자가 사망한 뒤 자식들 눈치가 보여 스스로 요양원에 들어갔습니다. 그곳은 한마디로 모멸의 집합소였습니다. 2인이 함께 방을 쓰는데, 혼자서 대소변을 가리지 못하는 짝꿍 할머니는 기저귀를 찼습니다. 종사자들이 바쁘다 보니 기저귀를 금방 갈아 주지 못하거나, 해도 대충 하고 가 버리는데 그러면 방 안에 쾨쾨한 냄새가 진동하면서 도저히 함께 있을 수 없는 지경이 되었습니다. 조금만 빨리 갈아 주면 안 되냐고 부탁했지만 바쁘니 좀 참으라는 핀잔만 돌아왔습니다. 기다리는 복지사는 오지 않고 시설의 대표라는, 나이 지긋해 보이는 남자가 방마다 찾아와서 "할머니, 아니 어르신,

이번 선거에는 A후보 찍으셔. 그래야 우리 시설에 좋아요" 하고는 손가락 도장만 받아 갔습니다.

곤혹스러운 건 목욕 시간이었습니다. 여자 종사자들이 다 바쁘다며 실습생이라는 남자를 들여보내는데 어린 손자뻘 앞에서 옷을 벗을 수가 없어 울고만 싶더라는 겁니다.

노인요양시설이 많아졌다는데 서비스는 왜 이리 열악할까. 2008년부터 도입된 노인요양보험이 국가지원으로 확대되면서 당시에 1천5백 개 남짓하던 장기요양시설이 2015년에는 5천 개 가까이로 3배 정도 늘어나 있습니다. 어떻게 이렇게까지 증가할 수 있었을까요. 정부가 노인 한 명당 '수가'를 80%나 지급한다 하니 아픈 노인이 곧장 돈으로 둔갑해 버린 겁니다. 시설 설립도 허가제 아닌 신고제여서 일단 세워놓기만 하면 안정적인 수익이 보장되니, 마음먹은 이에겐 건물 하나 올리는 것쯤이야 일도 아니었습니다.

시설 난립은 곧장 서비스 질 저하로 이어졌습니다. 유통기한이 지난 식재료로 식사를 제공하는 시설이 많았고, 수익을 높이겠다고 인건비를 줄이고 최소 직원만 채용했으며 급여도 최저임금만 지급하거나 그에 못 미치는 시설도 허다했습니다.[12] 사정이 이러하니 노인들이 각자 욕구에 맞게 보살핌을 받고 사생활을 보장받는다는 건 가당치 않은 일이었습니다.

노인 건강, 노인 일자리를 아우르는 노인복지는 한 사회가 제시하는 삶의 질의 척도입니다. 국가와 사회는 '노년까지의 건강과 안녕'[13]을 위해 질병의 위험 요소를 낮추고, 특히 노인 질병을 예방하기 위한 정책을 고민해서 노인들에게 보편적이고 평등한 보건의료를 보장하고, 연령이나 성별 또는 언어장애로 차별받지 않도록 노력해야 합니다. 이를 위해 국가는 노인뿐만 아니라 모든 사회 구성원의 건강과 건강 보존을 위해서 의료비 보장 체계를 더 나은 방향으로 수시로 보완하고, 의료시스템도 국가정책 차원으로 구비해야 합니다.

한 사람의 삶을 단순히 배우고, 일하고, 쉬는 시기로 구분해 온 우리는 나이와 세대에 따라 과업이 결정돼 온 특성상 학생은 배우고, 청년은 일하고, 노인은 쉬는 걸로 여겼습니다. 하지만 이런 획일적인 구분이야말로 나이 차별입니다. 우리는 살아가며 학습과 노동과 쉼을 무한 반복합니다. 일상인 것입니다. 배우고 싶다면 배우고 싶을 때까지, 일하고 싶다면 일하고 싶을 때까지, 충분한 휴식을 누리면서 선택할 수 있어야 합니다. 그것은 기본적으로 충족되어야 할 인간의 권리입니다. 인권학자 조효제는 『인권의 문법』에서 "인권의 요구 자체는 최소한으로 제시한다 해도, 그것만큼은 양보 없이 절대적으로 관철해야" 하는 요소라고 했습니다.

이 장章의 첫 페이지로 다시 돌아가 노인들이 호소할 것 같은 상담 내용을 다시 한번 죽 읽어 보시길 권합니다. 곧 찾아올 노후에 당신이 겪지 않을 것 같은 번호는 몇 번입니까? 혹은 당신에게 해당될 것만 같은 가짓수는 몇 개나 됩니까? 건기에는 우기를 짐작하기 어려운 법. 그래도 여름 지나면 가을, 가을 지나면 겨울이 오는 이치를 모르는 사람은 없습니다. 여름이 쓸모 있고 겨울이 쓸모없다 하지 않듯 사람에게 쓸모없는 시기는 없습니다. 효용과 유용을 따지는 길들여진 생각이 있을 뿐입니다.

3. 간섭받는 몸

"체중 감량 못 하면 사직서를 내시오."

사람들은 모두 편견의 피해자인 동시에 가해자다.
우리는 우리 자신에 대한 편견을 이해함으로써
다른 사람에게 어떻게 반응할지 알게 된다.
— 앤드루 솔로몬, 「부모와 다른 아이들」 중

온·오프라인 신문, 방송, 라디오, 잡지 등 각종 매체가 쏟아 내고 수
용자가 열렬히 호응하는 주제 중 하나는 단연 건강과 질병입니다. 각
매체는 헬스 앤 뷰티, 건강한 생활, 닥터 앤 메디컬, 우리 집 주치의,
믿고 먹는 건강보조제, 다이어트와 성형 따위의 제목을 달고 하루도
빠짐없이 건강과 질병 관련 정보를 만들어 냅니다. 기사 내용에서 빠
지지 않는 단어들은 식습관, 성인병, 비만, 운동입니다.
　기사 속 전문가의 권고 사항을 지키지 않으면 몸은 당장 정상과 균
형에서 벗어날 것이기에 운동은 모든 문제의 해결책으로 등장합니다.
운동하지 않으면 위험하다는 권유와 권고는 명령에 가까워서 개인이
반드시 지켜야 하는 도덕적인 의무로 비칠 지경입니다. 건강을 논할
때는 단순한 몸의 안녕을 넘어 신체와 정신, 영혼에 걸쳐 사회적, 문

화적, 경제적 영역에서 두루 안녕하신지를 묻고 답해야 하지만 매체 정보는 온통 '몸'에 집중돼 있습니다. 설혹 몸만 떼어 안부를 묻는다 해도, 그 '몸'은 좁은 의미의 외모에 국한됩니다.

눈 밝은 이들은 상대의 겉모습만 찬찬히 뜯어봐도 그의 재력, 직종, 취향까지도 짐작할 수 있다고 합니다. 이제 외모는 한 사람을 판단하는 가장 중요하고도 강력한 요소가 되었습니다.

몸에 투자하는 시간과 노력은 폭발적이지만 타인의 몸을 바라보는 시선은 가히 폭력적임을 저는 초등학교 아이들과 인권교육을 나누다가 느꼈습니다. 아이들은 뚱뚱하고 못생긴 사람을 '나쁜 사람'으로 간주했습니다. 선생님들도 뚱뚱하고 못생긴 아이들보다는 날씬하고 예쁜 아이들을 편애하기 때문에, 자신들도 뚱뚱한 어른보다는 예쁘고 날씬한 어른이 좋다고 했습니다. 몇 차례 질문과 대답이 오가다 보니 뚱뚱한 사람에 대한 아이들의 생각은 '게으른 사람', '절제심이 부족한 사람', '무능한 사람', '둔한 사람', '혐오스러운 사람'으로 정리됐습니다.

아이들 말에 웃어야 할지 울어야 할지 모르다가 저는 고인이 된 유명한 성악가 파바로티의 사진을 찾아서 보여 주었습니다. 노래를 잘하기 위한 울림통으로서 그의 몸과, 몸이 단순히 미용적인 면으로만 기능할 때 간과할 수 있는 건강까지를 곁들여 설명했지만 아이들의 시선은 금세 다른 곳으로 흘렀습니다. 다만 건강을 위협하는 비만은 질병에 속한다는 것 정도를 받아들였다고 할까요.

비만obesity은 체지방이 많은 상태를 말합니다. 고혈압이나 당뇨병, 고지혈증 등 심혈관계 질병이 아무래도 비만인 사람에게 발생할 가능성이 더 높은 탓에 세계보건기구(WHO)는 비만을 '장기 치료가 필요한 질병'으로 일찌감치 규정했습니다. 전문가들은 비만이 내분비계통의 질환과 에너지 대사 이상으로도 생길 수 있고, 특히 최근의 비만 양상은 초고도비만과 만성질환으로 이어져서 단순히 생활습관만 개선한다고 해결될 문제는 아니라고 말합니다. 비만은 대중교통 발달과 패스트푸드로 압축되는 현대의 생활문화와 밀접하게 연관돼 있어서 '체중조절에 실패한 사람'이라는 식의 개인 탓으로만 돌리기엔 억울한 면이 있습니다.

감량을 통해 체중이 준 사람이라 해도 그는 '옛날에 뚱뚱했던 사람'이라는 비만 낙인obesity stigma을 달고 다녀야 합니다. 어른들의 생각도 별반 다르지 않고, 경우에 따라서는 아이들보다 어른들의 인식이 더 위협적입니다. 외모와 신체적 조건을 문제 삼아 실질적으로 불이익을 주는 사람들은 '힘' 있는 어른들이 아닙니까.

경호 씨(가명, 남)는 2010년 봄 전자기기 부품 생산업체에 연구원으로 입사했지만 입사 두 달 만에 사직서를 제출했습니다.[14] 취업도 쉽지 않은데 어렵게 들어간 회사에 스스로 사직서를 내다니요. 도대체 어떤 사정이 있었던 걸까요.

여기서 잠시 경호 씨가 다녔던 회사를 들여다볼까요. 회사 안에는 헬스클럽에서나 볼 수 있는 실내 체육시설이 있어서 직원들은 여가 시간이나 주말에 농구, 축구 등의 스포츠를 즐길 수 있습니다. 또한 장비 일체를 회사가 지원해 주는 검도부와 탁구부도 있습니다. 이뿐만이 아닙니다. 때때로 (역시 회사가 등산용품을 지원하는)등산 대회가 열립니다. 이 대회에는 대표 이하 전 직원이 참여해야 합니다. 이 정도면 가히 직장인의 천국이라 할 만합니다. 그런데도 경호 씨는 왜 퇴사를 결심했을까요.

당시 경호 씨는 키 173cm에 몸무게는 100kg이었습니다. 회사 대표는 체격이 크거나 보기에 뚱뚱하다 싶고 등산이나 운동을 잘 못하는 직원들을 '관리 대상자'로 삼았습니다. 이때부터 경호 씨는 중간 간부로부터 메일을 받기 시작합니다. "지시사항을 공지하오니 적극 참여 바랍니다. 하루 3회 운동하고(06:00까지 출근하여 운동 바람) 운동 후에는 항시 보고 바랍니다." 압력에 가까운 권유 메일에서부터 "과체중으로 산행뿐만 아니라 정상적인 생활이 어려운 ○○씨, ○○씨, ○○씨, ○○씨는 한 달간 결과를 본 후 조치할 예정이니 미달성에 대비하여 사직서를 미리 준비하기 바랍니다. 의지가 부족한 자는 결국은 자신을 망가뜨리고 회사에도 큰 누수를 주기 마련입니다"라는 협박성 메일까지 다양했습니다.

경호 씨는 납득하기 어려웠지만 운동이 건강에 좋은 면도 있으니 한번 해 보리라고 마음먹기도 했습니다. 그러나 회사의 요구는 갈수록 심해졌습니다. 회사는 급기야 감량을 위한 의지나 계획 수행을 업무 수행능력과 동일한 선에서 판단하겠다며, 이를 지키지 못하면 더 이상 일할 수 없게 하겠다는 뜻을 내비쳤습니다.

이쯤 되면 우리는 누구라도 고민하게 될 것입니다. 나의 '몸'과 그 몸이 해야 할 '일' 사이에는 어떤 연관성이 있는 걸까. 게다가 제아무리 좋은 것이라 해도 당사자가 즐겁지 않은데 강요당하면서까지 해야 하는 운동이 무슨 의미가 있을까. 결국 입사 두 달 만에 그는 회사를 나올 수밖에 없었습니다.

사표 제출이 성급했던 건 아닐까 후회한 적도 있었지만 경호 씨는 아무리 생각해도 이건 아니다 싶었습니다. 자신의 용모 때문에 차별받았다는 기분을 지울 수 없었습니다. 결국 그해 겨울 국가인권위에 진정서를 넣었고, 인권위 조사관은 경호 씨와 직장 동료 그리고 회사 관계자를 만나 조사에 착수했습니다.

회사 측은 경호 씨가 받았다고 주장하는 사직 권고 이메일이나 각서를 강요한 사실이 없다고 했습니다. 인권위는 경호 씨가 제출한 사내전산망의 이메일을 증거로 제시했습니다. 회사 측은 경호 씨가 개인적인 사정으로 그만두고서 회사 탓을 한다고 주장했습니다. 하지만 인권위는 경호 씨가 계속해서 체중 감량 목표를 강요받는 상황에서 퇴직을 고려했기 때문에 자의에 의한 퇴사라고 보기 어렵고, 직원복리와 후생을 위한 프로그램이 아무리 훌륭하다 해도 당사자가 원치 않는 참여를 강요한 것은 회사가 한 사람을 '전인적으로 구속'하는 행위에 다름 아니라고 판단했습니다.

고용주는 고용하고 해고할 수 있는 권한, 즉 근로자의 생사여탈권을 쥔 사람입니다. 고용된 사람이 고용한 사람의 지시를 거부하거나 반박하기란 쉽지 않으며, 용기 내어 이의를 제기하면 현실에 적응하지 못하고 도태를 자초하는 조직 부적응자로 낙인찍히기 십상입니다. 워낙 '좁은 바닥'이라 업계에 소문이라도 나면 재취업은커녕 그 분야에서 이름 석 자 지워지는 일도 시간문제일 겁니다. 하지만 경호 씨는 "가만히 있지" 않았습니다.

고용주의 눈에 뚱뚱한 사람은 '내' 회사에서 내가 '부려야 할' 사람으로 적당해 보이지 않았습니다. 체중을 감량하라는 권유는 업무 외적인 부당한 지시가 아니라 조직원을 돕고 싶은 마음에서 비롯되었을 뿐인데 진정을 당하다니! 고용주는 어쩌면 억울했을지도 모릅니다.

'시선'이란 결국 무엇을 보느냐의 문제입니다. 혹은 보는 방식입니다. 신체적 조건과 외모의 기준을 제시하는 우리 사회의 실세는 단연 미디어입니다. 성형을 예찬하는 텔레비전 프로그램이 인기를 누리자, 공짜로 저 대열에 합류할 수만 있다면 기꺼이 몸을 맡기고 싶다고 농담하는 이들도 있었습니다.

매일 거울 앞에서 치장하고, 힘써 노동하고, 먹고, 잠자리에 드는 몸이 개별적이듯 우리 몸의 조건, 성격, 기질, 취향, 식성, 몸의 리듬은 저마다 다릅니다. 단 한 개의 호리병에 담아 표준규격으로 찍어 내는 건 불가능합니다. 표준규격의 몸에만 찬사를 던지는 문화에서는 장애가 있는 몸, 노화되어 가는 몸, 호리병 기준에 맞추지 못하는 몸들은 거처를 잃습니다.

벌써 10년도 전에 인권위는 취업준비생이 이력서에 기재해야 하는 항목 중 신장, 체중, 혈액형, 시력, 건강상 특이사항, 과거질병 같은 신체사항, 장애 여부나 장애 유형, 혼인 여부, 종교, 병역면제 사유, 출신지역, 동산·부동산 소유 같은 재산사항, 자가인지 전세인지를 묻는 주거 형태, 성장 과정을 삭제할 것을 62개 주요 기업체에 권고했고, 해당 업체 대부분이 삭제 요청을 받아들였습니다. 하지만 시나브로 뒷걸음질 치고 있음이 분명합니다. 최근 기사를 찾아보니[15] 없어졌으면 하는 이력서 항목 중 1위는 여전히 키와 몸무게를 묻는 신체 조건에 관한 것이었습니다. 가족사항 기재가 그 뒤를 이었습니다. 구직자들은 업무와 상관없는 이와 같은 조건들이 철회되길 바라고 있습니다.

교육이 끝난 뒤에도 예쁘고 날씬한 사람이 제일 좋다던 아이들의 말이 귓가를 맴돌았습니다. 아이들을 다시 만나면 무슨 말을 더 할 수 있을까 고민하다, 편견을 갖지 말라고 강요하면 오히려 편견이 는다는 기사[16]를 접했습니다. 캐나다 토론토대학 리사 리골트 박사는 주변 환경이 사람들의 편견에 어떤 영향을 미치는지 조사하기 위해 실험 참가자들을 두 그룹으로 나누었습니다. 사전에 두 그룹에게 편견에 대한 서로 다른 책자를 읽게 했습니다. A그룹에게는 '편견을 막기 위해 무엇을 하고 무엇을 하지 말아야 하나'를 읽게 한 반면, B그룹에게는 평등의 가치를 설명하는 '다양성을 인정하는 게 왜 좋은가'라는 책자를 준 것입니다.

결과는 A그룹이 B그룹에 비해 인종이나 성에 대해 편견을 더 많이 가지는 것으로 나타났습니다. 실험 결과는 어쩌면 자명합니다. 생각이나 행동의 자유를 제한하는 형태의 "하라Do", "하지 말라Don't"라는 교육을 받으면 자율성을 제한당했다는 느낌에 반발심이 일면서 반대로 행동하고 싶은 경향이 생겨납니다. 반면 어떨 때 우리는 치우치는 마음을 갖게 될까, 이것은 **우리 모두에게** 어떤 영향을 미칠까 고민하도록 돕고, 타인과 다르게 처우받는다는 게 어떤 느낌일지 나로부터 시작하거나 나로 귀결되는 문제로 연결할 수 있도록 도우면 평등에 대한 인식이 확장됩니다.

돌이켜 보니 고故 파바로티 선생의 명성에 기대 그가 외모에 상관없이 얼마나 훌륭한 사람이었는지 설명하려 했던 건 신체적 조건에 편견을 갖지 '말라'는 닫힌 메시지였을 뿐만 아니라, 설혹 외모가 사람들의 '표준' 시선에 부합하지 않는다 해도 성악가로서의 '능력'만 뛰어나면 문제될 것 없다는 또 다른 차별을 배태하고 있었습니다. 있는 그대로, 가진 것 그대로 받아들여지는 사회 안에 다양성의 물결이 흐릅니다. 아찔하고 부끄러웠습니다.

4. 더럽혀진 몸

"가까이 오지 마세요."

"고정관념이 오래된 것일수록
우리는 더욱 애지중지하는 경향이 있다."
— 에드먼드 버크

정옥 씨(가명, 46세, 여)는 오랫동안 남녀를 불문하고 동성애는 의지가 나약해서 '걸린다'고 생각해 왔습니다. 그런 그가 최근에는 생각이 좀 바뀌었습니다. 정옥 씨는 40년이 넘도록 독실한 천주교 신자로 살아왔습니다. 성실과 신의를 가훈으로 삼아 온 집안에서 태어나 중고등학교 시절 반장을 한 번도 놓치지 않고 모범생이라는 말을 들으며 자란 정옥 씨는 스스로 표현하길 "세상 사람들이 비난할 만한 일은 하지 않는" 사람이었습니다. 그런 그녀가 1년 전, 자궁암이라는 진단을 받았습니다.

병원에 입원한 정옥 씨는 큰 충격에 빠져 처음엔 가족의 방문도 거부했습니다. 시간이 흘러 자신의 병을 받아들일 수 있을 만큼 심리적인 안정감을 되찾은 그녀는 "늘 바르게 살아야 한다고 생각했어요. 난

잡하게, 그러니까 동성애자들처럼 즐기며 사는 사람들을 속으로 미워하고 비난했습니다. 그런 그들에게도 사랑받을 이유가 있음을 진작 깨달았어야 했는데, 제가 그들을 너무 미워하니까 하늘이 제게 자궁에 더러운 병을 주신 것 같습니다. 이제 더는 누구도 원망하지 않습니다. 저는 이 병에 걸릴 만했고 이 사실을 받아들이기로 했습니다"라고 고백했습니다.

평소 그녀는 동성애는 죄이고, 동성애자는 '성기'를 함부로 사용하는 사람들이어서 반드시 더러운 병에 걸린다고 생각해 왔습니다. 그런 그녀에게 어느 날 다른 데도 아닌 자궁에 병이 생긴 겁니다. 자신은 '즐기며' 살지 않았는데 왜 자신에게 이런 더러운 병이 왔는가. 아무리 생각해도 납득할 수 없었고 억울하기만 했습니다. 매일 곰곰이 생각했습니다. "남을 미워하는 사람은 반드시, 언젠가는 벌을 받는다"는 설교 말씀을 깊이 묵상하며, 남을 미워한 바로 그 이유로 내침을 받았구나 하는 깨달음을 얻었습니다. 그녀는 그날 이후 병을 받아들이기로 마음먹었습니다. 더불어 동성애자도 꼭 의지가 나약해서 '된다'기보다는 그렇게 되기 전에 지켰어야 할 신의나 성실을 위반했거나 남을 지독히 혐오한 결과라는 식으로 생각을 바꿔 먹었습니다.

인간의 어떤 행동이 특정 병을 불러온다는 사고는 정옥 씨 혼자만의 것은 아닐 것입니다. 우리는 거의 자동적으로 한 사람의 생활양식 life style을 자신(및 사회)의 도덕과 인습 기준에 비추어 평가합니다. 술을 많이 마시는 사람이 알코올중독자가 될 확률이 높고 골초 흡연자가 폐암에 걸리기 쉽다는 자동 연상처럼, 사람들은 병을 그가 살아온 궤적의 결과라 여깁니다.

우리나라에서도 종종 열리는 퀴어 퍼레이드queer parade는 레즈비언 Lesbian, 게이Gay, 양성애자Bisexual, 트랜스젠더Transgender, 간성Intersex을 뜻하는 'LGBTI'의 축제로 참가자들 스스로는 '자긍심 행진'이라고 부릅니다. 이들이 "사랑은 혐오보다 강하다"라고 손으로 꾹꾹 눌러 쓴 보드를 들고 거리를 행진하면 금세 사람들의 이목이 집중됩니다. 몇몇 종교단체와 보수단체들은 거리 행진을 허가한 시市로 쫓아가 집회 자체를 취소해 줄 것을 강력하게 요청하면서, 동성애로 개인이 망하고("지옥심판, 에이즈") 피땀 흘려 세운 나라가 동성애로 무너진다고 외칩니다. 개최 몇 달 전부터 청사 주변에는 축제를 허가한 시장에 대한 비난과 동성애 반대 구호를 담은 현수막들이 내걸립니다. 아이를 낳지 못하는 동성애자들은 나라 경제와 도덕을 뒤흔드는 악의 뿌리이니 신神은 이들을 단죄해 달라고 목 놓아 기도합니다. 기도가 끝나면 동성애를 바로 알자는 대중교육이 시작됩니다. 성 소수자들이 다수에 안 좋은 영향을 끼치는 걸 정녕 모르는가? 그들이 어떤 성관계를 하는지 모르는가, 그게 정상적인 성관계인가? 동성애자들이 아이를 가질 수나 있는가? 순진한 아이들에게 안 좋은 영향을 미칠 텐데 에이즈와 성병이 확산되면 누가 책임질 텐가.

동성애자는 자연의 섭리를 거스르는 존재이니 단죄받아야 마땅하다 여기고, 동성애자는 에이즈에 이미 걸렸거나 앞으로 걸릴 것이라는 이유로 재차 단죄합니다. 그들이 보기에 에이즈에 걸린 동성애자는 문란한 라이프스타일의 총합이기 때문입니다.

HIV는 감염인과 혈액, 정액, 질 분비물을 나눌 때 감염될 수 있고 그 외에는 모유를 통해서만 감염됩니다. 동성애자든 이성애자든 감염

경로는 다르지 않습니다. 그렇지만 에이즈는 곧장 '동성애자들의 병'으로 귀결되고 맙니다. 정옥 씨는 종교적 성찰을 통해 더는 동성애자를 미워하지 않겠다고 했습니다. 하지만 '성 소수자 페스티벌 개최 앞두고 반대자들과 충돌 예상' 같은 기사를 접하면 다시금 혐오감이 입니다. 에이즈는 동성애자들만의 병이 아니라는 명백한 팩트fact도 효력을 발휘하지 못합니다. 알면서도 절대로 인식이 '새로 고침' 되지 않습니다.

실존 인물인 유진 엘런Eugene Ellen(1919~2010)의 일대기를 영화로 만든 〈버틀러 : 대통령의 집사〉에는 흑인 집사butler가 백악관에서 8명의 미국 대통령을 수행하면서 겪은 인종차별의 모든 것이 담겨 있습니다. 영화는 주인공 세실의 버틀러로서의 충직한 일상을 담고 있지만 미국 역대 대통령들의 정치관과 인종에 대한 시선도 가감 없이 보여줌으로써 미국 흑인인권운동의 흐름도 함께 다룹니다.

영화에는 등장하지 않지만 영화 속 시대의 실제 인물인 로자 파크스Rosa Parks(1913~2005) 이야기를 하겠습니다. 그녀는 앨라배마 주 몽고메리에서 백인 승객에게 자리를 양보하라는 버스 운전사의 지시를 거부해 경찰에 체포되었습니다. 당시에는 이런 일이 흔했습니다. 흑인은 인종이 다르다는 이유로 백인들이 이용하는 공간에 얼씬도 하지 못했습니다.

아버지처럼 백인에 순종할 수 없었던 세실의 아들은 흑인을 배제하는 백인 전용의 공간으로 들어가 평화와 침묵의 시위를 벌이다 매 맞고 쫓겨나고 체포되는 수모를 겪습니다. 이때 욕하고 내쫓는 이들은 백인 개인과 집단이지만, 어제까지 종으로 부리던 '까맣게 오염'된 노예들과 같은 공간에 있을 수 없다는 이 지독한 신분의식만은 당시 미국 사회의 산물이자 정신이었습니다.

다 지난 이야기만도 아닙니다. 미국 대통령의 아내인 미셸 오바마 Michelle Obama는 구글에서 '깜둥이의 집nigga house'으로 검색하면 백악관이 뜬다며, 인종차별은 백악관의 안주인도 피하지 못할 만큼 뿌리 깊다는 것을 인식하는 동시에 역사를 새로 쓴다는 마음으로 이를 극복해야 한다고 말합니다.[17] 그녀의 언급처럼 지금도 잔존하는 미국 사회 내 인종차별은 한국 사회에서 동성애자를 극렬히 반대하는 이들의 동성애자 혐오 행위와 매우 유사합니다. 한국의 동성애자들은 에이즈와 성적 지향Sexual-oriented이라는 밧줄에 묶여 십자가에 매달려 있습니다. 십자가 아래서 돌을 던지는 사람들은 동성애는 위험하고 이성애는 안전하다고 생각합니다. 위험의 정도를 과대평가하는 사람일수록 자신과 다르다고 느껴지는 타인을 **틀렸다**고 규정하고 배척하는 정도도 강합니다.

10년째 '차별방지법' 제정을 논의 중이지만 번번이 무산되고 마는 이유 중의 하나는 동성애에 대한 우리 사회의 뿌리 깊은 혐오가 작동하기 때문입니다. 자신을 '정상'이라고 규정한 사람들이 보기에 동성애자는 쉽게 선을 넘는 사람들입니다. 그들이 인식하는 몸의 경계는 곧 사회적 경계인데 동성애자들은 몸으로 자유롭게 경계를 넘나드는 것처럼 보이니 사회질서가 금세 무너질 거라고 생각하는 것입니다.

동성애자는 아이를 낳을 수 없어 대가 끊기고, 이는 인구 감소로 이어져 결국 국력이 약해진다는 주장도 있습니다. 이 논리에 따르면 아이를 원치 않는 커플, 아이를 가질 수 없는 불임 부부는 모두 국가의 근간을 뒤흔드는 위험한 집단이 됩니다. '집단'으로 묶어 부르는 이유는 한 묶음으로 싸잡아 말할 수 있어야 한 번에 들어낼 수 있다는 생각 때문일 겁니다. 통제가 불가능한 그들이 사회 속에 점점이 박혀 있다고 생각하면 공포감에서 쉽사리 헤어나기 어려울 테니까요.

온전히 납득이 되지 않더라도, 혹은 어디서부터 왔는지 잘 모르지만, '규범'을 지키려는 사회 구성원의 노력과 바람이 섞이면서 개인은 어떤 정체성을 획득합니다. 사람들은 대부분 자신에게는 직접 적용되지 않는 기준, 이를테면 성직자는 금욕하기를, 아이는 순진하기를, 사랑은 오로지 이성애이기만을 바라고 강요합니다. '왜 그래야만 하는가'라는 의문은 '다수가 그리 하니 (나도)한다'에 묻힙니다. 소수의 '다른' 사람을 혐오하는 행위는 다수의 '같음' 안에 머물려는 관성에서 비롯됩니다. 한 사회 속에 오래 살아남은 고정관념은 이미 그 사회의 토대가 되어 규칙으로 작동하고 있습니다. 이 규칙을 어기는 사람들은 그러므로 벌을 받아도 하는 수 없습니다. 암묵적인 승인이 표출되어 나타나는 행위, 이것이 바로 낙인stigma입니다.

'낙인의 사회학자'라 불리는 어빙 고프만Erving Goffman은 "정상인과 낙인자라는 구분은 실제 사람의 문제가 아니라 관점의 문제"라고 말합니다. 그는 정신장애인, 마약중독자, 알코올중독자, 동성애자 그리고 열등하다 여겨지는 민족과 인종을 (사회적)기대치에 어긋나는 집단으로 보고, 명예를 더럽혔다고 여겨지는 불명예자the discredicted와 언젠가 낙인찍힐 가능성이 있는 잠재불명예자the discreditable로 나누었습니다.[18] 동성애자를 이 도식에 대입해 봅니다. 이들은 자신이 직접 말하지 않는 한, 즉 커밍아웃coming out하지 않는 한 잠재불명예자이지만 원치 않는 아우팅outing(타의에 의해 공개되는 것. 커밍아웃의 반대 개념)으로 불명예자가 될 수 있다는 불안과 두려움을 안고 살아갑니다.

모든 권리를, 모든 사람이 누리는 것은 실로 어려운 일입니다. 자존감을 지키면서 권리를 누리는 일은 누구에게도 쉬운 일은 아니지만 어떤 사람들에게는 유독 힘겹습니다. 2013년 김조광수와 김승환이 결혼을 발표했을 때 어떤 이들은 구시대의 산물인 혼인제도 속으로 진보적 동성애자들이 제 발로 걸어 들어간다고 비난했습니다. 신성한 결혼제도를 더럽히려 한다는 이성애자들의 힐난은 말할 필요도 없겠지요. 이로써 그는 동성애자 주제에 결혼한다고, 혹은 동성애자이면서 이성애자들이나 하는 '구린' 결혼을 한다고 양쪽에서 비난을 들어야 했습니다. 그러나 그는 말합니다. 할 수 있는데 하지 않는 것과 할 수 없어서 못 하는 것은 엄연히 다르다고.

그런 그의 바람을 2015년 6월, 미국 연방대법원의 케네디 대법관은 이렇게 대변했습니다. "결혼은 한 국가의 사회적 질서의 이정표로서 동성 커플이건 이성 커플이건 이러한 원칙을 존중하는 데에는 차이가 없다." 동등한 존엄을 요구하는 이들에게 그럴 권리를 부여함으로써 이제 미국은 50개 주 전역에서 동성애자들의 결혼을 법으로 보호합니다. 전 세계적으로는 35개국에서 동성 결혼이 가능하며 그중 17개국은 아이도 입양해서 기릅니다. 미국이 가장 급진적으로 보이겠지만 실상 미국은 35개국 중 전역에 동성 결혼을 허용한 21번째 국가일 뿐입니다. 성 소수자 현안은 결혼뿐 아니라 살아가는 데 필요한 모든 것들(의료와 복지와 아이 입양 등)을 아우르며, 소수자들이 법 앞에서 차별 없이 동등한 권리를 누리느냐의 문제로 귀결됩니다. 미국 연방 대법원의 결정은 무지개 빛깔만큼이나 제각각인 인간의 다양성을 인정하고 보호하겠다는 강력한 조처입니다.

중증 장애인 후배는 교복을 입고 싶어 했습니다. 또래 아이들이 그토록 벗어던져 버리고 싶어 하는 그 규격화된 옷을 말입니다. 같은 원 안에 속하고 싶은 간절함을 지켜 주는 사회. 그런 사회는 한 개인이 자존감을 지키면서 권리를 누릴 수 있도록 애쓰는 사람들이 모여 사는 곳입니다. 이런 사회라야 인간이 인간다움을 고민하고, 나누고, 누리며 살 수 있습니다. 우리를 절망으로부터 끌어올리는 두레박 안에는 폭력이 아니라 사랑이 담겨 있어야 합니다. 사랑은 혐오(죽음)보다 강하기 때문입니다.

5. 배제되는 몸

인화人和 하지 못한다면

모두가 똑같이 생각하고 느끼는 세상만큼 섬뜩한 세상이 또 있을까요?
화이부동(和而不同)이라는 말이 있습니다.
어울리되(和) 같아지지는(同) 않는다는 뜻이지요.
어울린다는 건 '따로 또 같이'라고 할 수 있을 거예요.
— 채운, 『느낀다는 것』 중

말의 조리가 분명한 그. 그가 하는 말을 옮겨 적으면 고칠 데가 없
는 글이 되었습니다. 발음과 억양도 또렷해서 회의 참석자들은 그가
말할 순서가 되면 눈빛을 반짝이곤 했습니다. 흠이라면 지나치게 목
소리가 크다는 것. 듣기 편안한 볼륨의 숫자가 있다면 그보다 두 배
정도는 크다고 해야 할까요. 뭐, 잘 안 들리는 것보다는 나으니 문제
될 건 없었습니다.

그런 그가 어느 날부터 어딘지 좀 달라졌습니다. 발언하는 횟수가
줄고 몸을 앞으로 바짝 끌어당겨 상대가 하는 말을 눈을 감고 듣는
게 아닙니까. 처음엔 피곤해서 그러는 모양이라 여겼는데, 자세히 보
니 손바닥을 귀 뒤로 가져가 동그랗게 말고 소리를 모았습니다. 가까
운 이들과 담소를 나눌 때는 상대방의 입 모양을 뚫어지게 바라보았

습니다. 연유를 물으니 그가 희미하게 웃으며 말했습니다. "나 요즘 잘 안 들려요."

이듬해 그는 청각장애 5급 진단을 받았고, 보청기를 구입했습니다. 그의 목소리가 컸던 건 말하는 자신에게도 제 목소리가 잘 들리지 않았기에 또박또박 전달해야 한다는 걱정 때문이었던 겁니다. 청각에 장애가 온 그를 알지 못했다면, 지금 소개할 이분의 상황도 저는 얼른 이해하지 못했을 겁니다.

형수 씨(가명, 남)는 선천성 청각장애인입니다. 잘 들리지 않는 일상의 소리를 끌어모아 이해하는 불편함을 오랜 세월 감수하고 지내 오다 10여 년 전에 청각장애 4급 판정을 받았습니다. 보청기가 없을 때는 상대방의 이야기를 절반밖에 들을 수 없는데 이 장애는 영구히 지속될 거라고 합니다. 상대의 목소리가 저음이거나 여러 사람이 한꺼번에 이야기할 때는 그는 거의 아무 소리도 듣지 못합니다. 즉, 그 소리는 정보로 인식하지 못합니다. 그때의 소리들은 커다랗게 뭉쳐 굴러다니는 먼지덩어리에 가깝습니다.

그는 2000년대 초 창작 계열의 교수로 채용되었습니다. 새 학기가 시작될 때마다 자신이 청각장애인이라고 학생들에게 밝히고, 학생들이 질문하면 여러 차례 질문과 답변을 반복하며 수업을 이어 갔습니다. 때로는 질문지나 메일을 이용해 수업에 지장이 없도록 했습니다.

학생들을 가르치고 소통하는 일에는 아무런 문제를 느끼지 못했지만 그는 동료 교수들과의 학교(조직)생활에서는 곤란을 겪었습니다. 곤란이라 함은 다름 아닌 소외였습니다. 그가 학교와 계약을 맺을 당시 대학이 그에게 제시한 조건 가운데는 '교수들과의 화합, 인화단결을 통해 학과 발전을 위해 노력한다'라는 내용도 포함돼 있었습니다. 그렇게 학교는 교수들 간의 인화단결을 강조했지만 정작 인화가 필요한 상황들에서 그는 배제됐습니다. 교수들이 모두 가는 해외연수를 그에게만 (불편하면)참가하지 않아도 된다고 말하며 제외시켰고, 중요한 회의나 학내 행사에서도 조용히 그를 밀어냈습니다.

왜 자신에게만 정보를 주지 않을까. 그는 학교 관계자들에게 청각장애를 이유로 차별하는 게 아니냐고 따져 물었습니다. 그러자 학교 측은 "당신이 청각장애인이라고? 금시초문이군요"라는 반응을 보였습니다. 그들이 거짓말을 하고 있다고 여긴 형수 씨는 청각장애인이라서 겪는 배제 행위들을 조사해 달라고 국가인권위에 진정을 제기했습니다. 인권위 조사관은 형수 씨 주변 사람들의 목격담을 모았습니다.

A씨는 학교 관계자들이 그가 청각장애인인 줄 몰랐다는 건 아마 사실이 아닐 거라고 했습니다. 그러면서도 형수 씨가 열심히 가르치는 교수이긴 하지만 동료 교수들과 대인관계가 적극적이지 못하다는 '평'은 했습니다. B씨 역시 그가 청각장애인임을 학교 측에서 몰랐다고 볼 수 없고, 그를 아는 사람이라면 대화할 때 그가 작은 소리는 거의 알아듣지 못한다는 걸 알아챌 수 있다고 했습니다. 그렇지만 그가 사교적이지 않았으며 다른 교수들과 어울리지 못하는 건 분명하다고 했습니다. C씨는 외견상으로는 알아볼 수 없다 해도 그와 조금만 이야기를 나눠 보면 그가 청력이 약하다는 사실을 금방 알 수 있다며 당연히 학교가 거짓말을 하고 있다고 했습니다. 그런 C씨도 역시 이 말은 빠뜨리지 않았습니다. "그는 다른 교수들과 어울리지 않았고 적

극적인 성격은 아닙니다." D씨는 이 학교를 졸업한 학생입니다. 졸업식 날 형수 씨가 보이지 않아서 찾으러 갔더니 다른 교수님들은 모두 정장을 입고 왔는데 형수 씨만 평상복을 입고 왔더라고 했습니다. 형수 씨는 학교로부터 아무런 연락을 받지 못했다는 겁니다.

많은 이들의 증언에 비추어 보면 형수 씨는 조용하고 혼자 있기를 즐기는 편인가 봅니다. 그가 먼저 홀로 있기를 원했는지, 아니면 상대가 장애인을 멀리해서 그가 혼자 있게 되었는지는 알 수 없습니다. 장애인은 곧 '불이익을 받는 사람'이라는 도식은 알고 보면 편견입니다. 그런 것과는 무관하게 혼자 있기를 즐기는 사람이 있고, 그로 인해 불이익을 받는 사람도 있으니까요. 그가 가진 장애가 사람들과 거리를 만드는 데 영향을 미쳤는지, 아니면 그가 원래 사람들과 어울리기를 싫어했는지는 알 수 없습니다. 또한 여기서 그의 성향이 어떠한지를 따지는 것도 별 의미가 없습니다.

다만 몇 가지는 짚어 볼 수 있을 것입니다. 조용히 혼자 있기를 좋아하는 사람을 불편하고 불리하게 만드는 조직인지, 그렇다면 그 조직의 작동 원리는 무엇인지, 개인의 성향을 이유로 조직 내에서 어떤 배제가 존재하는지 말입니다. 성향을 이유로 차별받았다는 사실은 사실 인권위 조사 대상에는 해당하지 않습니다. 인권위는 누군가가 장애라는 특정 요인 때문에 모집이나 채용, 교육이나 배치, 승진, 임금과 같은 고용 분야와 각종 서비스 이용에서 배제되거나 구별되거나 불리하게 대우받았는지를 조사할 수 있습니다.

주변인들은 하나같이 학교가 형수 씨의 청각장애를 몰랐다는 것은 말도 안 된다는 입장이면서도, 그가 비사교적이어서 학교와 '인화'하지 못한 것은 사실이라고 했습니다. 학교 측도 문제가 있지만 형수 씨에게도 문제가 있다는 반반씩의 책임론에는 차별받은 사실과 차별받을 이유 사이의 연관성이 아주 없다고는 볼 수 없다는 정서가 깔려 있습니다. 조용하고 비사교적인 사람은 활달하고 사교적인 사람에 비해 배제될 수밖에 없지 않느냐는 조직의 암묵적인 동의. 그런 조직문화 안에서는 '조직적인 사람'이 되기 위해 억지로 동화(인화)되려 노력하거나 아니면 소외를 감수해야 합니다. 후자에 속하는 사람에게 조직이 좋은 평가를 내릴 리 만무하고, 그 평가는 결국 '인화력 부족'이라는 개인의 능력 부족으로 귀결될 수밖에 없습니다.

학교가 그토록 강조하는 인화人和의 뜻은 '여러 사람이 마음으로 뭉쳐 서로 화합함'인데 문장 내에서 함께 쓰이는 명사로는 '단결'이 있습니다. 함께 쓰이면 '인화단결'이 됩니다. 그러니 인화는 혼자서는 할 수 없습니다. 단어에는 물론 죄가 없지만 인화라는 문장 용례를 찾아보면 '한마음 한뜻'이라는 의미의 인화가 많습니다. 한마음 한뜻이 되기란 얼마나 어려운 일인가요. 그것은 '나'를 버리고 조직에 동화되라는 권유이겠으나 실상은 부드러운 강압이 아닐까요.

「장애인차별금지 및 권리구제 등에 관한 법률」에서 입법 정신으로 삼는 중요한 원리는 장애인으로 하여금 '다른 사람들과의 동등한 기초 위에서on equal basis with others' '완전하고 효과적인 사회참여full and effective participation'를 가능하게 하는 것입니다. 진정한 인화는 조건에 관계없이 혹은 상대의 조건을 인정하는 가운데 완전하고 효과적으로 참여할 기회, 통합될 기회를 나누어 갖는 것입니다. 의도적인 따돌림으로 참여에 제한을 둔다면 기회를 차단하는 것이고, 이는 합리적 이유 없는 차별입니다.

장애와 무관하게 우리는 무리에 속하고 싶지만 의도적인 따돌림을 당해서, 혹은 홀로 있기를 원하지만 융화라는 명목으로 함께하기를 요구받아서 적잖이 마음고생을 한 기억이 저마다 한번쯤은 있을 겁니다. 공동체에서는 개개인들이 지닌 같음과 차이, 특히 차이를 섬세하게 인정하지 않으려 합니다. 공동을 생각하지 않는 이기심의 발로라 여깁니다. 그러나 한나 아렌트Hannah Arendt는 말합니다.

"차이가 없으면 소통의 필요가 없다. 그렇다면 '말'과 '행위'도 필요 없게 된다. 만일 우리 모두가 똑같다면 우리는 서로를 완벽하게 이해하게 된다. '차이'가 없다면 결국 인간의 복수성復水性 자체가 무의미하고 불필요한 개념이 될 것이다. 흔히 불편하게 생각하는 서로의 '차이'가 인간을 인간답게 만들어 주는 조건이다."

우리가 모두 똑같다면 서로를 완벽하게 이해하게 될 것이라는 말이 재미있습니다. 똑같지 않기 때문에 우리는 절대 서로를, 완벽하게, 이해할 수 없을 테니 말입니다. 그러나 저마다 다른 까닭에 세상과 사람은 더 재미있습니다.

3

병
(력)
에

따
른

별
별

차
별

1. 입사 거부

"야근과 술자리가 잦은데 일할 수 있나요?"

"처음에는 엄마 탓을 많이 했어요. 왜 하필 내게 이런 걸 주었냐고.
지금은 너무 미안해하지 말라고 해요.
엄마도 원해서 준 게 아니니까."

20년 동안 몰랐던 수직감염

은미 씨(가명, 20세)는 전문계 고등학교를 졸업했습니다. 그녀의 꿈은 대기업에 취직하는 것이었습니다. 고졸 학력을 받아 주는 기업이 많지 않아 선택의 폭이 좁기는 했지만, 회사가 필요로 하는 자격증을 모두 따고 공부도 열심히 한 끝에 대기업에 보란 듯이 입사했습니다. 졸업도 하기 전에 면접까지 합격한 뒤 신체검사만 남겨 두고 있었는데 아픈 곳 없이 건강했기 때문에 마지막 관문도 무난하게 통과하리라 여겼습니다.

하지만 신체검사 결과 뜻밖에도 'B형간염 바이러스 보유자'라는 판정을 받았습니다. 기업 인사담당자는 아직 재학 중이니 학기를 마치면 다시 연락을 주겠다면서, 회사와 연계된 병원에서 다시 한 번 검진을 받아 볼 것을 은미 씨에게 요구했습니다. 결과는 달라지지 않았습니다. 1차 신체검사 때보다 간 수치가 오른 데다 바이러스가 활동성이라 입사가 어렵겠다는 최종 통보를 받았습니다.

그 어렵다는 시험을 통과해 놓고 신체검사에서 탈락하고 보니 은미 씨는 황망하기만 했습니다. 더 당황스러웠던 건 20년 동안 자신이 B형간염 바이러스 보유자임을 모르고 살아왔다는 사실이었습니다. 알고 보니 은미 씨는 어머니로부터 수직감염된 거였고, 은미 씨의 언니도 감염인이었습니다.

은미 씨는 자신을 곤경에 빠뜨린 B형간염의 정체를 먼저 알아야 했습니다. 인터넷을 뒤져 가며 병에 대해 공부하기 시작했습니다.

"B형간염 환자와 식기를 같이 쓰면 저도 걸리나요?"
"어떤 사람과 입맞춤을 했는데 알고 보니 그가 B형간염이라는군요. 이제 저도 감염된 건가요?"
"B형간염자와 국을 같이 먹었는데 괜찮을까요?"
"술잔 돌리면 전염되나요?"

질문을 읽어 내려가던 은미 씨는 울고 싶어졌습니다. '정말 이렇다는 건가.'

B형간염은 바이러스가 일으키는 우리 몸의 면역반응으로 간에 염증이 생기는 질환입니다. 주로 혈액이나 체액으로 감염되는데 대표적인 예가 어머니와 신생아 사이의 수직감염이고, B형간염 바이러스에 감염된 누군가의 혈액에 나의 손상된 피부나 점막이 노출되어 감염되

기 때문에 단순 접촉으로는 전염되지 않습니다. 당연히 식사나 술자리에서 전염될 가능성은 없고 악수나 포옹, 입맞춤, 기침, 재채기로도 전염되지 않습니다.

대한간학회가 2013년 일반인 3천 명을 대상으로 B형간염에 대해 설문조사를 해 봤더니, 설문에 답한 10명 중 6명이 B형간염 바이러스 보유자와는 '식기를 따로 써야 한다'고 알고 있었습니다. B형간염 바이러스 보유자들 중 해고를 당하거나, 취업에서 배제되거나, 원치 않는 업무에 배치되는 경험을 해 봤다는 사람들도 10명 중에 8명이나 됐습니다.[19]

은미 씨는 B형간염에 대해 무지한 상태에서 제대로 된 정보마저 없다면 누구라도 이렇게 오해할 수 있지 않을까 생각했습니다. 입사가 어렵겠다고 통보한 기업 담당자도 이 질환을 잘 모르기 때문에 막연히 꺼림칙하다는 이유로 퇴짜를 놓은 게 아닐까. 좋은 쪽으로 생각을 정리한 은미 씨는 "사회생활에 지장이 없다"는 간 의학 전문의의 소견서를 받아 회사에 제출했습니다. 그래도 받아들여지지 않는다면 '과로나 스트레스 자체가 만성 바이러스성 간염을 악화시킨다는 의학적 근거는 없고 임상적으로도 과로와 스트레스 없이도 악화될 수 있다'는 대법원 판례도 제출해 볼 요량이었습니다. 그러나 회사는 이미 판단이 끝났다는 말만 되풀이했습니다.

은미 씨는 이번에는 같은 질환을 가진 사람들이 개설한 온라인 카페를 방문했습니다. 회원 수가 많고 대표가 활발히 움직이는 동호회라면 그 열기는 언제나 뜨겁습니다. 동호회 게시판에는 누구는 간 수치가 높아져서 입사 시험에서 불이익을 받았네, 누구는 지금 쓰는 약이 효과가 없네, 어느 병원 의사가 좀 더 친절하네, 누구는 B형간염을 애인에게 언제 털어놔야 하는지 고민하고 있네 등등의 일상 상담과 새로운 의약 뉴스, 환자들의 처우, 그리고 의료복지 개선을 요구하는 움직임까지 정보들이 빠르게 올라옵니다. 병 때문에 다르게 처우받는 부당한 현실에 눈 감지 않고 권리 위에 잠자는 자가 되지 않아야 한다는 각성이 회원들의 삶과 세상을 바라보는 시각을 넓혀 주는 것입니다.

은미 씨도 힘을 냈습니다. 국가인권위원회에 병력을 이유로 불합리한 차별을 받았다고 진정을 제기했습니다. 하지만 회사는 은미 씨를 채용하지 않았고, 모교에서는 은미 씨가 인권위에 진정을 제기해 학교와 회사의 관계가 껄끄러워졌다며 노골적으로 불편한 심기를 드러냈습니다. 회사는 회사대로 고졸을 뽑아 주려고 했더니 은미 씨가 상황을 골치 아프게 만들었다며 못마땅해했습니다.

모든 일을 해 보았지만 득은 없고 실만 있는 상황. 은미 씨는 엄마가 미워졌습니다. 왜 하필이면 좋은 유전자가 아닌 이런 바이러스를 물려주었을까. 엄마가 언니와 자신에게 한없이 미안해하는 걸 알면서도 화가 나는 속마음까지는 어쩌지 못했습니다. 어느 날은 엄마에게 화풀이하고 있는 자신에게 더 화가 나 울기도 했습니다. 적지 않은 부침을 겪은 뒤 그녀는 이제 엄마에게 더는 미안해하지 말라고 했습니다. 안정도 되찾았습니다.

여전히 씁쓸하기는 하지만 어차피 대기업에서는 받아 주지 않을 것이기에 목표를 낮춰 신체검사가 없는 곳으로 '하향 지원'한 은미 씨는 중소기업에 입사해서 현재는 수입통과 업무를 하고 있습니다. 일이 재미있기는 하지만 다른 새로운 일에 도전해 보려는 희망이나 의지는 다소 꺾였습니다.

자신 안에 20년 동안 머물러 온 병의 존재. 은미 씨는 "이 병은 도대체 무엇인가"를 이해하는 과정이 가장 힘들었습니다. 이제야 알게 된 충격과 감수해야 하는 불이익만으로도 힘든데, 사람들이 자신을 이전과 달리 보지는 않을까 걱정까지 짊어져야 하니 당황스럽기만 했습니다. 달라진 건 아무것도 없는데 모든 상황을 전적으로 의사에게 내맡겨야 하는 상황도 못마땅했고, 잘 모르면서 함부로 떠들어 대는 사람들의 무심함에는 상처를 받았습니다.

한두 개의 용어로 정의할 수 없는 게 질병입니다. 간 질환 전문가들은 감염인조차도 제대로 알지 못하는 '활동성/비활동성'이란 용어가 차별과 편견을 불러오는 말이 될 수 있다고 조언합니다. B형간염의 활동성, 비활동성은 간 수치에 따라 나눌 수 있는데 간의 염증 정도, 바이러스 증식의 정도에 따라 각기 다르며 전염력과도 상관이 없습니다. 우리는 대개 유전질환과 수직감염으로 인한 질환을 구분하지 못하고, 세균과 바이러스를 구분하지 못하며, B형간염이나 결핵에서 흔히 쓰이는 활동성/비활동성 용어에 어떤 차이가 있는지 모르고, HIV 바이러스 감염인과 에이즈 환자가 어떻게 다른지 구별하지 못합니다. 현재 건강한 사람들에게 아픈 이들의 바이러스는 활동성, 비활동성에 관계없이 두려움일 뿐입니다.

사람들이 두려워하는 것들 중 하나는 원인을 알 수 없고 치료가 불가능한 바이러스의 출현이겠지요. 감염되는 과정은 눈에 보이지 않으니 감염 자체가 주는 공포는 어쩌면 당연한 일이겠고요. 하지만 바이러스에 대한 공포와 두려움은 필요 이상으로 확대되고 부풀려지는 경향이 있습니다. 우리는 여전히 이로운 균과 해로운 균, 바이러스, 그리고 미생물을 구분 지어 알지 못합니다. 잘 모르는 상태에서 두려움만 커지다 보니 실체에서는 점점 멀어져 갑니다.

우리 몸은 득실거리는 바이러스와 세균들의 집이지만 그동안 미생물은 '병균'으로만 취급돼 두려움과 혐오감을 일으키는 무리로만 인식됐습니다. "미생물 없는 깨끗한 환경에서 살겠다는 인간의 욕심이 과한 나머지 공기 중으로 살균제를 뿌려 대 인류 역사상 유례없이 간질성 폐 질환을 만들어 낸 살균가습기를 떠올려 보십시오"라던 의사의 말이 떠오릅니다. 잘못된 정보가 전파력이 더 강력한 것처럼, 감염병에 대한 차별의 이면에는 미생물에 대한 공포도 이처럼 큰 역할을 합니다.

아이 셋을 수직감염시킨 나는 죄인

은미 씨 이야기를 듣다 보니 자식들에게 매순간 미안한 마음을 품고 사는 어머니의 심정은 어떤 것일까 궁금했습니다. 사랑하는 자녀에게 병을 물려주고 싶은 부모가 있을 리 만무하니까요. 아이 셋 모두가 B형간염 바이러스 보유자인 엄마와 연락이 닿았습니다.

정애 씨(가명, 51세)는 지금으로부터 30년 전 사회생활을 시작했습니다. 그땐 20대 초반이었고 건강하다 여겼지만 일을 배워 가던 터라 무리를 했던지 어느 날 회사에서 기절하고 말았습니다. 조그만 시골 병원의 의사는 피검사를 하고 난 뒤 이 병은 잘 먹으면 낫는 병이니 소머리를 고아 먹으라고 대수롭지 않게 말했습니다. 지금 생각해 보면 참으로 어이없는 처방이었는데, 그녀는 그땐 B형간염이 무엇인지 몰랐기에 의사가 하라는 대로 소머리만 고아 먹었습니다.

몇 년 뒤 결혼하고 첫 아이를 낳은 정애 씨는 출산 후 아이가 수직 감염된 걸 알았습니다. 아이에게 간염 예방접종을 하고 10개월 후 항체가 생겼는지 검사해 봤지만 생기지 않았습니다.

아이가 유치원에 다닐 즈음 다시 검사해 봤지만 역시나 항체가 생기지 않았습니다. 정애 씨는 그날 이후로 아이에게 죄를 짓고 사는 것 같았는데 설상가상으로 둘째, 셋째도 수직감염되었고 모두 항체가 생기지 않았습니다.

막 태어난 아기가 B형간염에 감염되면 대부분이 만성 보유자가 되고, 자라면서도 많은 경우 자각증상이나 통증이 거의 없기 때문에 모르고 지내다 만성질환 또는 합병증에 이르게 됩니다. 그때서야 몸의 상태를 직시하게 되는 겁니다.

정애 씨는 장성한 아이들만 보면 이 죗값을 어찌 다 치러야 하나 눈 앞이 캄캄하다고 했습니다. 집안 형편도 넉넉지 않아 아이 셋에 자신의 것까지 치러야 할 약값도 부담스러웠습니다. 넷이 약을 먹다가 한 명이라도 끊어야 한다면 그건 당연히 자신이어야 한다고 생각한 정애 씨는 약을 2년 정도 먹다가 그만두었습니다. 안 먹었다기보다 못 먹게 된 것인데, 다니던 병원이 문을 닫게 되자 '형편도 어려운데 잘됐다' 싶은 마음에 아예 미련을 버렸습니다. 더 버티기 어려워 한참 뒤 다른 병원에 갔던 날, 자세한 이유는 말하지 못한 채 한동안 약을 먹지 못했다고 의사에게 털어놨더니 "약을 빠뜨리면 내성이 생기는데 어떻게 그렇게 무식하냐?"며 의사는 정애 씨를 호되게 야단쳤습니다. 정애 씨는 그날 의사가 준 모욕을 두고두고 잊지 못합니다.

모욕감은 여간해서 잊히지 않습니다. 어떤 이는 초등학교 시절 교장선생님이 마이크를 잡고 몇몇 아이들 이름을 쭉 부르더니 "이 아이들은 B형간염이니까 같이 밥 먹지 말라"고 그랬답니다. 돌이켜 보면 뜨거운 여름날 운동장에 전교생을 세워 놓고 긴 연설을 하시던 교장선생님의 말씀은 단 한마디도 기억나지 않습니다. 하지만 복도에서 뛴다고 호되게 야단치시던 일, 90도로 인사하지 않는다고 귀를 잡아당기시던 일은 생생히 기억납니다. 유쾌했던 일보다 불쾌했던 기억이 더 오래 남는 이치를 떠올려 보면 '간염 친구들'은 밥을 같이 먹지 못하게 했던 그 교장선생님을 영영 잊지 못할 것 같습니다.

정애 씨가 잊지 못하는 기억은 또 있습니다. 그녀는 언젠가 막역한 친구와 이야기를 나누다 친구의 말에 깜짝 놀랐습니다. "남편이 최근에 검사를 받았는데 더러워서 말도 못 꺼내겠다. 글쎄, 간염에 걸렸다잖니. 너라서 털어놓지 어디 가서는 절대로 말 못 해" 하더랍니다.

정애 씨는 한때 이 친구에게라면 자신의 고충을 털어놔도 좋겠다고 생각했었습니다. 고충이란 가령 이런 겁니다. 언젠가 B형간염이 아닌 다른 병으로 병원에 입원한 적이 있었는데, 여럿이 쓰는 환자 식기 중 정애 씨 밥그릇에만 어떤 표식이 돼 있었습니다. 왜 자기 것만 다르냐고 음식을 가져다주는 사람에게 물었더니 "당신은 간이 안 좋으니까 소독을 따로 해야 한다"고 했습니다. 환자가 무슨 병을 앓고 있는지 병원 측에서 누군가 정보를 주지 않았다면 음식을 나르는 이가 어찌 알까. 정애 씨는 밥 먹기가 싫었습니다.

한번은 이런 일도 있었습니다. 어지간히 나이가 들었으니 친구들이 모이면 누구는 관절염이니 누구는 신경통이니 누구는 우울증이니 하소연하지만 정애 씨는 그날도 가만히 듣고만 있었습니다. 함께 밥을 먹더라도 누군가 먹던 걸 덜어 주면서 "깨끗하게 먹었다. 나 간염 같은 거 없다" 할 땐 가슴이 다 철렁했습니다.

이런 소소한 이야기들을 이 친구에게만은 하고 싶었던 겁니다. 남편이 '더러운 간염'에 걸렸다고 친구가 말하던 순간을 떠올리면 지금도 쓴웃음이 나곤 합니다.

정애 씨는 현재 간경화 상태입니다. 만성간염 상태가 오래 지속되면 간세포 수는 점차 감소되고 간 조직이 점점 단단하게 굳어지는데, 조직구조가 변형된 이런 상태를 간경화 또는 간경변증이라 합니다. 이때부터는 간암으로 발전할 가능성도 높아집니다. 어쩌면 간암으로 죽을 수도 있는데, 자신이 죽고 나면 이 친구는 자신을 어떻게 생각할까 걱정도 됩니다.

그런데도 정애 씨는 치료받을 엄두를 내지 못합니다. 정서적으로, 경제적으로 도움을 청할 만한 사람도 없으니까요.

그녀는 20대 이후로 쭉 일을 해 왔지만 신체검사를 하자고 할까 봐 신체검사 안 하는 데만 찾아다녔습니다. 혹시 검사하는 곳에 가게 되면 (검사받는 걸) "잊어버렸다", "언제까지 내겠다"고 둘러대기 바빴습니다. 대개는 작은 회사여서 그냥 넘어가 주기도 했지만 담당자가 끝까지 요구했다면 어땠을지 모르겠다고 그녀는 담담히 말했습니다.

앞으로 아이들이 회사에 취업할 때마다 건강검진 때문에 고생할 걸 생각하면 걱정이 끊이지 않습니다. 언제부턴가 건강검진이 의무사항은 아니게 되었다고 들은 터라 회사에서 관리직을 맡고 있는 친구에게 정말 그런지 물었더니, 회사마다 사규라는 게 있어서 법에 관계없이 별도로 시행한다고 합니다. 아이들을 위해 정애 씨는 신체검사는 하더라도 B형간염 소견을 기재하지 않는 회사를 벌써부터 찾고 있습니다.

은미 씨도 정애 씨도 취업 자체를 가로막는 신체검사가 부당하다고 말합니다. 듣다 보니 신체검사가 과연 감염자들만 걸러 낼까, 의문이 들었습니다. 역시나 다른 이유로 신체검사에서 탈락하는 이들이 있었습니다.

몸이 수술 이전과 같겠어요?

영훈 씨(가명, 43세)는 건설회사에서 건축기사로 오랫동안 근무한 경력을 바탕으로 국내 항공사 경력직에 응시했습니다.[20] 그는 가뿐히 서류와 면접을 통과했습니다. 최종 신체검사를 받으려고 문진표를 작성하는데 과거 병력을 묻는 문항이 있었습니다. 영훈 씨는 4년 전 방광암 수술을 받았던 사실을 적었습니다. 그로부터 두 달 후 영훈 씨는 회사로부터 불합격 통지서를 받았습니다.

항공사에 응시하기까지 몸에 어떤 이상도 없었던 영훈 씨는 의아했습니다. 혹시나 하는 마음에 정기적으로 혈액검사를 하면서 재발 여부도 살피고 있었습니다. 항공사에 지원하기 전까지 쭉 건설회사에서 근무해 왔고 그 경력으로 지원해서 합격했기 때문에, 단지 과거에 수술했다는 것만으로 불합격 처리될 줄은 꿈에도 몰랐습니다.

그는 탈락을 납득할 수 없었습니다. 암 수술을 했다는 이력만으로 채용을 거부당한다는 게 있을 수 있나, 의문을 소화할 수 없었던 영훈 씨는 2011년 봄, 국가인권위원회에 진정을 제기합니다.

진정을 접수한 인권위 조사관은 정말로 수술 이력이 업무 수행에 영향을 미치는지 알아보기 위해 먼저 대학병원 담당 의사와 관련 학회에 자문을 구했습니다. 대학병원은 영훈 씨가 재발 가능성이 거의 없는 상태인 데다, 만약 재발한다 해도 하루 이틀 정도의 입원 치료를 받으면 되는 수준이고 일상생활에도 지장이 없다는 진료증명서를 보내왔습니다. 또 대한비뇨기종양학회에서는 방광암 수술을 받았다고 해서 직업 선택에 제한을 받아야 하는 직종은 별도로 없을 뿐더러, 영훈 씨가 지원한 건축 분야도 업무 수행에 특별한 어려움은 없다는 소견을 보내왔습니다.

하지만 항공사 측은 방광암이 다른 악성종양에 비해 재발률이 높은 데다, 보통 수술 후 만 5년이 지나야 완치 시점으로 보는데 영훈 씨는 3년 11개월밖에 지나지 않아서 공사현장 관리나 해외출장 업무에 어려움이 따를 것으로 판단했다고 합니다. 개인의 건강 상태나 환경에 따라 병의 경과가 동일하지 않다고 가정하면 '암 수술 후 5년'이라는 절대적인 시간도 절대 기준으로 적용하기엔 무리가 있지 않을까요. 5년이 지나지 않았다는 이유 하나로 채용 여부를 결정하는 게 과연 합리적일까요. 방광암은 재발률이 높으니까 영훈 씨도 무조건 암이 재발할 것이라는 추론이 이미 선 상태에서는 무리한 '가정'이라는 의심이 받아들여질 리 없습니다.

여기까지는 직원을 채용할 때 응시자의 모든 상황을 고려해 봐야 하는 회사 측의 신중함으로 이해할 수도 있습니다. 하지만 재발한다 해도 하루 이틀 정도의 입원 치료를 요하는 수준이고 치료에 특별한 어려움이 없다는 의사의 소견은 왜 참작이 안 되는 걸까요. 대체 5년 이 얼마나 절대적인 수치이기에 취업 현장에서 문제 삼는지 궁금해진 저는 '5년 생존율'의 의미를 의사들에게 물었습니다.

5년 생존율은 암 진단을 받은 시점부터 5년까지 생존해 있는 환자 들의 데이터를 산출한 것인데, 예를 들면 암 진단을 받은 10명 중 5명 이 5년 뒤에도 생존해 있다면 암 환자 생존율은 50%라고 할 수 있습 니다. '암 수술 후 5년 경과'라는 건 단지 재발하지 않는 5년 생존의 의미일 뿐 절대적 의미의 완치 판정은 불가능하다고 의사들은 말했습 니다. 5년 생존율의 유효성을 고집하는 의사가 많다기보다는 만에 하 나 복잡한 일에 휘말릴 수도 있다는 가능성 때문에 "확답할 수 없다", "경과를 지켜봐야 한다", "단정할 수 없다"는 식으로 '출구'를 마련해 놓 고 답변한다는 것입니다. 의사는 신중한 판단이라 말하지만 듣는 사 람은 의사가 몸을 사린다고 느낍니다.

항공사는 영훈 씨의 건강 상태가 직무를 수행하기 곤란할 정도라고 판단할 만한 전문가적 소견은 보여 주지 못했습니다. 영훈 씨는 어쩌 면 문진표에 과거 병력을 솔직하게 기재한 것을 후회했는지도 모르겠 습니다. 인권위는 병력을 이유로 삼은 차별이라고 판단하고 결정을 철 회할 것을 권고했지만 항공사는 끝내 받아들이지 않았습니다.

수술 이력 때문에 불합격 판정을 받은 사람은 또 있습니다. 지영 씨 (가명, 20세, 여)는 일반 대학의 재학생에게 군사훈련을 실시해서 장교로 임관시키는 제도인 ROTC에 지원했습니다.[21] 합격한다면 2년간의 군사훈련을 거쳐 졸업과 동시에 임관할 예정이었습니다.

국군수도병원에서 신체검사를 받는데, 신체검사를 주관한 의사는 그녀에게 한 해 전에 받았던 담낭염 수술 진단서를 제출하라고 했습니다. 그녀는 혹시 몰라 정밀검사를 받은 후 완치 진단서를 제출했습니다. 재검 때 그녀와 동행했던 ROTC 선임교관은 담낭염 수술을 받았던 전력이 신체검사에서 불리하게 작용해 판정이 안 좋게 나올 수 있다고 예언(?)했지만, 그녀는 완치된 터라 아무런 문제가 없을 것으로 확신했습니다.

한 달 뒤 2차 결과 발표 날, 그녀는 선임의 예언이 적중했음을 알았습니다. 군에서 수술 이력을 문제 삼아 불합격 판정을 내린 겁니다. 그녀는 군에 지원하기 1년 전에 급성 담낭염으로 응급수술을 받았지만, 수술 후 특이 소견이 없어서 외래 관찰이 필요하지 않으며 향후 치료 계획이 없다는 진단서까지 의사로부터 받았습니다. 확증에 가까운 진단서를 군에 제출했지만 진단서는 다시 한번 종이에 불과했습니다. 그녀는 육군참모총장을 상대로 인권위에 진정을 제기했습니다.

육군의 논리는 이랬습니다. "장교는 교관이자 리더로서 전쟁 전문가이자 부대 관리자가 되어야 하는데 그러자면 체력이 누구보다도 건강해야 해서 향후 문제가 발생할 가능성이 있는 사람을 선발할 수 없다"는 것입니다. 몸속의 담낭이 제거되었다 해도 소화작용에 장애를 일으키지 않아 군사훈련이나 직무 수행에 어려움은 없으리라는 의견을 관련 전문가들이 보내왔지만, 역시나 소용없었습니다.

떨어뜨리는 게 목적인 신체검사?

이쯤 되면 신체검사를 실시하는 진짜 목적이 궁금해집니다. 신체검사는 취업 후 노동자가 업무에 종사하는 데 신체적인 어려움은 없는지 미리 파악해서 향후 노동자의 건강권을 보장하기 위한 정보 차원이어야 할 텐데, 지금껏 살펴본 신체검사는 질병이 있었던, 있는, 있을 사람을 가려내 문제의 기미가 보이는 사람은 떨어뜨리고 '현재' 건강한 사람만 뽑겠다는 사업자의 의도만 두드러져 보이니 말입니다.

다른 내과적 질환에 비해 간 질환이 업무에 적합하지 않다는 인식이 무엇보다 컸습니다. 실제로 사업주가 간 질환자를 탈락시키는 이유는 동료나 고객에게 바이러스를 전염시킬 거라는 우려 때문이고, 간 수치가 올라가 몸 상태가 악화되면 사업주가 혹시 업무상 재해의 책임을 져야 하지 않을까 하는 걱정에서 비롯됩니다. 둘 다 '만일'이라는 가정에 기대고 있으니 짐작일 뿐 합당한 차별 사유는 아닙니다. 일관된 채용 기준이 없다는 것 자체가 인사담당자의 주관적인 판단이나 기준이 주요하게 작용할 가능성을 높입니다.

간 질환을 앓고 있는 구직자들은 어떻게든 신체검사를 하지 않는 곳을 찾아다니거나, 어렵게 입사하고도 2년마다 돌아오는 신체검사를 받을 때가 오면 미리 그만두기도 합니다. 이런 사정을 듣다 보니 간 질환자보다 채용 선호도가 떨어지는 HIV바이러스 보유자는 얼마나 더 열악한 상황일까 의문이 일었습니다.

한 HIV바이러스 보유자는 안정적인 국가직 경찰시험에 응시하고 싶지만 혈액검사와 신체검사를 통해 걸러 내기 때문에 응시조차 할 수 없다고 했습니다. HIV 감염인은 응시할 수 없다고 명시된 조항도 없고 직업 선택에 차별을 두지 않는다고 법령에 명시돼 있어도 실제로는 불이익을 겪습니다. 어렵게 문턱까지 도달해도 건강검진으로 감염 사실이 알려지면 인간적인 모욕을 당하기 일쑤입니다. 감염 사실을 안 동료가 회사에 소문을 퍼뜨리고 퇴직을 종용한 사례도 있지만, 당사자는 숨을 죽일 뿐 법적인 대응도 하지 못했습니다.

HIV바이러스 보유자들의 신체검사 고충이 아무래도 간 질환자보다 더 심한 것 같다고 했더니 간 질환 전문가는 "HIV는 일반적인 신체검사에서는 발견되지 않기 때문에 '잡힐 확률'이 덜하지만 간염은 이미 1980년대부터 검사가 보편화되었고 검사비도 저렴해서 금방 드러나기 때문에 취업 때 불이익을 받는 정도가 월등히 높다"고 말해 줍니다. 하지만 신체검사에서 기업이 걸러 내고 싶어 하는 진짜 병은 따로 있는데 바로 고혈압, 당뇨, 디스크라고 했습니다. 이 병들은 보통 취업 연령대인 20대 후반에서 30대 초반에는 발병률이 낮기 때문에 바로 '잡아내지 못하지만', 발병할 경우 만성이 되어 업무상 재해로 발전할 가능성이 크기 때문에 사측에서는 긴장한다는 겁니다. 신체검사 당시 발병했다고 하더라도 혈압을 낮추는 약을 먹거나 당을 조절하는 등 즉각 치료를 통해 금세 수치가 낮춰지기 때문에, 안다 해도 당장 신체검사에서 '떨어뜨리기'는 쉽지 않다고 합니다.

HIV 감염인보다 간 질환자들이 더 고충이 크건 혹은 그 반대이건, 이런 사실 앞에서는 별 의미가 없어 보였습니다. 결국 모든 병은 입사의 적敵이라는 결론에 도달했기 때문입니다. 그렇다면 신체검사는 취업의 의지를 꺾고 애초의 목적과는 다르게 운용되고 있는 게 분명합니다.

미국도 채용 전에 건강검진을 하는 것은 불법이라는 인식을 끌어내기 위해 상당히 오랜 기간에 걸쳐 입법화 과정을 밟았습니다.[22] 채용 전에 건강검진을 허용하고 있는 나라들도 실제 운영은 전문 의료인, 이를테면 산업의학 전문의들이 엄격하게 개인의 비밀을 보호한다는 원칙 아래 채용 적합성을 결정합니다. 신체검사가 사업주의 입맛에 맞는 사람을 가려내는 수단으로 전락하지 않도록 하기 위함입니다.

외국의 입법례를 더 살펴보면, 병력이나 장애를 확인하려고 실시하는 사전 의학검사나 질문지 조사는 차별이라 여겨 엄격하게 금지하고 있습니다. 지원자의 직무 수행능력을 조사하는 것이 아니라면 업무상 필요성이 없는 어떤 것도 허용하지 않습니다. 신체검사는 직무를 수행할 수 있는 신체의 능력을 판단하고, 지원자가 직무를 잘 수행할 수 있을지(직무적합성)를 평가하는 데 목적이 있다고 보기 때문입니다. 본인과 동료의 건강에 영향을 미치지 않으면서 관련 업무를 수행할 수 있는지만 검사하면 됩니다.

직무를 수행할 노동자의 건강 상태가 정말 걱정된다면 사업주는 노동자가 자신의 건강관리 차원에서 자발적으로 검사를 받을 수 있도록 여건을 조성하면 됩니다. 물론 이때도 검사 정보는 엄격히 관리해야 하며, 위법하게 사용해서는 안 됩니다.

인간은 일하며 살아갑니다. 노동시장으로 진입하는 첫걸음이 질병으로 차단당한다면 그의 존재는 심각한 도전을 받을 겁니다. 물론 현재 건강 상태가 직무를 수행하기에 적합하지 않다면 차별이 아니겠지요. 하지만 완치되었는데도 과거에 질병을 앓았다는 이유만으로 근로권을 제한당한다면, '현재의 질병으로 인해 근로하기 어렵거나 타인에게 전염시킬 우려가 있는 경우'로만 한정하고 있는 법률상의 취업 제한 요건을 위반하는 것입니다. 현재 질병이 진행되고 있다고 해도 적절한 치료를 통해 잘 관리하고 있고 질병의 속성상 신체 기능에 문제가 없다면 역시 제한할 이유가 없습니다.

아픈 사람이 야근과 술 접대를 할 수 있겠어요?

하나 더 짚고 넘어가야 할 것이 있습니다. 질환과 술의 관계입니다. 우리 사회처럼 술자리 모임이 잦고 술 문화가 과도하며 술로 인한 실수를 너그럽게 용서하는 곳도 드뭅니다. '술 없이 모임 없다'는 말은 과장이 아닙니다. 남들과 어울리기 좋아하는 사람치고 술 좋아하지 않는 사람이 없다는 말은 술을 좋아해야 호인이라는 인상마저 줍니다. 적당한 음주는 관계의 친밀함을 북돋우는 데 분명 기여를 할 테지요. 하지만 '적당히'는 대체 어디까지일까요. 술을 잘하지 못해서, 혹은 (건강 때문에)잘하지 못할 거라는 예단은 종종 사람을 곤경에 빠뜨리곤 합니다.

중소기업에서 일하고 있다고 앞에서 소개했던 은미 씨는 회식 자리에서 술을 마시지 않습니다. 사람들이 알면 오해할까 봐 아예 B형간염의 'B'자도 꺼내지 않고, 단지 술을 잘 마시지 못한다고만 둘러댑니다. 그래도 상사들이 계속 권하면 "저는 어리니까 어른들 앞에서 술은 마시지 않습니다"라고 공손히 말합니다. 많은 사람들이 여전히 B형간염은 술잔을 돌리면 감염되는 병이라고 알고 있기 때문입니다.

은행에 입사하려던 20대 후반 남자는 채용시험에 응시해 최종 면접까지 통과했지만 B형간염 바이러스 보유자라는 이유로 신체검사에서 탈락했습니다. 은행 측은 응시자가 배치될 부서가 고객 면담을 주로 하는 업무라서 고객에게 전염시킬 수도 있고, 술자리로 이어지는 업무와 출장도 잦기 때문에 건강이 악화되면 B형간염으로 쉽게 발전하지 않겠느냐고 했습니다. 채용 면접관들은 이 응시자에게 "우리 회사는 야근과 회식이 잦은데 (그런 몸으로)일할 수 있겠느냐"고, 마치 회식이 당연한 업무라는 듯이 물었습니다. '회식도 업무의 연장'이라는 회사 측의 일방적인 판단도 불합리하지만, 건강 악화를 걱정해야 할 정도로 술자리가 잦은 회사라면 그곳은 B형간염 바이러스 보유자 아닌 누구라도 건강에 빨간불이 켜질 수 있다는 반증이 아닙니까.

과도한 음주는 각종 질병과 사고의 원인이라는 걸 모르는 사람은 없습니다. 음주 후 운전하는 사람, 생각만 해도 아찔합니다. 업무가 술자리까지 이어져야만 하는 이유도 석연치 않습니다. 술자리에서 오간 업무 지시와 이행이 술자리에 참석하지 않은 사람들을 소외시키고 업무 단절을 가져올 가능성은 없을까요. 술자리를 거절할 수 없는 직장문화에서 평등한 직무가 가능할까요. 합격하고도 기쁨은 잠시, 입사 첫날부터 환영회다 회식이다 연일 술자리가 이어지는 통에 잘 마시지 못하는 술을 매일 마셔야 해서 고통스러웠다는 사람도 여럿 있었습니다.

직무도 고단한데 건강을 해치는 술 담배를 어째서 줄이거나 끊지 않느냐고(혹은 끊지 못하느냐고) 직장인들에게 물었습니다. 끊으려 애쓰는 게 더 스트레스라 엄두가 나지 않는답니다. 접대와 야근이 끊이지 않는 직장에서 자연스레 술 담배를 배웠고, 한평생 직장에 순응하다 퇴직해 보니 병이 기다리고 있더라는 분들도 있었습니다. 아픈 사람이 술과 담배를 즐겨 이로울 일은 없을 테니 주의는 해야겠지만 그것마저 안 하면 딱히 할 일이 없다고도 했습니다. 은퇴는 했지만 취미 생활이랄 게 없고 친구들도 처지가 비슷하다 보니 만나면 술 마시고 담배 피우며 세상 돌아가는 이야기를 나누는 게 유일한 낙이라는 겁니다. 자원봉사나 동호회 활동은 어떠시냐고 권하면, 이제 와 시작하려니 모든 것이 낯설고 막막하기만 하다네요. 대한민국 중장년에게 술 문화 외에 재미있는 다른 어떤 문화도 없다는 게 서글프기까지 합니다.

먹고살기 위한 경쟁 구도 안에 던져져 쫓기듯 일해 왔던 세월 외에 그분들은 삶의 향기를 느낄 만한 어떤 시간도 누리지 못했습니다. 이제 쉴 만하니 몸에 병이 찾아온 상황. 질병은 우리가 딛고 선 땅에서 배태됩니다. 더 늦기 전에 우리는 삶의 자리에서 시간의 향기를 찾고 누릴 수 있어야 합니다.

2. 진료와 수술 거부

이토록 넓고 깊은 차별

사람은 고통에 시달리다가 발작이 심해질 때는
다른 사람 이마의 같은 곳을 때려서 아프게 하고 싶은 강렬한 욕망에 사로잡힌다.
— 시몬 베유, 『중력과 은총』 중

차라리 암이나 당뇨였으면

우리는 누가 아프다고 하면 어디가 왜 아픈지 알고 싶어 하고, 상대가 원한다면 돕고 싶어 합니다. 자신과 비슷한 질환을 가진 사람에게는 유용한 정보를 주려 하고, 먼저 앓았던 경험자라면 갓 입문한(?) 이에게 치료 방식이나 식이요법을 들려주기도 합니다.

당뇨나 고혈압을 가진 사람을 떠올려 봅시다. 고혈압 환자는 큰 병원이든 작은 병원이든 골라서 갈 수 있습니다. 남들 앞에서 드러내 놓고 하긴 싫지만 당뇨 환자는 주사 맞는 일을 숨길 필요가 없습니다. 스스로 귀찮아서 가지 않을 뿐, 이들에겐 모임에 나와 어울리라고 권하는 친구들도 많습니다. 어디가 아프냐고 누가 물어보면 고혈압이 있다고 하면 됩니다. 저 사람 고혈압이라고 수군대는 사람은 별로 없으니까요. 그러나 에이즈는 다릅니다.

에이즈가 왜 발병하는지 원인을 모르던 1980년대 초기와는 달리, 치료제들이 속속 개발되면서 이제 에이즈는 적절히 치료받고 약만 잘 복용하면 30년 이상의 수명을 누릴 수 있는 병이 되었습니다. 한때 교통사고 사망자 수보다 에이즈 환자가 더 많았다던 태국은 에이즈가 여타의 만성질환과 다르지 않으니 두려워할 이유가 없다는 대국민 홍보 캠페인을 20년 넘게 지속적으로 펼치고 있습니다. 에이즈 환자에 대한 차별이 없다고 볼 순 없지만, 에이즈에 대한 잘못된 정보와 과도한 두려움과 차별을 해소하려는 정부와 NGO의 협력으로 태국의 에이즈 발병률은 크게 감소했습니다.

오히려 태국 정부는 일부 젊은 세대들이 이제 에이즈를 대수롭지 않은 만성질환으로 인식하면서 병에 무관심해져서 걱정이라고 합니다. 우리와는 고민의 지점이 너무 달라 비교가 쉽진 않지만 한국도 그간 에이즈 예방 정책이 없었던 건 아닙니다.

HIV 감염인과 에이즈 환자의 인권 증진을 위한 단체들이 펴낸 〈에이즈 바로 알기〉 책자들을 두루 살펴보면, 한국은 1987년 4명에 불과했던 감염자를 격리 조치하기 위해 「후천성면역결핍증예방법(이하 에이즈예방법)」을 세계 최초로 '신속히' 제정했습니다. 이후 몇 차례 부분 개정을 거쳤지만 격리와 감시라는 기조는 달라지지 않았습니다. 에이즈 발병 초기인 1980년대에서 90년대 후반까지 에이즈에 대한 언론의 관심은 더는 과장할 수 없을 만큼의 공포와 불안에 초점이 맞추어져 있었습니다. 매체들은 우주복을 입고 환자를 진료하는 의사와 치료를 받지 못해 죽어 가는 환자의 메마른 얼굴을 앞다퉈 보여 주고, 텔레비전에서는 환자 몸에 드러난 반점 영상만을 반복적으로 재현했습니다.

수전 손택Susan Sontag은 『타인의 고통Regarding the Pain of Others』에서 "찌르는 듯한 사진은 그 충격을 주는 힘을 오래도록 보존한다. 그러나 그것은 이해하는 데에는 도움을 주지 않는다. 이해에 도움을 주는 건 '이야기'이다"라고 했습니다. 그녀는 보스니아 내전의 충격적인 사진 이미지가 집어삼켜 버린 이야기의 실종에 대해 말하고자 했습니다.

우리 사회야말로 충격적으로 각인된 최초의 공포와 두려움 외에 HIV 감염인들과 에이즈 환자의 이야기를 제대로 들어 본 적이 없습니다. 말이 나올 입술을 막아 버리자 이야기는 숨어 버렸고, 무시무시한 두려움만이 몸속 깊이 살아남아 결코 떼어 낼 수 없는 피부가 되었습니다.

에이즈에 대한 무지도 두려움을 가중시키는 큰 요소입니다. '후천성 면역결핍증'이라 불리는 에이즈는 HIV바이러스 감염으로 인해 '건강한 사람은 잘 걸리지 않는 바이러스, 세균, 곰팡이, 기생충 등에 의한 기회감염(23)이 발생했거나 이런 상태가 될 수 있는 면역 상태'를 말하는 것이지 질병 자체를 의미하는 건 아닙니다. 감염자와 성 접촉을 하거나, 감염된 혈액을 수혈받거나, 오염된 주삿바늘을 사용하거나, HIV에 감염된 산모로부터 전파(수직감염)될 뿐 만지거나 음식을 같이 먹거나 하는 일상생활로는 감염되지 않습니다. 그러니까 B형간염의 전파 경로와 동일합니다.

캘리포니아 동성애자들 사이에서 처음으로 보고된 까닭에 흔히 '동성애자 질병'이라고 여기지만 실상 에이즈는 성 정체성에 관계없이 이성애자도 감염되는 질병입니다. 이제 에이즈 바로 알기 캠페인은 마을버스 광고판에서도 접할 수 있을 정도로 흔합니다. 그래서인지 표본인구를 대상으로 에이즈에 대한 지식과 태도 그리고 신념을 묻는 행태조사(24)에서 "에이즈 병동에 있는 환자와 함께 입원하겠느냐", "자녀가 에이즈 감염인과 같은 학교에 다니도록 하겠느냐", "에이즈 감염자와 식사할 수 있느냐"고 물었더니 응답자 두 명 중 한 명은 그럴 수 있다고 답했습니다. 그렇지만 여전히 **가까이 하긴 싫다고** 합니다.

백번 양보해서 병에 대해 잘 모르는 일반인들은 그럴 수도 있습니다. 그러나 병을 다루는 의료인마저 환자를 환자로 보지 않고 내치는 상황이라면 그때부터는 그 사회 의료의 질적 수준과 의료교육 전반을 우려해야 합니다. 보건 종사자와 의료인의 최초 진료 태도는 환자가 경험하는 전문가 세계의 첫 반응입니다. 병 전반에 대한 이해와 안정적이고 신중한 진료는 아픈 사람에게 전문인에 대한 신뢰감을 심어주어 이후 치료 과정에 긍정적인 영향을 미칩니다. 하지만 현실은 어떨까요?

환자가 의사 앞에서 병명을 숨기는 까닭

50대 중반의 남자는 일터에서 자주 현기증으로 쓰러졌습니다. 종일제로 일하기 힘들겠다고 여긴 그는 아르바이트를 구했지만 그마저도 버티기 힘들었습니다. 의사가 처방해 준 약을 먹고 병원에서 하라는 대로 했지만 병세는 계속 악화될 뿐 호전되지 않았습니다. 의사도 이상하다며 혈액검사를 해 보자고 했습니다.

각종 혈액검사를 한 그날 저녁, 그는 6인실 독방(?)에 덩그러니 혼자 남겨졌습니다. 며칠 후 의사는 그에게 "에이즈 양성반응이 나왔으니 병원을 옮겨 달라"고 했습니다. 큰 선처를 베풀듯 대학병원으로 가라는 소견서를 써 주었습니다. 그는 오진 가능성에 한 가닥 희망을 걸고 대학병원으로 달려갔습니다. 한 번 더 검사해 달라고 요청했지만 대학병원 의사는 차트를 보더니 못 볼 것을 봤다는 표정으로 "틀림없는 에이즈 양성이니 빨리 돌아가시라"고만 했습니다. 의사도 더럽다며 피하는데 일반 사람들은 오죽할까, 하필이면 모든 사람들이 더러워하는 병, 추접스럽게 생각하는 병에 걸렸다는 괴로움에 죽어 버릴까도 생각했습니다.

그날 이후 그는 위험한 인물로 취급받기 시작했습니다. 거의 빌다시피 해서 어렵게 입원한 대학병원 병실 문에는 '관계자 외 출입금지'라는 푯말이 붙었고, 병실에 들어오는 의사와 간호사는 하얀 고무장갑을 끼고 와 그를 진료하고 그의 링거에만 빨간 딱지를 붙였습니다. 그의 식기에만 포일을 깔아 다른 환자의 식기와 구분하였고, 그의 밥과 반찬만 모두 1회용 식기에 담겨 나왔습니다.

이런 대우를 받으며 살아갈 수 있을까. 그는 에이즈에 대한 사회적 낙인이 이토록 깊은 줄 몰랐기에 더욱 심해질 앞날의 핍박에 두려움을 느꼈습니다. 에이즈보다도 사람들의 시선에 먼저 죽을지도 모르겠다는 생각이 들 정도였습니다.

두려움은 현실이 되었습니다. 퇴원 후 충치 때문에 잠 못 드는 고통에 시달리던 그는 치과 진료를 받으러 갔다가 현재 복용 중인 약이 있느냐는 의사의 질문에 HIV 감염인이라고 솔직하게 답변했고, 복용하는 약에 대해서도 설명했습니다. 의사는 잠깐 자리를 비우고 간호사와 이야기하더니 "에이즈 관련 진료 인력이 따로 없고 전문 장비가 부족하다"며 그를 쫓아내다시피 했습니다. 그는 치통보다도 더 아픈, 온몸이 찔리는 것 같은 극심한 모욕감을 느꼈습니다. 진통제로 고통을 잠재우는 데 한계가 있었던 그는 다른 치과에 가서 진료를 받으면서 이번에는 복용 중인 약에 대해 털어놓지 않았습니다.

그가 복용 중인 약 정보를 의사에게 털어놓지 않은 건 잘한 일이었을까요. 옳다고는 못해도 무작정 비난하기도 어렵습니다. 솔직하게 털어놓았다면 받아 주지 않을 테니 아픈 이를 부여잡고 얼마나 더 아파야 할지 알 수 없고, 그보다도 평생 이 질병을 가지고서는 다른 어떤 질환으로도 병원 치료를 받을 수 없을 거라는 두려움이 더 컸기 때문입니다.

또 다른 감염인은 자신이 누워 있는 침대를 옮기는 사람에게 간호사가 장갑을 끼라는 시늉을 해 보이며 뭐라고 조용히 속닥거리는 소리를 들었습니다. 자기들끼리만 아는 용어 같다고 느꼈고 그때까지는 그러려니 했지만, 그의 침대를 다른 직원들이 만지려고 하니 황급히 만류하며 또다시 들어 본 적 없는 용어를 내뱉을 때 확실히 느꼈습니다. '위험'하니까 만지지 말라는 신호였다는 것을. 그런 일을 겪을 때마다 감염인들은 종종, 아니 자주 죽음을 생각합니다.

"확진받고 나서 솔직히 자살에 대한 생각 안 해 봤다면 거짓말이에요. 당뇨 진단받았다고 죽어 버려야겠다고 하는 사람은 없겠지만 이 병은 그렇지가 않잖아요. 그전에는 아무리 힘들어도 살지 왜 자살하려고 하나 했는데, 자살하는 사람이 내 마음 같겠구나 싶대요."
(남, 40대, HIV 감염인)

의료인에 실망한 감염인들은 절대로, 누구에게도, 죽을 때까지 자신의 병을 말하지 않겠다고 다짐합니다. 감염인이 입 밖에 꺼내지 않고 질병 정보만 노출되지 않는다면 영원히 비밀에 부칠 수도 있지만, 알려질 경우 사회에서 지워질 수 있다는 불안감에 그래서는 안 되는 줄 알면서도 자주 세상 끈을 놓아 버리고 싶어집니다. 이런 까닭에 HIV 감염인들은 사는 동안 다른 병에 걸려서는 안 됩니다. 하지만 그게 마음먹는다고 될 일인가요.

의료법 제15조에 보면 의료진은 정당한 이유 없이 진료를 거부하지 못하도록 진료 거부를 금지하고 있지만 HIV 감염인과 에이즈 환자들에게는 소용없는 조항입니다. 의사들은 이들을 마치 중한 범죄자를 다루듯 격리된 공간에 밀어 넣고 면담과 치료를 거부하거나, 한다 해도 요식적으로 하고 진료마저도 매우 불성실하게 합니다. 그렇다 해도 HIV 감염인과 에이즈 환자는 의사에게 항의할 수도 없습니다. 이들이 도움을 받아야 하는 곳은 어쩔 수 없이 병원이기 때문입니다.

위험하다고 수술 거부

사람들은 보통 HIV 감염인과 에이즈 환자를 구분하려 들지 않지만 둘은 엄연히 다른 상태입니다. HIV바이러스에 감염되어 체내에

HIV를 가지고 있는 사람을 HIV 감염인이라고 하고, HIV 감염인 중 질병이 진행되는 가운데 면역결핍이 심해져 기회감염 혹은 합병증이 생긴 상태를 에이즈 환자라고 합니다. 그러니까, 인간Human 면역결핍 Immunodeficiency 바이러스Virus인 HIV는 에이즈를 일으키는 원인 바이러스로 체내에서 작용하는 것입니다. 이 바이러스가 몸속에 들어와 면역체계를 파괴합니다.

HIV 감염은 아직까지 완치제는 없지만 항레트로바이러스제 복용으로 관리할 수 있습니다. 현재 대략 25종의 항레트로바이러스제가 있는데, 치료 효과를 얻으려면 세 가지 이상의 약제를 동시에 투여하는(일명 칵테일 요법) 고강도 항레트로바이러스요법(HAART : Highly Active AntiRetroviral Therapy)을 사용합니다. 약물치료를 시작하면 특별한 이유가 없는 한 평생 약물을 복용해야 하고 일정한 기준 이상으로 질병이 진행될 때는 약제 투여를 고려해야 하는데, 보통 감염내과 전문의 등 의료진과의 적절한 상담을 거치는 게 바람직합니다.[25] 하지만 감염인들은 의사마저도 HIV바이러스가 무엇인지, 치료약제는 무엇인지 모르는 경우가 많다고 합니다. 정말 의사가 HIV에 대해 무지해서일까요, 아니면 뭇사람들처럼 에이즈는 더러운 병이라는 편견에 사로잡혀 있기 때문일까요.

고관절 전치환술 진단을 받은 어느 HIV바이러스 보유자는 수술 날짜를 잡고 싶었습니다. 하지만 대학병원 의사는 수술 일정을 잡지 않으려고 했습니다.[26] 이유인즉 HIV 감염인을 수술하려면 잘 찢기지 않고 뚫어지지 않는 '특수 장갑'이 필요한데 바로 구매할 수 없어서 수술 일정을 잡지 못한다는 것이었습니다. 그러면서 감염인을 다른 병원으로 전원 조치했습니다.

언뜻 들으면 HIV 감염인 수술에 필요한 특수 장갑이 따로 있나 싶겠지만 세상에 그런 장갑은 없습니다. 물론 감염인의 체액을 다룰 때는 장갑을 껴야 합니다. 그러나 혈액으로부터 보호할 수 있는 장갑이면 충분합니다. 설령 장갑이 없어서 수술할 수 없다면 장갑이 들어오기를 기다렸다가 일정을 조정하면 됩니다. 눈 가리고 아웅 식으로 둘러대 놓고 전원 조치한 것은 환자가 HIV 보유자이기 때문에 수술을 기피한 것으로밖에는 달리 해석하기 어렵습니다.

같은 경우가 또 있습니다. 지역의 종합병원에서 중이염 수술 날짜를 잡으려는 HIV 감염인에게, 이번엔 수술실에 환자 피가 튀는 것을 가려 줄 막이 설치돼 있지 않아 수술할 수 없다며 병원 측이 수술을 거부한 것입니다.[27] 피가 튄다고, 수술 장갑이 없다고 의사가 수술을 거부했다는 소리는 이제껏 들어 보지 못했습니다.

치료 거부에만 그치지 않습니다. 의료진은 종종 환자의 비밀을 누설하기도 합니다. HIV 감염인들은 자신의 신분과 병명이 진료를 보는 의사에게서 가장 흔하게 노출된다고 말합니다. 한 감염인은 2012년 1월 이비인후과에 편도선염 등의 진료를 받으러 갔습니다. 당시 의사는 그에게 편도수술 전 검사로 혈액검사를 실시했는데 HIV바이러스 수치가 높다는 결과가 나왔습니다. 의사는 정확한 검사를 위해서라며 수술을 차일피일 미루었습니다. 초조해진 그가 다른 곳에서 수술을 받겠다며 병원을 나섰습니다. 그러자 의사는 애초 그에게 진료의뢰서를 발부했던 다른 이비인후과 의사에게 전화를 걸어, 자신의 병원에서 혈액검사를 받은 사람이 HIV 수치가 높게 나왔는데 수술을 받겠다며 돌아갔으니 알고 있으라고 전했습니다.

「에이즈예방법」 제26조(벌칙)에는 HIV 감염인의 진단이나 진료 그리고 간호에 참여한 사람은 재직 중에는 물론 퇴직 후에도 관련 개인정보를 누설할 경우 3년 이하의 징역 또는 1천만 원 이하의 벌금에 처하도록 규정하고 있습니다. 감염인은 법에 근거해 의사가 환자 정보를 다른 병원 의사에게 알려 예방법을 위반했다고 고소했습니다.

기소된 의사는 "병명을 알린 것은 수술 과정에서 있을지 모를 의료인에 대한 HIV 전파를 막기 위해 불가피한 처사였다"고 주장했습니다. 하지만 법원은 HIV에 대한 이해가 여전히 부족하고 감염인에 대한 사회적 편견이 존재하는 상황에서 HIV 감염인이란 사실이 알려진다면 사회적 편견과 고립에 처하게 돼 위법하다며 유죄판결을 내리고 선고를 유예했습니다. 의사는 즉각 항소했고 이 사건은 대법원까지 갔습니다. 대법 재판부는 HIV 수치 이상 정보를 전달한 것만으로는 의사가 고의적으로 환자의 에이즈 감염 사실을 누설했다고 볼 수 없다며 원심을 뒤집고 무죄판결을 내렸습니다.

의사에게 물었습니다. 왜 의료인마저도 HIV 감염인을 차별하느냐고요. 그는 유독 차별해서는 아니라고 했습니다. 법 전공자가 모든 법률 정보를 단박에 알지 못하듯, 전공 분야가 아니면 의료인도 모든 의학 정보를 다 알지 못한다고 했습니다. 감염내과의들은 자신들의 전공 분야이니 다르겠지만, 타 분야를 전공한 경우 HIV 감염인과 에이즈 환자는 흔히 접하기 어려운 데다가 의사 역시도 에이즈는 '더러운' 경로로 발병한다는 일반인의 인식과 별반 다르지 않다는 것입니다.

결국 의학 정보는 '없고' 편견은 '있는' 최악의 상황이라는 말이었지만, 병 자체에 대한 두려움보나도 좀체 본 적 없는 환자에 대한 거리감과 두려움이 더 크다고 볼 수 있었습니다. 머리(지식 정보)보다는 가슴(수용)이 움직이지 않는 것입니다. 보건의료 종사자도 의사도 다르지 않았습니다. 상황이 이렇다 보니 "에이즈 양성반응이 나왔으니 앞으로의 치료는…" 식의 설명은 고사하고 가급적이면 우리 병원에는 오지 말라는 진료 거부가 처방의 처음이자 마지막이 되는 것입니다.

보건소에서 확진 통보를 받은 한 감염인은 보건소 직원이 "요식업은 절대 하시면 안 돼요, 잡혀가는 거예요"라고 말했다고 합니다. 그것이 자신의 병에 대해 들은 첫 설명이자 충고였습니다. 감염인은 정말로 식당을 하면 잡혀가는 줄 알았답니다.

"그러면 앞으로 뭘 어떻게 해야 하나요?"라고 묻자 직원은 관련 정보를 주는 게 아니라 오로지 어떻게 이 병에 걸렸는지 감염경로에만 관심을 보였습니다. "(당신)동성애자죠? 동성애자가 많아요, 이쪽이. 근데, 다 잘 살아. 약이 좋아져서. 걱정 마." 반말을 살짝살짝 섞어 가며 충고하듯 타이르는 직원의 응대에 그는 처음엔 그냥 듣고 있었지만, 집으로 돌아가는 길에 뒤늦게 깨달았습니다. 자신이 부정적인 사람이었다면 운전하던 핸들을 돌려서 낭떠러지에 떨어졌으리라는 것을. 그는 초기 상담의 중요성에 대해 역설했습니다.

보건소는 자신이 HIV바이러스에 감염되었다는 사실을 최초로 알게 되는 곳입니다. 감염인이 어디에서 검사를 하더라도, 설령 헌혈차에서 헌혈을 한다 해도 양성반응이 나오면 국립환경보건연구원에 통보하도록 돼 있습니다. 그러면 연구원에서는 질병관리본부로 보고하는데 당사자가 통보를 듣게 되는 장소는 보건소인 겁니다. 보건소 에이즈 담당자가 어느 날 연락해서 만나자고 하면, 바로 이때가 인생이 180도 달라지는 충격적인 소식을 접하는 순간입니다. 때문에 당사자가 당황하거나 고립되지 않도록 세심히 배려하는 상담이 꼭 필요하지만 말 그대로 업무 처리로서의 '통보'에 불과합니다. 상담할 여건과 환경도 안 될 뿐더러 얼른 알려 주고 해치우자는 식이어서, 듣는 입장에서는 너무나 놀라운데 놀랄 겨를도 없이 모멸감부터 느끼게 되는 것입니다.

제대로 된 정보는커녕 진료비가 제공된다는 기초 정보마저 주지 않아서 어떤 도움을 받아야 할지 모르는 감염인들은 주로 관련 사이트에 접속해 "에이즈 확진 통보를 받았는데 어찌해야 하는지 도와 달라"는 구조 신호를 보냅니다. 혼자서 알음알음으로 두렵고 긴 터널에 접어드는 겁니다. 치료를 받으려고 마음먹느냐 아니냐가 이때의 경험에 의해 결정됩니다. 최악의 경우, 치료를 포기하고 스스로를 비관해 자살하는 일도 종종 있습니다. 만일 그들이 같은 처지의 동료 상담 혹은 전문가들의 진정어린 조언과 교육을 받았더라면 스스로 목숨을 끊는 일은 막을 수 있었을 거라고 합니다. 따라서 감염인들의 초기 심리상담, 특히 동료 상담제도가 무척 중요합니다.

여성 감염인의 경우 사회적 차별이 더욱 심합니다. 여성 쉼터가 있기는 하지만 매우 열악하고, 드러내기를 더 꺼리기 때문에 감염인 수도 제대로 알지 못합니다. 아이를 낳았을 때의 수직감염까지를 고려하면 의료 지원시스템이 더욱 절실한 대목이지만 지원은 전무합니다.

인간의 힘으로 발병을 멈추게 할 수 있는 병은 없지만 병에 대한 시각은 바로잡을 수 있습니다. HIV 감염인이 매년 1천여 명씩 증가하는 추세고, 최근에는 20~30대 감염인들이 늘어나면서 연령대가 낮아지고 있는 데다 노인(고령) 에이즈 환자는 완전히 사각지대에 갇혀 있습니다.

물론 예방도 중요합니다. 하지만 현재 투병 중인 이들에 대한 상담과 노후까지의 전반적인 복지가 더 중요합니다. 감염인들이 바이러스를 세상에 전파할까 봐 두렵다면, 치료와 도움을 제대로 받을 수 있도록 정부 정책과 홍보 방향의 키를 돌려야 합니다. 한 감염인은 말합니다.

"자기가 감염된 걸 모르는 사람이 훨씬 많아요. 약을 먹고 병원 계속 다니면 전파할 수 없어요. 초기 환자들 약 먹게 하는 일이 상당히 중요해요. 약 먹고 계속 교육받으면 전파할 수가 없어요. 바이러스가 40개 정도 나온다는데, 그건 검출 불가에 가깝기 때문에 누굴 감염시킬 수 있는 양이 아니에요." (남, 30대, HIV)

병에 대한 정보를 가장 잘못 알고 있고 감염인들에게 가장 권위적인 형태로 인권을 침해하는 주체는 다름 아닌 국가라고 이들은 말합니다. 감염률이 줄어드는 세계 추세와는 달리 우리나라는 HIV/AIDS 감염인이 빠르게 증가하고 있는데, 보건소에서 감염 여부를 확인하는 시스템이 빠르게 자리 잡고 있기 때문입니다. 하지만 확인이 전부입니다. HIV/AIDS의 예방 사업에만 힘을 쏟고 각종 검사(28)를 실시하지만 검사 후 '에이즈 환자'라는 판정과 동시에 낙인을 찍고 난 뒤에는 삶에 대한 어떤 교육도 전무하고, 감염인들이 외로움과 두려움에 고립되어도 관심이 없습니다. '에이즈 환자가 늘고 있지만 위험한 병은 아니다'라는 보여주기 식 홍보에 재원을 쓰고, 감염인에게 기초생활수급비를 지급하는 것으로 손 털고 싶어 합니다.

한 남성 감염인은 병에 걸린 지 10년이 지났지만 그 시간 동안 조금도 달라지지 않는 사람들의 시선 때문에 걱정하고 있습니다. 정확히 말하면 걱정'만' 하고 있습니다. 이 모습을 옆에서 지켜봐 온 다른 감염인은 "이미 병 쪽으로 넘어왔다면 넘어온 것에 대해 인정하고 삶 속으로 들어가서 심리치료도 받고 일도 제대로 할 수 있게끔 도와야 하는데, 방치되어 있으니 진전이 없다"며 안타깝다고 했습니다.

신분을 노출하지 않고도 안전하게 병원 치료를 받을 수 있도록 검사를 익명으로 실시하는 것도 중요합니다. 하지만 질병관리본부의 지원이 등록제로 운영되고 있어서 익명으로는 의료비 지원을 못 받는 현실입니다. 에이즈 환자의 약값은 10%대로 부담이 많이 낮아졌습니다. 10%를 환자가 먼저 내고 나중에 보건소에 가서 돌려받는 겁니다. 신분 노출을 꺼리는 사람들 중에는 돌려받기를 포기하는 사람도 있습니다. 하지만 약값 지원을 받지 않고 익명으로 관리하면서 치료받을 수 있는 사람은 극히 일부입니다. 경제적으로 곤란한 계층이 많다보니 울며 겨자 먹기로 실명으로 치료를 받아야 합니다.

국가에서 실명을 고집하는 건 지원체계가 실명으로 돼 있기 때문이기도 하지만 에이즈 환자를 관리, 통제하려는 데 더 큰 이유가 있습니다. 지금은 많이 나아졌지만 이 병이 발견된 80년대부터 90년대 후반까지만 해도 공안사건 수배자 쫓듯이 보건소에서 불시에, 집으로 들이닥치곤 했습니다. 관리와 통제가 무조건 나쁘다는 게 아닙니다. 환자를 제대로 돕기 위한 보호와 지원으로 인식을 전환해야 한다는 겁니다.

국가기관이 만들어 배포하는 정보는 때로 가장 해로운 바이러스처럼 보입니다. 두어 해 전 산림청에서는 소나무가 말라비틀어져 죽어가는 '소나무 재선충'의 심각성을 알린다며 소나무의 상태를 에이즈 환자에 빗대어 "소나무 에이즈"라고 홍보했습니다. 솔잎이 적갈색으로 변하는 소나무 재선충을 그런 식으로 표현한 건 아마도 에이즈 하면 떠오르는 붉은 반점 때문일 것입니다. 언론은 이를 받아쓰기 바빴습니다.

이른바 '주홍 글씨'가 새겨진 사람들을 다루는 미디어의 방식은 주홍 글씨를 옅게 만들거나 불식시키는 게 아니라 당사자를 혐오하고 추방하는 것에 가깝습니다. 언론에 당사자들을 자주 노출시켜서가 아니라, 제대로 된 노출이 아니라는 점에서 그렇습니다. 국가기관이 나서서 혐오를 부추기고 언론은 의심과 고민 없이 실어 나르는 상황이었기에, 당사자들은 슬픔과 분노를 동시에 느꼈습니다. 이렇게 생산된 정보는 폭력 그 자체입니다.

HIV 감염인과 에이즈 환자를 위한 단체에서 오랫동안 활동하고 있는 한 남자는 HIV 감염 진단을 받은 순간 옷을 훌훌 벗어던지고 몸에 반점이 있는지부터 살폈다고 합니다. 그 역시 영화 〈필라델피아〉 주인공의 가슴이며 이마에 자리 잡은 반점을 기억하고 있었고, 에이즈에 걸리면 그렇게 반점이 생기고 흉측하게 마르다가 결국은 죽는다고 생각했습니다. 하지만 반점은 어디에도 없었습니다.

그는 이후 HIV 감염인과 에이즈 환자들을 자주 만나 상담도 하고 간혹 임종이 가까워진 무연고 에이즈 노인들을 방문하기도 했지만, 반점은 말기 환자면서 약을 아예 복용하지 않았거나 어떤 치료도 전혀 받지 못했을 때 간혹 생길 뿐 없는 경우가 많다고 말해 주었습니다. 환자들이 진짜 힘든 건 혹시라도 생길지 모르는 붉은 반점 따위가 아니라 심리적, 사회적으로 완전히 단절된 채 "빨리 갔으면(죽었으면)…"이라고 생각하게 만드는 깊은 절망감과 고립감이라고 했습니다.

"쪽방에 살다 죽어 나가는 사람이 많아요. 한번은 절대로 문을 안 열어 준다기에 파출소에 가서 경찰을 대동했죠. 안에 있는 사람 좀 끌어내 달라고요. 경찰이 오니까 그제야 열어 주더라고요. 국립의료원 모시고 가서 치료해 드렸는데 고맙다고 하시더군요. 바깥세상과 단절돼 있고 여기서 죽으면 끝이라 여기니까 삶의 이유나 희망의 근거가 있을 리 없잖아요. 잘 계시나 다시 연락해 보았더니 그해 가을에 돌아가셨더군요." (남, 50대, HIV)

나이 들어 죽어 가는 노인의 사례를 듣다 보면 사람들이 이 병을 용인하든 안 하든 이 병의 진짜 문제는 따로 있다는 걸 알게 됩니다.

"이 병의 진짜 문제는 병 걸린 몸이 나이를 먹는다는 것입니다. 고령이 되니까 노화에 따른 질환이나 합병증을 걱정해야 하는데 노인이 된 '몸'은 안 보고 에이즈만 보는 겁니다. 에이즈가 발견된 지 30년도 더 지났지만 사람들이 두려움을 느끼는 정도는 그때와 달라진 게 별로 없습니다. 지금 HIV에 감염되는 젊은 세대들은 에이즈에 대한 인식이 우리와 다릅니다. 오래 치료해야 하는 귀찮고 골치 아픈 병에 걸렸다고 생각합니다." (남, 40대, HIV)

젊은 HIV

그렇다면 20대 HIV 감염인들은 자신의 병을 어떻게 받아들이고 있을까요. 제가 요즘 젊은이들은 HIV를 만성질환으로 받아들여 대수롭게 여기지 않는다는 여론도 있다고 말문을 여니 한 20대 감염인은 "그럼 (병의 심각성을 알리기 위해)우리가 좀 더 노력해야겠네요"라고 우스갯말을 했습니다. 말투가 발랄해 '선배들'과 어떻게 다른가 물었더니, 먼저 터놓을 수 없어서 스스로를 가두는 처지는 선배들과 똑같다고 말하며 금세 표정이 어두워집니다. '말하지 않고 살면 사람들은 모르는구나' 안도할 때도 있지만 합병증이 온 사람들을 볼 때는 겁이 난다고 했습니다. '약을 먹지 않으면 저렇게 될 수 있구나, 나는 관리를 잘해야지'라고 다짐한다는 겁니다.

그러다가도 모르는 사람이 이 병에 대해 노골적으로 혐오를 드러내면 이전 세대와는 다르게 행동합니다. 선배들이 모욕을 감수하는 편이었다면, 이들은 자신을 혐오하는 상대를 놀려 주고 싶은 마음이 생깁니다. 그래서 일종의 '병원 놀이'를 합니다.

"병원에 가도 1~2분 (진료)볼까 말까 하고 다음 예약 날짜는 내년으로 넘어가 있고… 그래도 참았어요. 그런데 정도가 심해지더군요. 어느 날은 접수창구에서 간호사가 어떻게 오셨냐고 물어요. 그래서 제가 그 사람 귀에 가까이 다가가 "저 에이즈 환자인데요, 어디로 가야 하나요?"라고 말했어요. 간호사가 사색이 되어서는 저~쪽에 앉아 계시라고 해요. 놀라서." (남, 20대, HIV)

이 놀이는 어빙 고프만의 『스티그마Stigma』에 등장하는 '자신만의 놀이'를 닮았습니다. 같은 방식으로 매번 똑같이 더러운 병에 걸린 자취급을 받으면 부아가 난다는 것인데, 이를테면 휠체어 장애인이 낯선 사람으로부터 동정심에서 나온 질문을 받을 경우 "책략이 아닌 다른 것을 발휘해서 자신의 사생활을 보호한다"고 합니다.

어떻게 다리를 잃었는지 묻는 질문에 나는 짜증이 났다. 그래서 사람들이 더 이상 질문하지 못하도록 상투적인 대답을 하나 만들어 놓았다. "대부회사에서 돈을 좀 빌렸는데, 그 사람들이 내 다리를 담보로 잡고 있어요."[29]

이들은 때로 놀이 '기술'을 써 가며 병을 별것 아닌 것으로 만들기도 합니다. 부러 그러는 것일까 싶은데 "처음에는 피해의식이 있어요. 그런데 넘어서는 순간이 와요. 그것만 생각하고 어떻게 살아요, 힘들어서"라고 말했습니다. 당사자는 병의 무게에 매일 짓눌릴 거라는 생각도 뭇사람들의 짐작일 뿐입니다. 오히려 이들은 병보다도 모르는 근원, 알려지지 않은 두려움 앞에서 불안해하는 인간의 연약한 속성을 이해합니다.

재석 씨(가명, 26세)는 얼마 전 기차를 타고 여행을 하다 얼굴 전체에 수포가 딱딱하게 달라붙은 여자를 보았습니다. 그는 서울로 올라오는 내내 그 여자와 떨어져 앉고 싶다는 열망에 휩싸였습니다. 그리고 생각했습니다.

"나는 사람들이 더 무서워하는 병에 걸렸는데 이게 뭔가. 이게 사람이라는 건가. 자기를 보호하려는 본능을 욕할 수는 없겠구나. 그 사람들 잘못만은 아니구나." (남, 20대, HIV)

병을 이해하고 대처하는 태도의 기지와 성찰이 돋보이는 젊은 세대들. 그러나 이들도 단 하나의 조건 앞에서는 침울해집니다. 바로 취업난입니다. 이제 막 감염 사실을 알게 된 20대 후반 HIV 감염인은 "병들어 죽는 것보다 굶어 죽을까 걱정"이라고 했습니다.

"현재 제 직업은 구직자예요. 소방공무원이 되고 싶은데 신체검사에서 제한을 두니까 응시해도 의미가 없어요. 전염도 쉽게 되지 않고 충분히 억제도 가능한데 취업할 곳이 없어요. 다른 일을 열심히 찾고는 있지만 모르죠, 제가 먹고살 만한 곳이 있을지는." (남, 20대, HIV)

에이즈가 만성질환으로 분류되면서 병에 무관심해질 수 있다고 우려하던 태국의 사례를 들며 한국 사회도 그럴 수 있다고 걱정하는 목소리를 들었습니다. 그들의 염려는 일면 타당하지만, 제가 만나 본 감염인들은 에이즈를 만성질환으로만 봐 준대도 고맙겠다고 합니다. 사적으로든 공적으로든 병을 내면화하는 과정, 사회문화적으로 해석되는 방식, 그에 따른 대우는 병에 따라 다릅니다. 저는 HIV/AIDS를 여타의 만성질환과 함께 묶어 풀어야 한다고 생각합니다. 아파서 겪는 신체적, 심리적인 고통은 에이즈든 당뇨든 고혈압이든 다르지 않은데 왜 어떤 병은 치료를 거부당할까 생각하면 더욱 그렇습니다.

자신과 다른 이를 분리, 구분, 배제하려는 행위는 '누구도 자신과 다르다는 이유로 타인의 권리를 침해할 수 없다'는 인권의 정신에 위배됨을 우리는 이미 알고 있습니다. 머리에서 알고 있는 사실을 가슴이 느껴 두 기관이 조화를 이루어야 병에 다트를 던지는 일이 반복되지 않을 것입니다. 병이 아니라 병이 깃든 '사람'을 구해 내려면 한 사회, 그리고 개인의 인권의식이 지속적으로 발전하는 수밖에 없습니다. 하지만 현실은 아직 요원하기에 '오래된' 에이즈 환자는 '신입'이 들어오면 걱정스럽습니다.

"새로운 사람이 (쉼터에)오면 저 사람은 또 얼마나 고생을 해야 할까 걱정부터 들어요. 그건 일반 사람이 겪는 고통과는 완전히 다르거든요." (남, 50대, HIV)

'오래된' 환자는 차별적인 상황에 일정 부분 적응했기에 신입을 바라보면 안타까운 것입니다. 몸이 아파 병원에 가면 그에게는 '코드'가 뜹니다. 이른바 희귀난치성 질환 코드. 의사는 이미 코드 번호를 알면서도 무슨 약을 먹고 있느냐고 실눈을 뜨고 묻습니다. 그가 "난치병 약 먹고 있습니다"라고 담담히 말하면 그제야 모른 척 지나가는 의사도 있고 "다음에는 오지 마십시오" 정중히 거절하는 의사도 있습니다. 이런 대접을 감수해야 하기 때문에 이 오래된 환자는 병명을 말하고 싶지 않지만 별수 없습니다. 의사가 약을 처방해 줄 때 정보가 없다면 자칫 지금 먹는 에이즈 약과의 부작용이 일어날 수 있으니, 환자가 사전에 자신의 정보를 줘야 하는 겁니다. 이런 침착함은 예전에는 없었지만 오랜 세월 사람들의 따가운 시선을 받다 보니 생겼다며 그는 허허롭게 웃었습니다.

그의 바람은 남은 인생 동안 병을 잘 돌보면서 일하고, 사랑하며 살아가는 것입니다. 때로 지루하고 단순한 일상일 테지만 세상 사람들과 똑같이 그렇게 살고 싶을 뿐입니다.

3. 사생활 보호 거부

"민감한 정보라면서 왜 보호해 주지 않나요?"

누구라도 자신의 사생활, 가족관계, 가정,
또는 타인과의 연락에 대해 외부의 자의적인 간섭을 받지 않으며,
자신의 명예와 평판에 대해 침해를 받지 않는다.
모든 사람은 그러한 간섭과 침해에 대해 법의 보호를 받을 권리가 있다.
― 대한민국 헌법 제17조

박사과정을 수료한 후 결혼한 제 친구는 그동안 아이를 낳아 기르
느라 여유가 없었지만 더 늦으면 안 될 거 같아 논문을 마무리 지어
야겠다고 마음먹었습니다. 공부도 해 오던 이력으로 해야 하는데 한
동안 손 놓고 지냈더니 마음처럼 잘되지 않는다고, 가끔 전화를 걸어
너스레를 떨던 친구였습니다. 그런 그녀가 다짜고짜 혹시 알고 지내
는 상담선생님이 있는지 물었습니다(대학원에서 상담을 전공한 제게 지
인들은 상담선생님이나 상담실을 소개해 달라고 부탁하곤 합니다).

오래전에 한 공부라 저 역시 최근에는 아는 바가 적었습니다. 사정
을 물으니 친구는 통 잠을 이루지 못한다는 겁니다. 자려고 누우면
가슴이 뛰고, 오래전 일들이 넝쿨처럼 머릿속을 휘감고…… 생각의

꼬리를 끊으려 양, 염소, 강아지를 세 보고 머릿속을 하얗게 비우려고 텅 빈 도화지를 상상해 봐도 넝쿨은 더 커지기만 할 뿐 사라지지 않더라고 했습니다. 그뿐이라면 견디겠는데, 만사가 귀찮고 아무런 이유 없이 눈물만 줄줄 흐르는 때도 있다고 했습니다. 어느 날은 하루 종일 넋 놓고 있다가 저녁이 되어서야 그날 아이에게 한 끼도 먹이지 않았다는 걸 알았습니다. 더는 안 될 것 같아 상담을 받아 봐야겠다고 결심했습니다. 잠을 이루지 못하니 수면클리닉에도 가 보겠다고 하고요.

저는 친구가 이유 없이 눈물만 줄줄 흘린다는 대목이 마음에 걸려, 수면클리닉도 좋지만 여러 군데 다니느라 애쓰지 말고 정신과 진료를 먼저 받아 보는 게 어떻겠냐고 했습니다. 친구는 자신은 잠을 못 잘 뿐인데 왜 정신병원을 권하느냐고 살짝 불쾌감을 드러냈습니다. 더 들어 보니 "레코드(기록)가 남을 텐데 혹시라도 알려져 정신병자 취급 받고 싶지 않다"는 게 진짜 걱정이었습니다.

세계보건기구 통계를 보니 전 인구의 20~25%가 살아가면서 정신장애를 겪는다고 합니다. 5년마다 한 번씩 시행하는 정신질환 실태 역학조사(2011)에 따르면 우리나라 성인 6명 중 1명은 최근 1년 안에 정신질환을 경험한 적이 있지만, 이들 중 정신건강 전문가에게 상담이나 치료를 받은 사람은 한 명이 채 안되었습니다.

정신과 진료에 대한 인식이 워낙 안 좋다 보니 상태를 숨기거나 치료를 거부하는 사람들이 있을 뿐 누구라도 겪을 수 있는 질환이라고 설명했습니다만 친구는 안심하지 못했습니다. 정신질환을 소재로 다룬 드라마가 인기를 끈 적도 있어서, 가볍게 재미난 드라마를 보는 것부터 시작해 보는 것도 방법이라고 권했지만 흥미를 느끼지 못했습니다. 통화 막바지엔 제게 조심스럽게 물었습니다. "정신과 약은 한번 먹기 시작하면 여간해서는 끊기 어렵다는데 괜찮을까?", "반짝 기력은 날지 모르지만 약에 중독돼서 결과적으론 더 무력해지는 게 아닐까?"

정신과에 찾아가는 사람들이 의사를 만나서 자신의 증세를 정확히 밝히기 꺼리는 이유 중 하나는 의사가 증세만 듣고 진짜로 약물을 처방해 줄지도 모른다는 두려움 때문이라고 합니다. 그렇다면 꼼짝없이 약을 먹어야 할 텐데, 이런 사실이 모두 진료기록으로 남아 향후 정신질환자로 낙인찍히는 게 아닐까 불안해지는 것입니다.

정신과 전문의에 따르면, 정신질환을 평생 안고 가야 하는 만성질환으로 생각하기 쉽지만 불안증이나 우울 질환은 진단을 받고 꾸준히 치료받으면 상당 부분 치유됩니다. 오히려 불필요한 오해가 생기면 어쩌나 하는 걱정에 차일피일 진료를 미루거나 진료를 받을 필요가 없다고 자가진단을 내려 상황을 악화시키는 게 더 심각하다고 합니다. 그렇게 증세가 깊어지면서 심한 경우엔 죽음에 몰두하기도 합니다.

상담을 전공하며 알게 된 정신질환은 영화나 드라마 속에서 보던 '미친 사람들'의 향연이 아니었습니다. 잠을 제대로 이루지 못하니 안색이 나쁘고, 신체 기력이 떨어지는 데다, 집중이 안되고, 사람 만나는 일을 피하게 되는 현상은 컨디션이 저하될 때 누구라도 겪는 증상입니다. 다만 더는 견디기 힘들 만큼 오래 지속될 때 한번쯤 정신과 진료를 떠올려 보게 되는 것이지요.

정신과 치료를 받은 이력, 꼭 정신과가 아니더라도 병원 진료를 받은 이력이 타인에게 공개되지 않을까 하는 사람들의 두려움은 괜한 걱정이 아닙니다. 누구에게도 공개하고 싶지 않은 병의 이력이 개인의 의지와 무관하게 알려지는 일이 종종 발생해 왔기 때문입니다.

공공장소에서 누설된 정신병력

의무·수의사관 후보생이었던 경호(가명) 씨가 그랬습니다. 그는 2009년 2월, 국군의무사령부 보건과가 주관하는 신체검사를 받으러 갔습니다.[30] 경호 씨를 포함해서 그날 신체검사를 받으러 온 많은 사람들은 의사의 지시에 따라 검사를 받고 있었습니다. 그런데 갑자기 장내에 "○○씨, □□씨, △△씨는 정신과 전문의의 추가 진료를 받아야 하니 검사장으로 오라"는 안내 방송이 울려 퍼졌습니다.

사람들은 개방된 장소에 한 줄로 선 상태에서 신체검사를 받고 있었습니다. 방송을 들은 사람들은 주변을 두리번거리며 웅성거리기 시작했습니다. 경호 씨는 당황했습니다. 경호 씨 이름도 호명되었기 때문입니다.

함께 신체검사를 받던 대상자들은 의대 출신이거나 같은 병원 출신이 많았습니다. 이것은 경호 씨의 정신질환 관련 정보를 다수의 동종 업종 종사자들도 알게 됐다는 의미였습니다. 경호 씨는 의무사관 후보 모집 신체검사날 병력 공개로 인해 인권을 침해당했다며 국가인권위에 진정을 제기했습니다.

국가인권위는 경호 씨의 주장과 국군의무사령부의 답변, 당시 의무·

수의사관 신체검사 진행 당시의 사진 자료를 살펴보면서 조사해 나갔습니다. 국군의무사령부는 의무·수의사관 입영 신체검사는 한정된 시공간에서 많은 인원을 빠른 속도로 검사해야 하기 때문에 개별적으로 불러서 지시하기 어려웠던 터라 방송 호명은 불가피했다고 주장했습니다. 정신과에는 가림막이 설치돼 있어서 개인의 인권 보호에 문제가 없고 탈의를 해야 할 경우에는 독립된 공간에서 신체검사를 실시한다고, 호명 사건과는 관계없는 해명도 덧붙였습니다. 하지만 이번 일을 겪고 보니 다음부터는 신체검사 대상자를 찾을 때 주의를 기울여 데스크에서 곧장 특정 과로 가도록 개별적으로 안내하는 방식으로 개선하겠다고 했습니다. 늦었지만 다행스런 일입니다.

국가인권위는 이 사건을 판단하기 위한 근거로 의료법 제19조(비밀누설금지)[31]와 제21조(기록열람 등)[32] 그리고 헌법 제17조에서 보장하고 있는 '개인의 사생활의 비밀' 조항을 펼쳐 들었습니다. 이 법조항들은 개인의 질병은 지극히 사적인 영역이기 때문에 타인에게 알려질 경우 사생활의 비밀이 침해될 수 있다는 의미를 담고 있습니다. 사생활의 비밀은 반드시 대단한 비밀이 아니어도 됩니다. 무엇이 되었든 알리고 싶지 않다면 알리고 싶지 않은 그 자체로 보호받아야 합니다. 하물며 이토록 민감한 병력 정보는 더 말할 나위 없겠지요.

검사를 주관하는 측은 상대를 곤란하게 하려는 의도가 아니었다고 주장합니다. 많은 사람들을 단일한 장소에서 검사하다 보니 진행의 편의상 정신과 전문의의 추가 진료를 받으러 오라고 방송할 수밖에 없었다는 겁니다. 그럴 만한 상황이었다고 이해도 되지만, 정말로 불가피한 상황이었느냐고 다시 묻는다면 아니라고 답하겠습니다. 조금만 더 주의를 기울였더라면 알리고 싶지 않은 정신질환 가능성이 주변에 알려지는 피해는 일어나지 않았을 것입니다.

가해할 의도는 없었지만 피해는 발생했습니다. 인권침해의 상당수는 이처럼 사람의 존재를 의식하지 못한 무심無心하고 무감無感한 '순간'에 일어납니다. 따라서 인권은 결과가 아닌 과정이 중요합니다.

어머니가 정신병이면 아들도 정신병이겠죠?

정환(가명, 남) 씨는 **자신이 아닌 가족의 질환**으로 불이익을 받았습니다. 그는 어느 대학교 항공운항학과에 지원해 1차 서류전형에 합격했습니다. 서류전형 합격자들은 신체검사를 받았는데, 정환 씨가 작성해야 하는 병력보고서 항목 중에 "가족 중 정신과 환자가 있는가"라는 질문이 있었습니다. 정환 씨는 솔직하게 "있다"고 표기했습니다. 어머니가 과거에 조현병을 앓은 적이 있었기 때문입니다.

그러자 이 대학교로부터 위탁받아 신체검사를 실시하는 의료원에서는 정환 씨 어머니의 정신질환 이력 진단서를 요구했습니다. 어머니의 진단서를 검토한 의료원 측에서는 조현병은 유전 확률이 높다면서 정환 씨를 탈락시켰습니다. 정환 씨는 어머니의 병력으로 자신에게 불이익을 주는 의료원의 처사를 받아들일 수 없었습니다. 그는 국가인권위원회에 진정을 제기했습니다.[33]

의료원 측은 조현병을 앓았던 부모 중 한 명의 자녀가 조현병을 갖게 될 확률이 일반 인구에 비해 높기 때문에 불합격 처리할 수밖에 없었다고 말합니다. 더욱이 조종사는 타 직종에 비해 정신적 스트레스가 높아서, 정신과 질환의 유전 소인이 있다면 근무 중에도 질환이 일어날 가능성이 높다는 겁니다. 조종사 한 명을 길러 내기 위해서는 천문학적인 비용과 장기간의 훈련이 필요하기 때문에 다른 직종보다 엄격하고 높은 수준의 신체 기준을 적용하고 있다는 것도 부인하진 않았습니다. 그러면서 우울증 같은 경미한 정신질환을 가진 부모의 병력은 불합격시키지 않는다고 했습니다.

인권위 조사관은 의료원의 처사가 합리적인 차별이었는지 알아보기 위해 국내외 다양한 사례를 찾기 시작했습니다. 공군의 학사 조종 장학생 선발에서 부친이 조현병 병력이 있다는 이유로 불합격 처리된 사례가 있었습니다. 불합격 판단 기준은 '공중근무자 신체검사 공군교범' 중 하나로, '직계가족 중 명백한 정신질환의 병력이 있는 경우'를 항공운항학과 지원자의 신체검사 불합격 기준으로 적용하고 있었습니다. 의료원은 미국에서도 공군에게 엄격한 규정을 적용하고 있다고 했지만 미국 공군 규정은 '부모 모두에게 조현병 또는 조울증이 있는 경우'를 신체검사 불합격 기준으로 하고 있어서, 의료원 측이 "미군과 동일한 규정을 적용하고 있다"고 밝힌 것과는 차이가 있습니다.

이 사건의 조사관은 가족 병력과 연관된 보다 명확한 근거를 알아보기 위해 관련 전문의학회와 대학병원 등에도 자문해 보았습니다. 부모 중 한 명이 조현병이 있을 경우 자녀의 유병률은 12%로 알려져 있지만 발병에 영향을 주는 다른 요인들이 모두 같은 조건이라는 가정 아래의 추측이라서, 유전 소인만으로 실제 발병 위험률을 예측하는 것은 논리적이지 않고 의학적 근거도 부족하다는 의견이 다수였습니다.

다른 나라는 어떨까요. 미국과 유럽은 의료기록이 법적으로 보장되는 데다, 면접에서 정신병력에 대해 물으면 질병과 장애를 이유로 불이익을 준다고 처벌받습니다. 또한 미국은 2010년에 우울증 치료제를 복용하는 조종사도 비행할 수 있도록 규정을 바꾼 바 있고 유럽도 이를 이어받았습니다.

그런 와중에 2015년 3월 정신질환 병력이 있는 조종사가 독일의 여객기를 고의로 추락시킨 '정황'이 보도되면서, 조종사의 자격 심사 과정을 강화해야 한다는 지적이 잇달았습니다. 이에 영국 일간지 〈가디언The Guardian〉은 "우울증을 앓았다는 이유로 조종사가 비행하지 못하도록 하는 조치는 우울증 병력이 있는 사람에게 낙인을 찍는 일이어서 이는 잘못된 반응"이라고 주장했고, 영국 왕립 정신의학학회 사이먼 웨슬리 회장도 "나 역시 우울증을 겪는 조종사 2명을 치료했으며 이들은 현재 훌륭한 경력을 쌓고 있다"며 "우울증 병력이 있다고 아무 것도 해선 안 된다는 것은 잘못된 주장"이라고 했습니다.[34]

지원자를 선발하는 입장에서는 만에 하나의 위험을 배제하기가 어려울 것입니다. 따라서 대학 측이 항공기 조종사가 될 가능성이 있는 항공운항학과 지원자에 대해 엄격한 신체검사 기준을 적용하는 것도 이해는 합니다. 그러나 신체검사 판단 기준은 지원자 본인의 **현재 건강상태가 최우선**이어야 합니다. 의료원 측은 가족의 병력이 중요하다고 주장하지만 지원자는 현재 자신의 상태가 아닌 언젠가 발병할지 모를 '가능성' 만으로 탈락을 감수해야 하기 때문에, 의학적 근거가 충분한 것으로 한정해야 합니다.

문제가 될 소지가 보이면 그 싹을 도려내는 것이 아니라 위험을 대비하고 취약함을 보완할 수 있도록 환경을 개선하고 증진하려 노력하는 것이 올바른 인권적 접근입니다.

차별을 부르는 용어

앞서 소개한 조현병이라는 병명이 낯선 분들도 있으실 테지요. 조현調絃은 현악기의 줄을 고른다는 뜻입니다. 병에서 비롯된 정신의 부조화를 치료함으로써 조화롭게 만들어 악기가 좋은 소리를 내듯 일상생활에 지장이 없도록 한다는 뜻인데, 이전에는 이 병을 '정신분열증'으로 불렀습니다. 일상에 스며든 차별의 정도가 얼마나 뿌리 깊기에 언어까지 바꾸어야 하는가를 생각해 보면, 올바른 용어를 고르고 쓰는 일이 쉽지는 않습니다.

한센병은 어떻습니까. 오랜 세월 핍박받아 온 한센병은 문둥병, 나병이라 불리며 부르는 이와 듣는 이의 거리를 무한대로 넓혀 왔습니다. 이 병의 이름은 1879년 나균을 처음 발견한 노르웨이 의학자 아르마웨르 한센Armauer Hansen에서 유래되었으며, 지금은 모든 매체들이 이 용어를 사용합니다.

용어가 변경된 질환은 더 있습니다. 뇌전증腦電症은 뇌에서 비정상적으로 발생하는 전기파가 뇌 조직을 타고 퍼져 나가는 중에 정상적인 뇌 기능을 방해하면서 발작을 일으키는 질환입니다. 얼른 이해되지 않는다면 건물 안 전기시설에 가끔 합선이 일어난다고 상상해 보십시오. 이전에는 '간질(또는 지랄병)'이라고 불렸던 뇌전증epilepsy은 '발작'을 뜻하는 그리스어에서 왔습니다. 종종 영화나 드라마에 등장하던 뇌전증 환자는 별 이상 없이 잘 지내다가 갑자기 눈이 뒤집히면서 입에 거품을 물고 쓰러져 상대를 당황스럽게 만드는 인물로 그려지곤 했습니다. 입원한다든지 몸져눕게 되면서 다음 회부터는 보이지 않기도 했습니다. 그렇게 전형적이고 부정적으로만 그려지다 보니 '간질'은 치료가 불가능하고 기이한 병이라는 인상만 남았습니다.

'간질'에 담긴 사회적 편견은 무겁기만 해서 대한간질학회와 한국간질협회는 대한의사협회에 명칭을 변경해 달라고 건의하였고, 제안이 받아들여져 간질은 뇌전증으로 변경되었습니다. 뇌전증은 평소에는 이렇다 할 증상이 없지만 발작이 시작되면 의식을 일시적으로 잃기도 하고 자신의 의지와 무관하게 손이나 입가가 떨리기도 하는데, 국민 100명 중 1명 정도가 겪습니다. 약물치료로 10명 중 7명이 발작 없이 일상생활을 할 수 있고 시간이 지나면 자연적으로 치유된다고 하니 이제는 흔한 만성뇌질환일 뿐이지만, 당사자들은 취업을 포함해 생활 전반에 어려움을 겪습니다.

병을 부르는 용어도 혼용해서 쓰지만 각기 다릅니다. B형간염 환자라고 흔히 부르지만 'B형간염 바이러스 보유자'가 맞는 표현이고, '후천성 면역결핍 증후군'을 에이즈라고 부르지만 에이즈(AIDS)는 질병 자체를 의미하는 말은 아닙니다. 면역 상태가 취약해져서 기회감염 등에 노출되기 쉬운 상태를 에이즈라고 부릅니다. 따라서 바이러스에 감염되긴 했지만 아직 에이즈 환자는 아닌 'HIV바이러스 감염인'과 면역체계가 손상된 상태의 '에이즈 환자'로 구분해서 불러야 합니다.

사람이나 사물 따위를 어떻게 부를까 하는 '호명'과 어떻게 불리는가 하는 '명칭'에 대해 생각해 봅니다. 용어는 전문 분야에서 일정한 개념을 나타내기 위해 사용하는 말로, "용어가 쉬워야 개념 파악이 잘 된다"는 사용례처럼 사람들이 부르는 용어에는 다분히 그들의 가치판단이 담겨 있습니다. 예컨대, 장님은 눈이 먼 사람이라는 의미를 담고 있지만 이제 이 용어는 시각장애인을 얕잡아 부르는 말임을 알기에 우리는 쓰지 않으려 노력합니다. 용어의 사회적인 의미가 변화하기 때문입니다.

그렇지만 어떤 용어는 오랜 계도에도 불구하고 좀체 바뀌지 않기도 합니다. 이때는 한두 개의 용어 쓰임이 아니라 대상에 대한 근본적인 인식 변화가 요구됩니다.

대표적인 예가 장애인에 대한 표현입니다. 장애인의 반대말은 당연히 '비장애인'이지만 여전히 많은 사람들이 '장애인—정상인'이라는 구분에 익숙합니다. 장애인을 장애자·애자·불구자·지체부자유자·병신·불구라 부르고, 지체장애인을 앉은뱅이·절름발이·절뚝발이·쩔뚝이·반신불수라 부르고, 청각장애인을 벙어리·귀머거리·아다다·말더듬이라 부르고, 시각장애인을 장님·소경·애꾸·봉사·외눈박이·사팔뜨기라 부릅니다. 곱추·곱사등이는 지체장애인이 올바른 표현이고, 미치광이·정신병자·미친 사람은 정신장애인이 바른 표현이며, 정신박약·정박아는 지적장애인이 바른 표현입니다. 너무도 익숙해서 고유어로 느껴지는 난쟁이 역시 지체장애인, 저신장장애인으로 불러야 합니다.

상황을 설명할 때 쓰는 장애 표현은 어떨까요. 곤란에 처하거나 잘 모르거나 우물쭈물하는 상태를 벙어리 냉가슴·꿀 먹은 벙어리·눈 뜬 장님·장님 코끼리 만지기로 표현하며, 행정이 잘 돌아가지 않는다는 의미로 '절름발이 행정'이라는 표현을 관용어처럼 씁니다. 인권교육을 통해 잘못된 용어 사용을 일깨우기도 하고 언론이 준수해야 할 인권보도 준칙을 권고하기도 하며 언론도 수용하겠다는 의사를 밝히지만, 신문을 펼쳐 보면 여전히 그릇된 표기가 눈에 띕니다.

단순한 정보 부족의 문제가 아니라고 느낀 저는, 왜 이런 관행들이 좀체 고쳐지지 않는지 유심히 살피다 언론인에게 묻기도 했습니다.

'말의 맛'이 있다고요?

한 언론인은 '말맛'이라고 표현했습니다. 말에도 맛이 있다는 것인데 봄**이** 왔다와 봄**은** 왔다의 어감과 함의가 다르듯 글쟁이들은 문장에 꼭 어울리는, 정확한 어휘를 찾고 싶어 한다는 것입니다. '올바른' 표현이 아닌 줄은 알지만 그 용어가 아니고서는 말맛이 안 난다는 겁니다. 시각장애, 언어장애, 청각장애, 지적장애라는 용어가 제대로 된 표현임을 알지만 이 말들은 너무 '옳아서' 양념이 빠진 듯 매가리가 없고 심심하다는 것입니다.

이를테면 "심 봉사가 심청을 부를 때"라는 표현을 "시각장애인 심 씨가 심청을 부를 때"라고 하면 얼마나 재미가 없겠느냐는 것입니다. 또한 한센인이 맞는 표현임은 알지만 '썩어 문드러져 없어진다'는 의미가 담긴 문둥이보다 절박하고 애절한 표현은 없으니 "낯선 친구 만나면 우리들 문둥이끼리 반갑다"(한하운, 「전라도 길-소록도 가는 길에」 중)라는 시구를 "…우리들 한센인끼리 반갑다"로 바꾸면 얼마나 말의 재미가 사라지겠냐는 것입니다.

그 자신이 한센병을 앓기도 했던 한하운 시인. 당사자가 자신의 처지를 작품 속에서 자조하듯 지칭하는 것까지를 문제 삼자는 게 아니고, 고전작품 속의 표현들을 다 바꾸자는 것도 아닙니다. 말은 시대의 정신이요 표상이니, 당시의 의미를 이해하고 인용할 때는 따옴표(" ")로 가져오면 될 것입니다.

문제는 지금, 여기서, 생활을 지배하고 당사자를 소외시키며 이편저편을 가르는 차별적인 용어가 당사자를 고통스럽게 한다는 데 있습니다. 당사자가 '문둥병자'라는 용어가 끔찍하다는데도 그가 처한 상황을 극대화하기 위해 비극적인 표현인 양 끌어다 쓰는 것은 당사자를 '피해자'라는 상자에 집어넣고 세상 밖으로 나오지 못하게 못을 박는 행위입니다. "어감상 할 수 없다", "감정을 고조시키기 위해서는 불가피하다"는 억지는 그만두기를 바랍니다. 이런 논리는 언론의 책임성을 저버리는 일입니다.

온·오프라인 할 것 없이 활자는 끝끝내 살아남아 인용됩니다. 꼭 그 어휘가 아니라 해도 '연관검색어'라는 기능은 어떻습니까. 한 단어를 구성하는 다른 연관어는 검색을 용이하게 하고 경계를 넓혀 주지만 이제 잊혀도 좋을, 당사자가 기억하고 싶지 않은 단어들도 굴비처럼 엮여 사라지지 않습니다. '잊혀질 권리'가 절실해지고 콘텐츠를 만드는 이들의 세심한 주의가 필요한 이유입니다. 바른 표현은 매체의 신뢰성과도 직결되는 문제이기에 지나치게 세심해도 좋을 것입니다.

그 많은 전문용어를 모두 알고 쓸 수 없고 일상용어를 매순간 긴장하며 쓸 수도 없는 노릇입니다. 그럴수록 더더욱, 우리가 모르는 세상의 대상을 지칭할 때는 표현이 적절한가를 고민해야 합니다. 그 정도의 시간과 태도를 가져야만 상대방의 인권을 적어도 침해는 하지 않을 수 있습니다. 잘 모를 땐 어떤 용어가 바람직한지 상대에게 정중히 물어보는 것도 방법입니다. 질문이란 얼마나 유용한 대화법인가요.

4. 입소 거부

"그 병을 가지고는 출입할 수 없습니다."

"가장 어이가 없는 건 우리 아이는 군대엔 데려갔다는 거예요.
군대는 단체생활 안 합니까.
군대는 되고 학교 기숙사는 단체생활을 해야 하니
안 된다는 게 말이 되나요.
이렇게 편리한 차출이 어디 있나요?"

기숙사 입소 불허, 등교 중단

숙자 씨(가명, 51세) 아들은 B형간염에 수직감염되었습니다. 그해 아들은 군 제대 후 대학 복학을 앞두고 있었습니다. 입대 전처럼 학생생활관에 입소하려는데 이번엔 어찌된 일인지 학교에서 건강진단서를 요구했습니다. 아들이 대학에 입학하던 해에는 이런 기준이 없다가 2년 사이에 무슨 이유로 바뀌었는지 숙자 씨는 알 수 없었습니다.

학생생활관 관계자는 "B형간염 보균자는 활동성 여부를 먼저 검사해야 하는데 만일 활동성이면 생활관 입소는 불가하다"며 추가 건강진단서를 요구했습니다. 집과 학교의 거리가 멀어서 통학은 아무래도 불편하고 가계 형편에도 도움이 되는 터라 아들은 꼭 기숙사에 들어가야 했습니다.

숙자 씨는 B형간염을 이유로 기숙사 입소를 불허하는 것은 차별이라며 아들을 대신해서 인권위에 진정을 제기했습니다. 학교 행정실 직원은 진정 때문에 자신의 일이 많아졌다고 못마땅해했지만, 그 덕에 추가진단서를 내지 않고도 기숙사 생활은 하게 됐습니다. 간염이 단체생활에 아무런 지장이 없는데도 지역에서 꽤 크다는 대학마저 이렇게 차별하는 걸 보면서, 숙자 씨는 같은 일로 불이익을 감수해야 하는 다른 아이들에게까지 생각이 미쳤습니다. 그런 공감 덕분에 진정할 마음을 먹을 수 있었다고 합니다.

하지만 숙자 씨가 정말 어이없던 일은 따로 있었습니다. 단체로 생활하기 때문에 전염 위험이 있다며 기숙사 입소는 거절하면서 단체생활의 표본이라 할 군대엔 군말 없이 끌고 가는 이 나라의 행정에 숙자 씨는 분노를 느꼈습니다. 아들은 애초 취사병으로 입대했지만 B형간염이 있다고 하니 "그럼 너는 취사병은 안 되겠다. 행정병으로 가라"해서 행정병 생활을 했다고 합니다. 당연히 단체생활에 어떤 문제도 없었습니다. 숙자 씨는 군대 단체생활은 되고 학교 기숙사 단체생활은 못 하게 하는 게 이치에 맞나 싶었습니다. 군대에서도 아들을 받지 않았다면 그러려니 했을 것입니다. 하지만 군대 차출은 문제 삼지 않더니 기숙사 입소는 문제 삼는 이런 이중 잣대가 세상에 어디 있습니까, 라고 그녀는 목소리를 높였습니다.

입소 거부는 심심찮게 일어납니다. 2010년, 이번에는 B형간염 아들을 둔 아버지가 인권위에 진정을 제기했습니다.[35] 아버지는 아들이 고등학교에 합격해 기숙사에 입소하려 했지만 만성 B형간염 바이러스 보유자라는 이유로 기숙사 입소를 불허당했다면서 인권위에 진정서를 넣었습니다. 학교 측이 입소를 거부한 이유는 "학교 기숙사 생활관은 네 명이서 방 하나를 쓰는데 학생들이 칫솔과 물컵을 함께 사용하니 다른 학생들이 감염될 가능성이 높다"는 것이었습니다.

질병관리본부, 대한의사협회, 학생을 진단한 전문의 모두 '학생의 상태가 기숙사 입소를 못 하게 할 정도가 아니며, B형간염의 주 전파경로는 비경구 감염이기 때문에 집단생활에 문제가 없다'는 소견을 보내왔습니다. 인권위는 교직원들에게 B형간염을 올바로 알리는 교육을 실시할 것을 권고했고, 학교는 진정인의 입소 불허를 철회했습니다.

학교 기숙사 입소 거부는 이와 같이 종종 일어나는 일이었습니다. 하지만 아예 대놓고 두 손 들어 거부하는 곳도 있습니다. 바로 요양병원과 요양시설입니다.

요양원 입소 거부

HIV바이러스 감염인과 에이즈 환자의 약은 점점 더 좋아지고 먹기도 간편해져서 수명도 그만큼 길어졌지만 요양병원과 요양시설은 노인 환자를 에이즈라는 이유로 받아 주지 않습니다. 감염인들은 많은 경우 가족과 단절되어 살기 때문에 요양시설에 입소해 살기를 누구보다 간절히 바라고 있습니다. 꼭 이들이 아니더라도, 시설이 아니고서는 갈 곳이 없는 취약계층의 사람들도 많습니다.

HIV/AIDS 관련 단체들과 당사자들이 시도립, 시군구립 공공요양병원과 민간요양병원을 두루 다니면서 장기요양을 문의했지만 30개가 넘는 요양병원들이 하나같이 격리 병실이 없다, 면역력이 약한 노인들이 주로 입원해 있어서 안 된다, 전염성 질환자를 요양병원에 입원시키면 안 된다는 법규가 있다며 에이즈 환자의 입원을 거부하고 있습니다. 약속이나 한 듯이 똑같은 대답으로 문전박대를 일삼으니 환자들은 분노를 넘어 허탈감을 느낍니다.

거절의 논리에는 으레 거부하는 사람들이 꺼내 들기 좋아하는 법法이 있습니다. 법은 약자와 피해자를 위한 보호의 방편으로도 쓰이지만 위의 예처럼 약자를 밀어내거나 분리하거나 배제할 때 쓰이기도 하는 모양입니다. 법이 뭘까요. 짧은 지식이지만 제가 아는 법을 말해 보려 합니다.

헌법 제11조 제1항에는 '모든 국민은 법 앞에 평등하다. 누구든지 성별, 종교, 또는 사회적 신분에 의해서 정치적, 경제적, 사회적, 문화적 생활의 모든 영역에 있어서 차별받지 아니한다'라고 명시돼 있습니다. 이 조문에 의하면 에이즈 환자이건 B형간염 바이러스 보유자이건, 아니 그 누구든 관계없이 모든 사람은 법 앞에 평등합니다. 여기서 말하는 '법', '법 앞에' 그리고 '평등'은 무엇일까요.

'법'은 국회에서 제정한 법률뿐 아니라 명령, 조례, 규칙 등 모든 형태의 법규범을 말합니다. '법 앞에' 평등하다는 건 이미 만들어진 법을 차별 없이 적용만 하면 된다는 게 아니라 법을 만들 때 법 내용 자체도 평등권을 침해하게 만들어서는 안 된다는 것입니다. 여기서의 '평등'이란 정당한 이유와 합리적 근거 없이 사람을 다르게 대우하면 안 된다는 '상대적 평등'을 말합니다. 즉 합리적인 이유가 있다면 다르게 대우할 수 있다는 것인데, 쉽게 떠올릴 수 있는 예가 장애인에 대한 적극적 우대조치일 겁니다.

격리 병실이 없어 노인 환자와 함께 지낼 수 없다는 주장은, 하는 쪽은 난감하고 듣는 쪽은 민망합니다. 거짓말이라는 걸 서로가 알고 있기 때문입니다. 에이즈 환자들을 본 적도 대한 적도 없으니 의료기관 측도 난감할 수는 있겠습니다만, 요양병원 종사자들은 전문 의료인이므로 일상적인 감염예방 조치에 따르기만 한다면 단지 공동생활을 한다는 이유로 HIV가 감염될 수 없다는 사실 정도는 알고 있어야 합니다.

에이즈 환자를 요양병원에 입원시켜서는 안 된다는 법 조항은 '전염성 질환자는 요양병원의 입원대상으로 하지 아니한다'는 의료법 시행규칙 제36조 2항을 말하는 것인데, 이 규정에 대해서는 이미 보건복지부에서도 "후천성 면역결핍증은 성관계나 수혈 등을 통해 전파되고, 다른 감염병과 같이 호흡기나 식생활 등 일상적인 공동생활을 통해 불특정 다수에게 전파시킬 위험이 없기 때문에, 의료법 시행규칙에서 규정한 전염성 질환자로 포함해 해석할 필요가 없다"고 분명히 밝히고 있습니다. 하지만 현장에서 법은 펼친 채 뒤집어 놓은 책자에 불과합니다.

자판기 커피를 앞에 두고 HIV 감염인들과 많은 이야기를 나누었습니다. 사는 데 많은 어려움들이 있지만, 이들이 절실하게 정부에 원하는 것은 요양시설과 병원이 국공립이 되는 것이었습니다. 민간요양병원이 돈벌이가 안 된다는 이유로 입소를 거부하고 있으니 국가가 직접 운영하는 국공립병원에 요양 병상을 만들어 감염인들뿐 아니라 요양병원에서 배제된 사회 취약계층들이 이용할 수 있어야 한다고 말했습니다. 더 나아가 '에이즈 전문병원'이라고 특정함으로써 세상과 분리시킬 것이 아니라 일반 병원 가운데 두어 사회와 함께 호흡할 수 있도록 해야 한다고요. 우리는 이주민만 따로 보내는 이주민 학교, 장애인만 따로 교육하는 장애인 학교 교육의 폐해를 이미 충분히 경험한 바 있습니다.

병원에서 요양을 마친 후에는 적절한 후속 치료와 휴식을 통해 사회로 복귀할 수 있도록 취업차별도 해소되어야 합니다. 만성질환이나 생명을 위협하는 병이 반드시 장애로 이어지는 것은 아니지만, 장애가 있는 이에게는 노화가 진행되면서 만성적인 통증과 고통이 찾아옵니다. 단지 그 시기가 다를 뿐, 반드시 오고야 마는 아침과 같다고 당사자들은 말합니다.

장애와 질병과 노화의 관계는 1장에서 다루었으니 여기선 논외로 하지만, 장애에 수반되는 질병은 사회문화적 제도 및 의료서비스 접근과 밀접하게 연결돼 있습니다. '신체적·정신적 손상 또는 기능 상실이 장기간에 걸쳐 개인의 일상 또는 사회생활에 상당한 제약이 있는 상태'의 사람은 「장애인차별금지법」의 보호 대상이 됩니다. 이를 감안하면 에이즈 환자는 (장애인복지법상의)등록 장애인은 아니지만 이 법의 보호를 받아야 할 이유가 충분합니다. HIV바이러스에 감염되면 면역세포가 서서히 파괴되면서 신체적인 손상이 오는데, 이와 같은 신체 기능의 상실이 장기간에 걸쳐 일어나면 각종 질환에 감염되기 쉽고 악성종양 같은 합병증이 발생하기 쉬운 상황이 되기 때문입니다. 이렇게 되면 일상생활에 제약을 받고 이는 곧 사회적 제약으로 이어져, HIV 감염은 「장애인차별금지법」이 말하는 전형적인 장애 범주에 들게 되는 것입니다.

법 이야기가 나와서 말이지만 "인간이 법적으로 보호받을 명백한 기본권을 당연히 가져야 한다는 명제는 수천 년 동안 축적된 인간의 사회적 생존 체험에 근거한 것으로, 도덕적이며 경험적인 '발견'"이라고 주장하는 견해도 있습니다.[36] (인권의)발견에 주목한다면 "어떤 권리들이 보편적인가보다는 오늘날 우리가 이해하는 관점에서 어떤 권리들이 보편적이어야 하는가"를 고찰하는 것이 더 바람직하다고 봅니다. 머물지 않는 인권의 유기체적 속성을 감안하면, 애초 있는 그릇에 권리를 구겨 넣을 것이 아니라 시대에 따라 요구되는 권리들이 무엇인지가 중요해집니다.

'거기'에 들어가고 싶지만 받아들여지지 않는 사람들, 즉 '장소를 갖지 못한 사람들'을 사회학자 김현경은 '나는 여기 있을 권리가 있다'고 말하기 위해 몸으로 글씨를 쓰는 사람들이라고 『사람, 장소, 환대』에서 칭했습니다.[37] 엠마누엘 레비나스Emmanuel Levinas는 이런 상황을 빗대어, 곤경에 처한 이웃은 우리로 하여금 윤리적 명령에 직면하게 한다고 말했습니다. 우리는 그 얼굴의 호소를 거절할 수는 있지만 그때 나는 불의를 저지르는 셈이 됩니다. '장소'가 그토록 중요한 이유는 단순히 '몸'이 점하는 공간이기 때문이 아니라 장소가 상대를 기다리고 있었다는 준비된 환대의 의미, 즉 존재에 대한 인정이기 때문입니다. 만약 장소에 들어가지 못하게 막아서면, 그때부터 인정을 요구하는 투쟁이 시작되는 것입니다.

국제인권조약 중 '사회권 규약'은 협약에 가입한 각 나라들이 인간의 경제적, 사회적, 문화적 권리를 보호하고 증진하기 위해 염두에 두어야 할 조항들을 담고 있습니다. 사회권 규약에 가입했다는 것은 자국민의 '삶의 질'을 드높이겠다는 국가의 약속입니다. 의료서비스와 사회안전에 초점을 맞춰 보면 당사국은 누구에게나 '성취할 수 있는 최고 수준의 신체적이고 정신적인 건강을 누릴 권리가 있음을 인정'하는 것입니다. 이 규약에서 말하는 건강권에는 적절한 의료뿐만 아니라 안전하게 마시고 영양을 섭취하며 살아가는 데 필요한 모든 조건과 이에 대한 교육까지가 담겨 있습니다. 삶의 기본 요소들이 곧 보건의료입니다.

요건들이 빠짐없이 갖추어진 상태라 하더라도 이 환경은 다시 이용 가능한가, 접근이 용이한가, 실제로 받아들여지고 있는가, 질적으로도 우수한가, 하는 구체적인 질문 앞에 놓입니다. 현재 운영 중인 공중보건과 보건의료 프로그램 그리고 물품과 서비스는 충분한 양으로 이용 가능한가, 누구에게나 차별 없이 경제적으로 저렴하게 접근할 수 있는가, 정보를 얻는 데 장애는 없는가, 개인의 다양한 조건에 따라 설계되어 있는가, 의학적으로 적절하며 우수한 품질인가를 따지는 것입니다.

이를 실행하는 과정에서 국가는 어떤 권리도 파괴하거나 제약할 수 없습니다. 국가는 국민이 건강할 권리를 보장받을 수 있도록 질병을 예방하고 치료하는 데 의무를 다해야 하지만, 국가의 노력이 게으르고 미흡하다면 국민은 건강을 보장할 각종 규범과 법률, 제도를 갖추고 충실히 실행하라고 국가에게 요구할 권리가 있습니다.

"거주 가능한 공간 속에서 인간은 자유롭게 자신의 삶을 기획하고 고통과 죽음에 맞서 미래를 계획"합니다.[38] 현재 건강한 사람도 그러할진대 아픈 사람들은 더 말해 무엇합니까. 우리는 우리가 살고 싶은 세상이 어떤 모습이어야 하는지 끊임없이 되물어야 합니다.

때로 몸 안의 바이러스가 아픈 사람에게 먼저 묻습니다. 이대로 참고 살 거냐고. 이상해 보여도 질문을 받은 이는 답변을 해야 합니다.

5. 가입 거부

"그런 몸은 가입 안 돼요."

"장애 유형의 특성을 인정받지 못하는 장애인이 보험에 가입하기 위해
자신이 보험회사에게 손해를 주지 않을 만큼 건강하다고 증명해야만 하는 것은
장애인 스스로 장애인임을 부정하게 만든다."[39]

산다는 것은 위험에 노출된다는 것이고, 이제껏 무사했다면 언제고
맞닥뜨릴 수 있음을 염두에 두어야 한다는 것입니다. 보험회사 문구
같은 말이지만 보험은 바로 이 예측할 수 없는 미래를 팝니다.

우발적인 사건·사고에 대비해 만들어진 안전망의 대표적 상품인 보
험은 보험가입자에게 손실이 발생했을 때 보험회사가 약정한 보험금
을 약관에 따라 지불하는 제도입니다. 어려울 때 도움을 준다니 고마
운 일이지만 그 돈은 다름 아닌 가입자가 꼬박꼬박 지불해 온 대가입
니다. 보험회사는 그렇게 '운 나쁜' 일부 가입자를 구제해 주고 수익을
올립니다. 보험회사는 당연히 보험의 모든 조건을 결정할 권한이 있어
서, 보험 가입을 원하는 사람과 계약을 체결할 때면 예상되는 위험의
정도를 파악하고, 발생할 수 있는 비용을 훨씬 웃도는 보험료를 가입

자에게 요구합니다.

뒤마Alexandre Dumas의 소설 『삼총사Les Trois Mousquetaires』에서 삼총사들이 외치는 구호인 "한 사람은 많은 사람을 위해, 많은 사람은 한 사람을 위해One for all, All for one"가 바로 보험의 법칙입니다. 한 치 앞을 내다보기 힘든 불안하고 위험한 사회에서 사람들은 보장성 보험이라도 들어 놓으면 대체로 안심합니다. '돈으로 산 안전'이라고 할까요.

인터넷 검색창에 '보험'이라고 입력하면 관련 상품들이 쏟아집니다. 한 명의 고객이라도 더 모으기 위해 보험회사들은 '보험료가 타 회사에 비해 저렴하다', '나이에 관계없이 가입할 수 있다', '병의 종류를 묻지도 따지지도 않는다'고 두 팔 벌려 껴안는 듯한 문구들을 내겁니다. 하지만 실상 거의 대부분의 보험회사들은 병의 종류를 까다롭게 따지고, 혜택의 범위는 좁게 설정해 두고, 가입할 수 있는 나이 제한은 엄격하며, 사람들의 다른 처지와 형편을 적극적으로 가려냅니다.

부쩍 소화가 안돼서 동네 병원으로 건강검진을 받으러 간 40대 남자는 생각보다 심각해 보이니 무조건 큰 병원에 가라는 의사에 말에 그럼 어느 어느 의료원에 가겠다고 했다가, 거기보다 더 큰 병원으로 가라는 권유를 받았습니다. '얼마나 안 좋기에……' 불안한 마음으로 병원을 찾은 남자는 여러 검사 끝에 임파선암이라는 진단을 받았습니다. 그는 곧 입원했습니다.

화불단행禍不單行이라고, 그는 이미 여기저기에 병이 온 상태였습니다. 오래전에 에이즈 양성반응 진단을 받은 데다, 백내장 수술한 지 얼마 되지도 않았는데 이번엔 임파선암이 눈 뒤쪽에 자리 잡은 것입니다. 지금 걸린 이 병은 그래도 '암'이라고 말이라도 할 수 있어서 남자는 마음만은 편했습니다. 사회적 편견이 지독한 병에 걸린 사람들은 차라리 암에 걸렸으면 합니다. 그는 형제들에게 임파선암에 걸린 사실은 알렸지만 HIV에 감염됐다는 건 아직 말하지 못했습니다.

하지만 암이라는 안도감(?)도 잠시, 진단서 귀퉁이에 'HIV에 의한 원인 모를 혈액암'이라고 작게 쓰인 문구는 "그래서 네가 보험 적용이 안 되는 거야"라고 야유를 보내는 것 같았습니다. 암 환자로 등록하면 치료비의 5%만 부담하면 되는 줄 알았지만, 보험회사에서는 HIV를 성병으로 취급하기 때문에 보험이 적용되지 않는다고 했습니다. HIV와 혈액암은 각기 다른 병이 아니냐고 주장해 봐도 소용없었습니다.

장애인은 더욱 심하게 보험 가입에서 차별을 경험합니다. 한 가지 이상의 복합장애를 갖고 있는 사람이 있고, 과거에 장애가 있던 사람이 있으며, 미래에 장애가 예견되는 사람이 있습니다. 이 조건에 부합하거나 부합할 거라는 보험사의 판단이 끝나면 피보험자가 보험료를 내겠다고 해도 보험사는 난색을 표합니다. 많은 보험회사들이 장애인의 보험계약 체결을 거부하거나 특약 가입을 배제하고, 중도에 보험계약을 해지하고, 보험금을 지급하지 않거나 적게 지급하고 있습니다.

지적장애가 있는 아이에게 암보험을 들어 주려 했지만 장애아는 안 된다고 해서 접었다는 아버지, 발달장애가 있는 아들을 위해 보장성 보험 하나 들어 보겠다고 어려운 형편에 빚까지 내 상담을 받으러 갔지만 1분 만에 상담이 끝났다는 어머니가 있었습니다. 한 시각장애인은 안내견과 함께 보험회사를 찾았습니다. 짧지 않은 시간 동안 보험설계사가 부드럽고 친절하게 가입은 곤란하겠다고 설명하기에 그는 발길을 돌렸습니다. 집에 오는 길에 곰곰이 생각해 보니, 그 부드러운 설명이라는 게 '약관을 보여 드려도 별 소용이 없지 않느냐(당신은 시각장애인이라 읽을 수 없지 않느냐)'는 타이름에 불과했기에 그는 씁쓸했습니다. 정신장애 3급 여성은 조울증 치료가 거의 끝난 상태지만 약은 얼마간 더 복용해야 했으므로 보험 가입 단계에서 복용 사실을 말했습니다. 그랬더니 곧장 가입이 안 된다고 합니다. 지체장애인 20대 남자는 자동차보험, 일반보장성보험, 질병보험 어느 것 하나도 가입하기 어렵다는 말을 들었습니다.

세상 빛도 보기 전에 거절부터 맛봐야 했던 태아도 있습니다. 시각장애가 있는 만삭의 여성은 임신한 아이를 위해 태아보험을 들고 싶었지만 보험설계사는 "보험은 통상 태아와 산모를 한몸으로 보기 때문에 태아도 장애가 있는 걸로 판단한다"며 가입을 거절했습니다. 보험설계사의 이 기계적이고 무심한 말 속엔 장애는 반드시 대물림된다는 전제가 깔려 있었기에, 아이가 무사히 태어나기만을 바라던 엄마는 그 순간 깊은 내상을 입었습니다. 이렇게 거절은 끝이 없습니다.

보험 가입을 거부당한 많은 이들은 무성의하고 불친절한 보험설계사에게 불만과 아쉬움을 느꼈습니다. 물론 장애와 장애인에게 편견을 가진 보험설계사도 있을 겁니다. 하지만 보험 거부의 모든 책임을 회사에 고용된 이들에게만 돌리기도 어렵습니다. 한 보험설계사는 "가입이 될 거라 믿고 열심히 상담하지만 최종 판단은 회사에서 하는 것이라, 인수 과정에서 가입 희망자에게 괜한 기대만 심어 줄 거 같아 아예 처음부터 장애가 있으면 가입이 어렵다고 전한다"고 했습니다. 어렵게 1단계를 통과하고 청약 단계에 들어가도 축적된 장애인 건강 데이터가 없다 보니 보험요율을 산정하기가 어렵고, 있다 해도 장애 유형이 고려되지 않거나 특정 장애 유형의 데이터가 적용되고 말아서 결국은 가입이 안 된다고 합니다.

운 좋게 가입된 경우도 있지만 이마저도 단서가 붙은 채 질병 부분만 보장받을 뿐 상해나 재해는 보장받지 못했습니다. 간신히 가입했다는 어떤 장애인은 보장 내용에 제한이 많고 납입 금액에는 할증이 붙어 비장애인과 너무 차이가 나 억울하지만 울며 겨자 먹기로 가입했다며 불만을 토로했습니다. 또 다른 장애인은 비장애인과의 차이를 받아들이기 어려워 자신의 장애를 감추고 보험에 가입했다가 '고지의 의무'를 어겼다는 이유로 보험금을 한 푼도 받지 못했다고 합니다.

2006년 UN총회에서 채택된 장애인권리협약(Convention on the Rights of Persons with Disablities, CRPD)에는 '개인의 고유성 보호'라는 조항이 있습니다. 모든 장애인은 다른 사람들과 동등한 기초 위에서 자신의 신체적, 정신적 고유성에 대해 존중받을 권리가 있다는 의미입니다. 개인이 인격의 주체로서 자신의 신체적이고 정신적인 능력과 상태를 변형하거나 숨기지 않고 제 모습 그대로 인정받을 때, 비로소 이 고유성이 보호됩니다. 그러나 지금의 보험은 개인이 지닌 장애와 그로부터 비롯된 고유성을 숨기거나 왜곡하지 않으면 가입할 수 없습니다. 얼마나 절박하면 옳지 않음을 알면서도 고지의 의무를 어기는 유혹을 느낄까 짐작해 보게 되는 대목입니다.

물론 보험회사는 위험성이 높다고 판단하면 정해진 기준에 따라 보험 인수를 거절할 수 있습니다. 게다가 사회적 약자를 먼저 생각해야 하는 공보험이 아니라 사적 자치와 계약 자유의 원칙이 작동하는 사보험입니다. 영리가 목적인 보험회사로서는 계약 상대방을 선택할 자유가 있고, 심사 기준에 따라 계약을 체결하지 않을 권리도 있습니다. 그런 보험회사에 장애인 보험 가입 의무를 강제하기는 어렵습니다.

하지만 법은 사보험업자의 자유와 권리를 존중하는 만큼이나 합리적 사유 없이 장애와 장애인을 차별하는 행위도 금지하고 있습니다. 관련법들은 보험회사가 금융상품과 서비스를 제공할 때 정당한 사유 없이 장애인을 배제하거나 분리하고 거부하는 행위를 금지하고 있고(장애인차별금지 및 권리구제 등에 관한 법률 제17조), 보험계약을 체결하고 모집하는 사람은 정당한 이유 없이 장애인의 보험 가입을 거부해서는 안 된다고 명시하고 있습니다(보험업법 제97조 제1항 제10호). 또한 장애와 질병 그리고 노령 혹은 기타의 사유로 생활 능력이 없는 국민은 법률에 따라 국가의 보호를 받는다고 명시돼 있습니다(헌법 제34조 제5항). 이 조항들의 의미는 명백합니다. 국가는 단순히 형식적으로만 약자의 평등을 보장하는 게 아니라, 약자가 기본권을 실질적으로 행사하는 평등한 주체가 되도록 적극적으로 보호하겠다는 것입니다.

보험 가입의 어려움은 장애인만의 일도 아닙니다. 2013년 1월, 용인시의 어느 공원 주차장에서 희귀병 장애아를 둔 일가족이 숨진 채 발견됐습니다. 어린 아들은 태어날 때부터 척수와 방광이 붙어 있는 '지방척수 수막류'란 희귀병을 앓았습니다. 아이는 스스로 소변을 볼 수 없어서 엄마가 매일 아이의 학교로 찾아가 오줌 누는 일을 거들어야 했습니다. 잠깐 의료비 지원을 받기도 했지만 아빠가 다시 일을 시작하면서 지원이 끊긴 상태였습니다.

발견된 짧은 유서에는 '최선을 다해 키웠는데 너무 힘이 든다. 아이를 데리고 간다. 죄송합니다. 고맙습니다'라고 적혀 있었습니다.[40] 가족이 짊어져야 하는 정신적, 경제적 부담이 얼마나 컸을지 저로서는 짐작도 못 하겠습니다.

이 나라에는 현재 50만 명의 희귀난치성 환자가 있지만 희귀병 역시 보험 가입이 안 되고, 가입된다 해도 보험 적용이 안 되는 수입 약제에 의존해야 해서 경제적으로 곤란을 겪는 실정입니다. 재생불량성 빈혈이라는 흔치 않은 질환을 가지고 있는 20대 여성은 "제 명줄은 오로지 국가에 달려 있다"는 한마디로 약자를 보호해야 하는 국가의 의무를 설명했습니다.

"아마 보험약관마다 다르겠지만 제 경우는 골수이식 받고 5년이 지나야 실비든 뭐든 가입이 된다더군요. 저는 언제 이식수술을 할지 모르고 완치된다는 보장도 없으니 어떤 보험도 가입 못 해요. 지난번 수술받고 나서도 민간의료보험은 하나도 가입 못 했어요. 환우회 카페에 올라오는 글들을 보니까 보험 관련해서는 저는 아예 해당사항이 없더라고요. 그래서 시도도 안 해 봤어요. 엄마는 이렇게 될 줄 알았으면 미리 들어 놓는 건데 잘못했다고 그러시죠. 그래서 제가 그랬어요. 그때 들었어도 해약됐을 테니 마음 쓸 거 없다고. 건강은 (자본주의 속성인)민간보험에 맡겨 놓으면 안 돼요. 공공성을 높이려면 건강보험을 확충해야 해요. 정부가 입원료를 높인다는 뉴스가 나오면 제 입장에서는 덜컥 겁부터 나요. 저는 민간보험이 없으니 상급 병실, 특진비 모두 감당할 수 없거든요. 저희처럼 아픈 사람들은 각종 건강 관련 사이트를 링크해 두고 수시로 보면서 의료 뉴스를 수집해요. 저한테는 민감한 주제거든요. 제 명줄은 오로지 국민건강보험

에 달렸어요." (여, 20대, 재생불량성빈혈)

보험 가입 차별 사례가 끊이지 않으니 차별을 전담 조사하는 인권위는 10여 년 전부터 보험차별 사례들을 모아 유형을 정리하고 금융감독원, 보건복지부, 국민건강보험공단에게 「보험업법」을 개정하고 장애 관련 공통계약심사 기준을 개선하라고 여러 차례 권고했습니다.[41] 그 흐름에 힘이 실리면서 「장애인차별금지법」(2007)에는 장애인 보험차별을 금지하는 근거 조항을 만들었고, 2010년에 개정된 「보험업법」에도 장애인 보험 가입 거부 금지를 표명하고 있습니다. 그러나 앞에서 소개한 것처럼 보험차별은 여전합니다.

보험회사는 장애인 보험 가입을 심사할 때는 단지 장애 유형만을 살필 게 아니라 보험대상자의 장애 정도, 상태, 원인, 현재의 건강 상태를 구체적으로 검토해야 합니다. 대부분의 보험회사들은 「상법」에 명시된 '15세 미만인 자, 심신상실자 또는 심신박약자의 사망을 보험사고로 한 보험계약은 무효로 한다'는 조항을 근거로 장애를 심신상실자나 심신박약자로 해석해 보험 가입을 거부해 왔습니다.[42] '심신상실자', '심신박약자'라는 용어는 법률 용어로 적합하지 않은 추상적 개념인 데다 판단도 보험회사가 자의적으로 할 수밖에 없고, 이 조항을 빌미로 정신장애인의 보험 가입 자체를 제한해 왔기 때문에 피해자가 더는 발생하지 않도록 해당 조항을 삭제해야 한다고 이미 여러 차례 권고[43]했지만 장애인이라서 보험 가입을 거절당했다는 차별 상담은 끊이지 않습니다.

장애인은 수명이 짧을 테니 생명보험은 안 되고, 불이 나면 빠져나

오기 힘들 테니 화재보험도 안 되고, 질병에 취약할 테니 의료실비보험도 안 된다는 교육을 받고 나서야 보험의 문제점과 실상을 알게 되었다는 한 상담원은, 보험료가 없어서 보험을 들지 못하는 것 외에 다른 이유는 상상해 보지 못했는데 자신을 비롯한 비장애인들은 보험 가입 때문에 애를 먹은 적이 그다지 없었다는 사실을 새삼스럽게 깨달았다고 합니다.

장애인 보험차별 사례를 모으다 그 양과 차별의 수위에 화가 난 제가 분을 참지 못하고 시각장애가 있는 친구에게 전화를 걸어 한참을 성토했습니다. 다 듣고 난 그의 반응은 한마디로 시큰둥했습니다. "(장애인은 보험 가입 안 된다는 걸)이제 알았어? 분노하는 걸 보니 네가 비장애인이 맞구나. 장애인을 거부하는 곳이 너무 많다 보니 그 정도는 지엽적이라 잊고 있었어"라는 겁니다. 그러면서 그는 장애인 거부에는 등급의 문제가 크다고 말했습니다.

과연 보험회사가 장애인 보험 가입을 거절하는 밑바탕엔 **장애인의 등급**이 있었습니다. 장애등급이 개인의 장애 정도, 원인, 건강 상태, 환경과 조건 등을 정확히 대변할 수 없지만 보통 장애인등록상의 등급이 높으면 보험회사는 기계적으로 보험 인수를 거절해 오고 있었습니다.

장애등급제 폐지에 관심을 갖게 되면서 저는 고故 송국현 씨를 알게 됐습니다. 지인들에게 전해 들은, 그리고 그를 소개한 기사들을 보고 난 후 떠오른 단상들을 주워섬겨 저는 무례함을 무릅쓰고 그가 되어 보기로 했습니다. 제가 그라고 상정하고 세상을 보니 세상은 더없이 무서워서 제 몸은 한없이 아래로 가라앉았습니다.

안녕하세요, 저는 몸에 등급이 매겨진 송국현입니다.[44]

> 불이 났습니다.
> 불길이 덮쳐 오는데 몸을 움직일 수가 없습니다.
> 20미터도 안 되는 저 출입문 쪽으로 일어나 걷질 못합니다.
> 나는 결국 죽겠지요.

제 이야기 좀 들어 보시겠습니까.

장애가 있는 나는 장애인이라서, 장애인으로 죽었습니다. 한평생 장애에 갇혀 살았으니 죽을 때가 온다면 나이 들어 노환으로, 아니면 차라리 사고로, 남들은 거부할지라도 암으로 죽었으면 싶던 때도 있었습니다.

지난 대선에 나온 후보들께선 한 분도 빠짐없이 약속하셨습니다. 장애인인 제 몸에 매겨진 등급, 그러니까 몸에 묶인 족쇄를 풀어 주겠다고 말입니다. 중증장애인에게는 하루 24시간 활동지원도 보장하겠다고 하셨습니다. 기뻤습니다. 정치인들의 허허로운 약속이야 익히 보고 들어 왔지만 이번엔 여자대통령이시기에, 그분은 아버지처럼 신념이 굳건하시다기에 정말 그럴 줄 알았습니다.

제 나이 53세입니다. 이제 죽었으니 나이를 더 먹진 못합니다. 반세기 조금 넘게 살았으니 저는 나쁘지 않았던 걸까요. 제가 죽기 하루 전에 거대한 배가 이제 겨우 10대인 아이들을 모조리 삼켜 버린 일도 있었으니 말입니다. 타인의 더 큰 불행 앞에서만 안도의 한숨을 쉬는 나날을 살아왔습니다. 사람들이 조용히 숨을 몰아 내쉬고 있다면 그런 이유겠지요. 그래도 나는 좀 낫구나, 하는 마음.

저는 삶의 절반인 27년을 장애인 시설에서 보냈습니다. 장애인인권단체의 도움을 받아 비교적 최근에야 시설에서 나올 수 있었습니다. 사람들은 이것을 두고 '탈 시설'이라고 부릅니다. 시설에서 나온 것만으로도 정말 좋았습니다. 어떤 비유가 적절할까요. 똥밭을 굴러도 저승보다는 이승이 낫다는 표현 정도일까요. 시설은 정말이지 사람 살 곳이 못 됩니다. 하지만 시설을 나와 혼자 살기도 만만치는 않았습니다. 몸이 말을 듣지 않았기 때문입니다.

저에게도 활동보조서비스가 가능한지 공무원 선생님에게 물었더니 제가 뇌병변 '5급'에 언어장애 '3급', 도합 종합장애인 '3급'이라 안 된다고 했습니다. 거절의 요지로 공무원 선생님이 써서 건네준 글을 읽어 보겠습니다.

"제출된 서류상 2012년 3월 판정 후 악화 소견 확인되지 않는 점, 치료 경과 등을 고려할 때 뇌의 기질적 병변으로 인한 팔다리의 기능 저하는 보행과 대부분의 일상생활 동작을 타인의 도움 없이 자신이 수행하나 완벽하게 수행하지 못하는 상태로……."

한마디로 '끗'이 낮아 서비스 대상이 아니라는 겁니다. 1, 2급들이 앞에 줄을 서서 기다리고 있으니 언감생심이라는 것입니다. 뭐, 그간 등급을 기준으로 혜택을 주었으니 아주 터무니없는 거절은 아니었습니다. 하지만 그보다 공무원 선생님들의 장애인을 향한 불신이 더 크고도 깊다는 인상을 받는 건 왜일까요.

2010년 당시 정부는 복지예산을 갉아먹는 '가짜 장애인', '복지 부정 수급'을 잡겠다며 장애등급 심사를 대대적으로 실시했습니다. 이때 장애인 세 명 중 한 명은 등급 하락의 날벼락을 맞았습니다. 이게 저희들에게 왜 벼락이냐면, 등급에 따라 복지 내용이 달라지기 때문입니다. 어제까지 주던 걸 오늘부터 안 주는 겁니다. 줬다가 뺏는 겁니다.

정부는 장애가 더 심한 사람에게 서비스를 주기 위한 것이라고 했지만 몸에 맞춘 등급이 아니라 예산 타령하는 돈에 맞춘 등급이라는 걸 모르는 사람은 없습니다. 하지만 그 등급으로는 절대로 우리를 '읽을 수' 없습니다. 등급을 매기는 사람들이 보기엔 아무것도 아니지만, 실은 우리의 일상이 어떤 건지 잘 몰라서 그러는 겁니다. 이번엔 제가 올린 상소문을 읽어 보겠습니다.

"저는 밥통에 쌀을 씻어 통을 들어야 하는데 팔의 힘이 없습니다. 혼자서는 목욕, 빨래, 양치질을 할 수 없습니다. 물건을 사는데도 혼자서 할 수 없고, 사람들에게 부딪치면 넘어지기 일쑤입니다."

글로도 쓴 이런 사정을 좀 들어 주십사 하고 몇 번이고, 몇 번이고 공무원 선생님들이 일하시는 센터에 찾아갔습니다. 하지만 매번 신청은 받아들여지지 않았습니다. 그런 어느 날 저를 돕겠다고 함께 간 동료들과 제게 선생님들은 어떻게 하셨습니까. 우리를 들어오지도 못하게 하고, 건물 로비에 간이탁자와 의자를 두고는 남들이 보는 앞에서 우리의 장애를 다 드러내 보라고 했습니다. 그때 우리의 몸이 파르르

떨렸습니다. 얼른 그 자리를 떠났어야 했는데 수치심과 참담함에 구겨진 몸이 얼른 펴지지 않아 한동안 움직이지 못했습니다.

우리 중 누군가 소리쳤습니다. "대통령 선거공약 기억나세요? 지금 대통령이 되신 분께서 장애등급제를 폐지하겠다고 하셨어요. 왜 약속을 지키지 않는 겁니까."

공무원 선생님이 냉담한 표정을 짓습니다. 그 얼굴에는 어떤 항변이 담겨 있습니다. '그걸, 왜 나한테 묻습니까? 내가 대통령이라도 됩니까? 그 약속을 내가 했습니까? 그러게 시설에 계속 있지 뭐 하러 자립시설로 나와서 화를 부릅니까? 거기 있었으면 죽지는 않을 거 아닙니까.'

이번엔 제가 악에 받쳐서 소리칩니다. "어차피 시설에서 죽으나 나와서 죽으나 똑같지 않습니까. 당신 같은 사람에겐, 우리 같은 사람들이."

이런 지리멸렬한 일이 처음이기야 하겠습니까. 우리는 스스로를 다독여 일단 철수했습니다. 긴 싸움이 기다리고 있었으니까요. 하지만 저는 다시 그 로비로 돌아가지 못했습니다. 사흘 뒤 제가 사는 집에 불이 났기 때문입니다. 그때 바로 죽었으면 좋았을 텐데 저는 3도 화상을 입었고 배와 등 일부를 제외하고는 얼굴과 가슴, 팔, 다리에 칭칭 붕대를 감아야 했습니다.

나중에 장례를 치르려고 붕대를 풀어 보니 제 얼굴이 까맣게 탔더랍니다. (불)빛에 그을린 까닭이겠죠. 며칠간 화상전문병원에서 치료를 받았습니다. 짓무른 피부마다 세포들이 아프다고 몸서리를 쳤습니다. 저는 세포들의 절규를 오래 듣고 있었습니다.

장애인단체에서 일하는 제 동료들은 제가 죽고 난 뒤 저를 얼른 땅에 묻지도 못했습니다. 동료들은 제가 활동보조서비스를 받았다면 불을 피할 수 있었을 것인데 그걸 안 해 줘서 이리 죽었으니 사과하고 재발 방지 대책을 세우라고, 공무원 선생님들이 잘 쓰시는 표현인 '떼'를 썼습니다. 저야 뭐, 상관없었습니다. 어차피 죽은 목숨 아닙니까. 살아서 잘 쓰이지 못한 육신, 죽어서 발언의 도구가 된다면 고마운 일이지요. 동료들이 하도 어린애 조르듯 하니 난감하셨던지 복지부장관께서, 높으신 분들이 늘 하시는 그 '유감'을 '표'하고 제 동료들이 원하는 바를 들어주겠다고 약속하셨답니다. 공약 위로 또 한번 공空약이 얹혔습니다.

동료들은 그제야 제 영정 사진을 걸어 두고 장례를 치렀습니다. 살아생전 저와 이야기 나누기를 즐겼던 후배는 이렇게 울먹였습니다. "믿을 수 없는 얘기를 들었어. 형 집에 불이 났다고… 우리에게 불이 어떤 건지 우린 다들 알지……."

죽어 버린 나를 보겠다고 사람들이 3백 명이나 와 주었습니다. 놀라운 일입니다. 기뻐해야 하는데 얼굴 근육이 움직이지 않습니다. 사람들은 나를 태운 운구차를 따라 광화문광장까지 검은 띠를 두른 제 사진을 안고 걸었습니다. 휠체어를 탄 동료들은 여기저기서 흐느꼈고 행진은 다른 집회에 비해 더뎠습니다. 느리게 지나며 울음을 터뜨리니 바삐 걸어가던 사람들이 우리를 힐끗힐끗 보았습니다.

광화문광장에서 제가 누울 벽제 화장터로 가려면 횡단보도를 건너야 했는데, 건너편에서 우리를 반겨 주려고 기다리는 한 무리의 사람들이 보였습니다. 푸르스름한 제복에 야광색 띠를 엑스 자로 두르고 허리춤에 막대 곤봉을 찬 사람들이었습니다. 우리 일행 중 누군가 무슨 용무냐고 물으니 (우리가)도로를 점거할까 봐 그런다고 했습니다. 이 모든 꿈같은 일이 '벌써 1년 전(2014. 4. 15)' 일이랍니다.

여러분! 여러분은 "잊지 않고" 저를 기억하실 수 있겠습니까.

고 송국현 씨 1주기 추모식 때 영정사진 대신 놓였던 고인의 초상화. 앞에 동료들의 편지가 놓여 있다.
사진 제공 : 장애인언론 〈비마이너〉 www.beminor.com

6. 병(휴)가 거부

아파도 쉴 수 없다

아픈 게 티 나면 안 되는, 모두가 건강하다는 전제가
당연한 한국의 노동실태를 보며
인터뷰에 등장하는 외국인은 이렇게 질문했다고 해요.
"왜 한국 사람들은 아프면 일을 그만둡니까?"
— 『아플 수 있잖아』, 한국여성민우회

얼마 전 직장 건강검진을 마친 은숙(가명, 34세) 씨 앞으로 검진 결과지가 날아왔습니다. 은숙 씨는 깜짝 놀랐습니다. 갑상선에 작은 결절이 생겼는데 암을 의심해 볼 수도 있으니 검사를 더 받아 보길 권한다는 내용이 적혀 있었기 때문입니다. 은숙 씨는 당장 조직검사를 받았습니다. 의사는 아무래도 암일 가능성을 떨치기 어려우니 수술을 하자고 했습니다.

잔병치레 한번 해 본 적 없는데 암이라니. 그녀는 당황스러웠습니다. 의사가 갑상선암은 '착하고 순한 암'이라는 별명이 있을 정도로 암전한 데다 수술 뒤에도 금세 회복되니 걱정하지 말라고 했습니다. 착하고 순하다 해도 암은 암이지 않습니까. 정말 암이라면 혼자서 아이 둘을 키우는 은숙 씨는 당장 생계가 막막해지는 상황에 처하게 됩니다. 은숙 씨는 인터넷 창을 되는대로 열어 두고 각종 정보를 검색했습니다.

누구는 얼른 수술해서 완치를 도모하라고 하고, 또 다른 이는 갑상선 정도는 별 문제를 일으키지 않는 암인데 유독 우리나라에서만 과도하게 암으로 진단해 불필요한 수술을 권하니 당사자가 거부해야 한다고 했습니다. 갑상선을 떼어 내면 갑상선 기능이 저하되면서 평생 호르몬 조절에 애를 먹는다는 것입니다. 어떤 정보에 기대야 할지 은숙 씨는 갈피를 잡기가 어려웠습니다.

그래도 믿을 건 의사밖에 없다는 생각에 그녀는 수술하기로 마음먹었습니다. 갑상선을 모두 들어내는 '전절제'를 받은 겁니다. 문제는 그때부터 시작됐습니다. 전에 없이 사지가 부들부들 떨리고 잠을 이루지 못했습니다. 직장에 짧은 병가를 내고 요양했지만 몸 상태는 호전되지 않았습니다. 입맛도 사라져 밥 생각도 없었습니다. 하지만 매일 약을 먹어야 하니 억지로 몇 술 밀어 넣었습니다. 의사에게 증상을 호소했지만 환자에 따라 예후가 다르니 지켜보자고만 했습니다.

은숙 씨는 다시 인터넷 동호회 방을 찾았습니다. 이런 후유증을 자신만 겪는 것인지 궁금했기 때문입니다.

— 기운이 빠지고 힘들겠지만 수술 뒤 멀쩡하면 그게 이상한 거 아닌가요.
— 모든 병의 완치는 마음먹기에 달렸으니 이제부터는 삶의 태도를 바꿔 보세요.
— 저도 같은 수술을 받았지만 10년째 건강하답니다,

— 평생 호르몬제를 먹어야 한다는 게 스트레스겠지만 매일같이 혈압약, 당뇨약 먹는 사람들도 있지 않습니까, 비타민제 먹는다고 생각하고 이겨 내세요.

대체로 좋아질 터이니 참고 기다려 보라는 답변이었습니다. 은숙 씨는 이번에는 경험자들을 믿기로 했습니다. 아침마다 스스로를 다독이며 출근했습니다. 어린 아들 둘도 엄마가 아프다며 착하게 굴었습니다. 좋은 쪽으로 마음을 바꿔 먹었으니 나아지려니 했습니다.

하지만 시간이 지나도 몸의 떨림이 사라지지 않았습니다. 탈모도 생겼습니다. 우울했습니다. 호르몬제에 더해 몇 가지 약을 더 먹으면서 은숙 씨는 총기도 잃어 가는 듯했습니다. 여행사에서 10년 넘게 일해 온 은숙 씨는 이 분야의 전문가지만 자꾸만 날짜며 시간을 까먹었습니다. 여행 확정일자를 잊어버리고 고객에게 보내야 할 확답 메일을 놓쳤습니다. 의사에게 부작용을 다시 얘기했지만 의사는 갑상선 수술 후에 기억력 감퇴가 보고된 일은 없다며 은숙 씨가 과도한 불평을 한다고 나무랐습니다. 그러면서 일을 좀 쉬는 게 어떻겠냐고 했습니다.

은숙 씨는 다만 며칠이라도 그래 볼까 하는 마음에 관리부장에게 말을 꺼냈지만 부장은 여차하면 사직부터 권하는 분위기이니 말도 꺼내지 말라고 조심스럽게 말했습니다. 아픈 몸도 몸이지만 심리적으로 더 힘들었습니다. 은숙 씨는 동료에게 하소연하고 싶어졌습니다. "당신 아플 때 내가 좀 더 일할 테니, 지금은 내 일 좀 덜어 줘." 그렇게 농담 같은 진담을 터놓을 수 있다면 좋겠지만 주변을 둘러봐도 그녀의 형편을 봐줄 만한 사람은 없었습니다.

많은 직장인들이 자신 혹은 가족의 질환을 직장에 알리길 저어하고 병가나 휴가를 쓸 엄두를 못 내는 이유로 '내게 편견을 갖게 될까 두려워', '직장을 잃거나 정리해고 대상이 될 수 있기 때문에', '불이익을 받거나 급여가 줄까 봐'를 꼽았습니다. 직장에 알리지 않으면 혼자 처리해야 하는 부담이 커지고 제때 치료를 받지 못하니 증상은 악화되지만 차라리 입을 다물고 맙니다. 잠시 동정은 얻을지 몰라도 이내 불편한 시선을 감수해야 하고, 달라지는 건 어차피 없을 것이기 때문입니다.

건강에는 사회적 차등이 따릅니다. 아니, 건강만큼 차등이 도드라지는 영역도 드뭅니다. 삶에 대해 얼마만큼의 권한과 통제력을 갖느냐에 따라 개인의 자율성의 크기가 달라집니다. 가진 것이 무엇이든 운용할 만해야 정치와 같은 사회참여도 가능합니다. 노동 안에 삶과 밥이 있지만, 어떤 노동에는 질병과 죽음이 도사리고 있습니다.

일용직 노동자의 상황이 이를 말해 줍니다. 그들에게 건강진단은 두려움 자체입니다. 공사장에서 매일 몸으로 일하는 50대 남자는 "우리는 어떻게 된 게 판정만 받았다 하면 (암)말기예요. 이유가 없진 않죠. 말기가 아니고서는 절대 병원이란 곳에는 얼씬도 안 하니까. 안 하고 싶어서가 아니라 못 해요"라고 했습니다. 이렇게 말할 수밖에 없는 그의 속은 쓰립니다. 하루를 마감하는 저녁 자리에 허허로움을 달래 줄 저렴한 술이 빠지지 않는 이유입니다.

이렇게 '절대 빈곤'인 사람들은 당장 아프지 않다면 건강을 지키려는 노력이나 투자를 사치라 여깁니다. 병은 사회적으로 영향력 있는 '고관대작'들이 걸려야 한다고 그는 힘주어 말했습니다. 돈 있고 힘 있는 사람들은 "자신의 경험을 뚝딱 먹어 버리지 않으니" 정치인 같으면 관련법을 만들고, 재산가 같으면 병원이나 시설을 지으려 한다는 거지요. 고개가 끄덕여지는데 이어지는 말 속엔 뼈가 들어 있었습니다. "하지만 그런 사람들은 여간해서는 아프지 않아요. 평소에 늘 부족함 없는 환경에서 사니까. 이게 또 억울한 거예요."

『사회적 지위가 건강과 수명을 결정한다』라는 책의 저자인 마이클 마멋Michael Marmot은 치료가 끝나고 사회로 돌아간 환자들이 얼마 못 가 병원으로 다시 돌아오는 걸 자주 보았습니다. 그는 그들이 왜 자꾸만 돌아오는지 유심히 살피다가 병이 재발하는 데는 사회적 요인이 크다는 걸 알았습니다. 사회 속의 개인이 얼마나 공평한 분배구조 안에서, 얼마나 많은 삶의 선택지를 갖고 사회참여를 하느냐에 따라 건강의 질은 달라졌습니다. 건강과 사회적 불평등은 톱니바퀴처럼 맞물려 있고 가난과 질병은 한집에 사는 불편한 동거이기에, 영국에는 "가난이 당신을 처참하게 만든다는 것은 나쁜 소식이지만, 그런 상태로 오래 생존하지 않아도 된다는 것은 좋은 소식"이라는 잔인한 농담이 있을 정돕니다.

이 농담은 발터 벤야민Walter Benjamin이 어린 시절 고민했다던 의문에 맞닿아 있습니다. 그는 『1900년경 베를린의 유년시절』(1932)에서 "내 나이 또래 부잣집 아이들은 가난한 사람들은 다 거지라고 생각했다. 그런데 나는 나중에 가난이란 자신의 노동에 대해 형편없는 대가를 받은 치욕이라는 생각이 떠올랐다. 이것이야말로 인식의 커다란 진보였다"라고 회고했습니다.

성별, 교육 수준, 직업이 사회적 지위와 계층에 영향을 미치고 소득이 곧 사회적 지위인 사회에서 소득은 곧 존재에 대한 평가입니다. 가장이 벌어 오는 액수가 바로 시장이 그를 평가한 값입니다. 그래서 소득이 낮은 사람은 자식 볼 낯이 없다고 여깁니다. 인간다운 삶을 누리려면 순간이 아닌 미래를 준비할 수 있어야 하고, 장기적인 계획을 세울 내일이 있어야 합니다. 그렇지 않다면 사람은 당장 '하지 말아야 할 것'과 '피해야 할 것들'에만 급급하게 됩니다. 미래를 꿈꿀 여유도 없거니와, 있다 해도 꿈의 크기와 종류에 스스로 제한을 둡니다. 그런 이유로 가난은 반드시 인권을 침해합니다.

대통령 재임 기간 8년 동안 브라질에 십수만 개의 일자리를 창출하고 3천만 명 가까이를 중산층으로 끌어올린 금속노동자 출신 룰라Lula da Silva는 "나의 꿈과 희망은 서민의 영혼과 가난에서 나왔다. 가난한 사람들에게 희망을 주는 게 모든 정책의 최우선이다"라고 했습니다. 가난은 반드시 건강을 침해하고 질병의 대부분은 최전선에서 가난한 사람들이 짊어지고 갑니다. 가난은 불평등을 낳고, 불평등은 사회적 소외를 낳으며, 소외는 건강 악화를 낳고, 결국 더 심각한 가난을 불러올 뿐입니다. 건강하지 못한 상태가 가난의 원인이자 결과가 되고 마는 이 악순환의 고리를 끊지 못한다면 가난한 사람들은 점점 더 질병과 장애에 취약해질 수밖에 없습니다.

기아와 빈곤 경제학의 틀을 확립했다고 평가받는 경제학자 아마티아 센Amartya Sen은 『자유로서의 발전Development as Freedom』에서 "경제와 사회의 성공은 사회 구성원의 삶과 분리될 수 없으며, 건강과 경제적인 번영은 서로를 뒷받침하는 경향이 있다"고 했습니다. 즉 건강한 국민이 더 쉽게 돈을 벌 수 있고, 더 많은 소득을 올리는 사람이 더 쉽게 치료받으며, 더 건강한 삶을 살 수 있다는 것입니다. '모든 이들의 도달 가능한 최고 수준의 신체적, 정신적 건강을 향유할 권리에 관한 유엔특별보고관' 역시 가난한 사람들이 가난으로부터 벗어나는 데 필요한 능력을 기르고 유지하기 위해서는 건강이 가장 중요하다고 했습니다. 양호한 건강은 지속가능한 개발의 결과물일 뿐만 아니라 개발을 이루기 위한 조건이라는 것입니다.

당신에게는 '내일'이 있습니까

〈내일을 위한 시간Deux Jours, Une nuit〉(2015)은 당신에게 진정한 내일(미래)이 있는지를 묻는 영화입니다. 질문은 서늘하고 답을 찾아가는 과정은 지난하지만 스토리는 간명합니다.

공장에 다녔던 산드라는 우울증으로 잠시 병가 휴직 후 주말이 지나면 직장으로 돌아갈 예정입니다. 그런데 직장 동료로부터 한 통의 전화를 받습니다. 사장이 반장을 시켜 16명의 동료에게 산드라 해고에 동의하면 보너스 1천 유로를 주겠다며 찬반투표를 실시했는데, 그녀를 해고하는 쪽으로 표가 쏠렸다는 것입니다. 회사 경영 상태가 좋지 않다는 게 이유인데, 산드라의 우울증도 해고에 영향을 미쳤다는 건 영화를 보는 누구라도 알 수 있습니다. 전화를 건 동료는 반장이 동료들에게 "해고 쪽으로 투표하지 않으면 다음엔 당신 차례가 될 수 있다"는 암시를 준 상태에서 치러진 투표라 공정하지 않았다고 회사에 항의했습니다(당신에게는 이런 친구 있습니까).

해고될 위기에 처한 산드라에겐 두 가지의 절박한 과제가 주어집니다. 첫째, 공정하지 못했던 투표를 철회시킬 재투표의 기회를 얻어야 합니다. 둘째, 주말 동안 동료들을 찾아다니며 보너스가 아닌 자신에게 표를 달라고 부탁해야 합니다. 최소한 9명이 그녀에게 표를 주어야만 그녀는 일터로 돌아갈 수 있습니다.

산드라는 자신이 부재한 상태에서 복직(사람)이 아닌 보너스(돈)를 택한 사람들, 즉 자신을 버린 동료들에게 받은 상처로 피 흘리는 내면을 감춘 채 집집마다 찾아다니며 설득해야 하는 현실 앞에서 울고 싶습니다. 그러나 동료들을 설득하라고 강하게 부추기는 남편, 갚아야 할 대출금, 학교에 다니는 자녀들이 그녀를 짓누릅니다. 그녀는 걷고 또 걸어 동료들의 집을 방문합니다. 얼굴을 마주할 용기가 없어 그녀를 피하는 이가 있는가 하면, 미안하다며 울음을 터뜨리는 이가 있습니다. 보너스 쓸 곳이 이미 정해져 있어 안 되겠다고 차갑게 말하는 이가 있는가 하면 "과반수가 널 지지하면 내겐 재앙이겠지만 그래도 그러길 바라"라고 말해 주는 이도 있습니다.

영화를 보다 보면 우리는 인간성을 저버릴 선택의 순간이 내게만은 오지 않기를 간절히 기도하게 됩니다. 누구라도 이해당사자가 아닐 때는 너그러울 수 있지만, 자신의 문제가 되어도 그러할지는 장담할 수 없기 때문입니다.

영화는 고용과 해고가 거대한 자본주의 사회구조의 문제라고 따지거나 성토할 의도가 없습니다. 이 전제는 이미 영화 속 배경으로 존재하고, 보다 근본적으로는 타인의 절박한 얼굴(호소)을 정말로 외면할 거냐는 진짜 물음을 관객인 우리들에게 던집니다. 이것이 산드라가 수고스럽게 집집마다 찾아다니며 발품을 팔아야 하는 이유입니다.

물론 산드라도 알고 있습니다. 거절할 수밖에 없는 동료의 형편, 즉 밥그릇의 절박함은 누구에게나 다르지 않고 그래서 상대를 원망할 수 없다는 것을. 동료와 자신의 입장이 바뀌었다면 자신은 과연 다른 선택(동료의 복직)을 했을까 딜레마에 빠지는 순간도 있지만, 영화의 엔딩에서 그녀는 경험칙을 통한 눈부신 도약을 보여 줍니다.

영화가 현실을 반영하는지 현실이 영화를 모방하는지 경계가 모호할 만큼 영화 같은 일들이 현실에서 자주 일어납니다. 지난겨울 저는 소집단으로 구성된 학부모 인권교육을 갔다가 아들과 단둘이 산다는 40대 후반의 여성 영희(가명) 씨를 만났습니다. 수업이 끝날 무렵 그분은 제게 다가와 초등학교 5학년 아들 이야기를 털어놓기 시작했습니다.

어느 날 아들의 선생님이 그녀를 교무실로 불렀습니다. 아이가 반 아이들과 툭하면 싸운다면서, 학교 상담실에서 돌보기에는 한계가 있으니 학교 밖에서 상담을 받아 보기를 권했습니다. 그녀는 사설 상담소를 알아봤지만 혼자서 버는 형편에 매주 치러야 하는 상담료를 감당하기 어려워 알음알음으로 교회에서 운영하는 무료 상담실을 찾았습니다. 교회 선생님은 아이가 불안해하고 잠시도 집중을 못 하는 걸로 보아 요즘 아이들에게 흔히 있는 '과잉행동 및 주의력결핍장애(ADHD)' 같으니 정신과를 찾아가 정확한 진단을 받아 보라고 권했습니다. 구체적인 '진단명'까지 듣고 보니 정신과에 가지 않을 도리가 없었습니다.

몇 가지 심리검사가 이어졌습니다. 검사를 주관한 치료사는 그녀에게 자못 심각한 얼굴로 아이가 오랫동안 힘든 일을 겪어 온 것 같은데 혹시 알고 있었는지 물었습니다. 영문을 몰라 하는 엄마에게 치료사는 아이가 반 아이들로부터 지속적인 괴롭힘과 폭행을 당해 왔다고 말했습니다. 엄마가 아이의 옷을 벗겨 보니 과연 등이며 허벅지에 멍자욱이 선명했습니다. 무슨 이유로 때린 건지 물으니, 뚱뚱하고 느리다는 이유로 반 친구들에게 자주 맞았다는 겁니다.

엄마는 아이에게 말할 수 없이 미안했습니다. 일하느라 바빠 끼니를 제때 챙겨 주지 못하니 아이는 혼자서 인스턴트 음식을 주로 먹었습니다. 라면이며 햄버거, 빵, 염분이 가득한 음식에 탄산음료는 말할 것도 없고 여의치 않으면 건너뛰기도 했습니다. 굶었다가 먹는 날엔 폭식도 했습니다. 아이는 2년 가까이 그렇게 지냈지만 안 먹는 것보다는 낫겠다는 생각에 그녀는 뭐라 하지 못했던 겁니다.

그러고 보니 아이는 언제부턴가 말도 더듬기 시작했습니다. 아이들이 뚱뚱하다고 놀리거나 어떤 식으로든 트집을 잡기 시작하면 온몸이 긴장되어 뻣뻣하게 굳고 말더듬증이 더 심해진다고 했습니다.

아이를 학교에 보내자면 결단해야 했습니다. 그녀는 망설임 끝에 담임선생님을 찾아가 아들이 폭행당해 온 사실을 알렸지만, 선생님은 오히려 사교성이 없어 반 친구들과 잘 어울리지 못하는 아들의 태도를 비난했습니다. 영희 씨는 관할 구 교육청에도 시정을 요구하는 민원을 넣었습니다. 이렇게 억울한 일들을 처리하느라 그녀는 낮 시간에 가끔 자리를 비우거나 휴가를 내야 했습니다.

시내에 소재한 은행 건물에서 환경미화원을 하는 그녀는 용역회사를 통해 고용된 터라 회사 눈치도 봐야 하는 형편이었습니다. 동료들에게 간식을 돌리면서 자리 비우는 일에 미안함을 표하고 일의 해결을 도모했지만 돌아온 결과는 참담했습니다. 학교장은 그녀가 괜한 일로 교육청에 민원을 넣어 학교를 곤란하게 만들었다며 학부모회의를 소집하고, 그녀의 아이가 현재 정신과 치료를 받고 있는데 엄마까지도 제정신이 아닌 것 같다며 회의석상에서 그녀를 궁지로 몰았습니다.

설상가상으로 그녀는 직장에서도 해고되었습니다. 억울하고 분한 마음에 제대로 잠을 이룰 수 없었지만 어디에도 하소연할 곳이 없어 눈물만 난다고 했습니다. 그녀는 감당하기 어려운 일련의 과정 속에서 누구의, 어떤 도움도 받지 못했습니다. 동료들로부터도 이해를 구할 수 없었습니다. 그야말로 고립무원의 외톨이가 된 느낌이었다고 합니다.

고단했을 그녀의 삶을 상상해 보니 다른, 그리고 많은 그녀들이 보입니다. 아니, 본 적이 있습니다. 병환 중인 부모님을 모시고 병원에 다니느라 자주 연가를 내던 동료, 신장이 좋지 않아서 정기적으로 투석을 받으러 병원에 다니던 동료, 보기엔 멀쩡해 보였는데 허리가 아프다며 병가를 자주 내던 동료…… 이들 혹은 가족이 아픈 내력, 부담해야 하는 각종 진료비, 병원을 다니며 느낄 무력감, 말로는 표현 못 하는 조직과 동료들에 대한 미안함까지 우리는 실상 아는 게 아무것도 없습니다.

그러니 때론 아파도 쉴 수 없는 난감함의 끝에는 죽음이 기다리고 있습니다. 2013년 여름, 충북의 한 초등학교에서 비정규직 노동자가 스스로 목을 맸습니다.[45] 그녀는 극심한 당뇨로 정상적인 근무가 어려워 학교를 그만두었습니다. 비정규직에게는 휴직 제도가 없었기 때문입니다. 그러나 뒤늦게 무급병가를 쓸 수 있음을 알고 퇴직 처분을 철회해 달라고 요청했지만 학교는 받아들이지 않았습니다. 그녀는 교육청으로 교육부로 청와대로 뛰어다녔지만 어디에서도 그녀의 호소를 들어주지 않았습니다.

비정규직은 정규직과 비교할 수 없을 정도로 병가와 휴직이 짧습니다. 교육기관의 정규직은 연간 60일의 유급병가에 봉급의 70%까지 지급되고 질병휴직도 1년간 보장받지만, 비정규직은 무급병가만 36일까지 가능할 뿐 유급병가는 아예 없습니다. 그녀는 고작 14일의 유급휴가만 썼을 뿐입니다. 학교에서는 그녀에게 무급병가를 쓸 수 있다는 정보도 알려 주지 않았습니다. 아픈 사람의 상황을 혼자서 풀어야 할 개인의 문제로만 돌리고 일시적이고 기능적인 해결만 꾀하려 하는 사회문화 속에서 우리는 수없이 많은 그녀들을 만나고, 만나면서도 결코 돕지 못할 것입니다.

질병은 내 몸에만 발현되는 증상이 아니라 몸을 가진 개인, 그 개인을 둘러싼 사회적 관계를 극명히 보여 주는 징표로서 작동합니다. 전선으로 연결된 작은 전구들에 일제히 불이 들어오듯 나와 연결돼 있는 관계의 실체가 고스란히 드러나게 만드는 질병, 병을 치료받을 경제적 여건이나 사회적 자원이라는 전구에 불이 들어오지 않을 때 본격적으로 위력을 발휘합니다. 따라서 질병을 앓는 사람은 개인이 아닙니다. 가족, 의료, 소득, 주거, 환경… 삶과 관련된 모든 요소들이 이제 막 그가 짊어진 질병이라는 가방 안에 담겨 옵니다. 사람은 몸속 가장 깊은 곳까지 사회적 관계로 얽혀 있는 까닭입니다.

어린 시절 저는 "형제들이 너무 차이 나지 않게, 고르게만 살아 줘도 고마운 일"이라는 어른들의 말씀을 자주 들었습니다. 그때는 무슨 말인가 싶더니 이제는 말뜻을 알아먹겠습니다. 가지 많은 나무에 바람 잘 날 없다는 옛말처럼, 누구는 별일 없이 평범하게 살지만 누구는 가난으로 곤란을 면치 못하고, 누구는 가난한 데다 몸까지 자주 아픕니다. 경제적으로 어지간히만 살면 해결되는 문제였을 테지만 그러질 못하니, 형편이 기울어 치료를 제때 받지 못하는 형제와 이웃을 위해 때로 사람들은 십시일반하기도 합니다.

그러나 곳간에서 인심 난다고 했던가요. 다른 이들도 넉넉하게 살지는 못하니 돕는 일도 자주 할 수는 없습니다. "긴 병에 효자 없다"는 속담도 같은 맥락이 아닐까요. 두 문장 안에는 더 도울 수 없는 안타까움과 사는 일의 버거움이 한데 녹아 있습니다. 달리 생각해 보면, 이제까지 가난과 질병은 고스란히 개인의 책임이었던 겁니다. 행여 이 책임이 가족에게 전가될까, 희귀질환에 걸린 한 여성은 이런 걱정을 털어놨습니다.

"부모님은 버겁다는 내색은 안 하시지만 저 혼자서는 생각이 많아졌죠. 처음 진단받았을 땐 지금 죽으면 의료비도 안 들고 가족한테도 짐을 안 지울 텐데 하는 생각도 했어요. 살아남는다는 게 환자에게는 버거워요. 이렇게 사는 게 더 안 좋을 수도 있으니까. 살고 죽는 건 내 뜻이 아니라는 생각에 희망을 갖고 힘내 보려 하지만, 기대가 배신당해 절망할까 봐 평정을 유지하기 힘들어요. 좋든 나쁘든 오는 대로 받아들여야겠다… 그런 마음가짐으로 치료해야지 싶다가도 '이런 마음가짐이 정말 중요해?' 갑자기 화가 나요. 이렇게 죽게 방치하는 사회에 대해 막 분노가 치솟기도 하고요." (여, 20대, 재생불량성빈혈)

아프고 나면 우리는 의료 전반에 부쩍 관심이 많아집니다. 그녀는 근대사회 통치성의 핵심은 '살게 하고 죽게 내버려 두는 권력'이라고 말한 프랑스 철학자 미셸 푸코Michel Foucault의 지적을 예로 들며, 특정 기준에 부합하는 신체는 살리고 그 외에는 죽거나 말거나 내버려 두는 권력의 부당함에 대해 분노했습니다.

"의료비를 충당하려고 환우회 카페를 뒤져 보니 제 병은 산정특례제도에 해당하고 저소득층 지원도 받아서 감면 혜택도 있었어요. 저는 아직까지 비급여가 많은 편이에요. 그런데 제출해야 할 까다로운 증빙자료가 엄청 많았어요. 부양가족동의서와 소득증명서를 포함해서 줄줄인데, 제가 대학교육까지 받고 서류작업에 익숙해서 그렇지 이걸 식당 일로 바쁜 저희 부모님이 써야 했다면 아마 포기했을 거예요. 생각해 봤죠. 하루 벌어 하루 살기 바쁜 저소득층 사람들이 병에 걸리면 꼼짝없이 당하겠구나. 정부가 나빠요. 세금 '뜯어갈 때'는 간편하게 고지서 한 장 날리면서 뭘 줄 때는 어마어마하게 까다롭게 굴죠." (위의 여성)

그녀의 말을 듣다 보니 늘 궁금하던 의문 하나가 풀리는 것 같습니다. 기초생활보장제도를 위시한 (긴급)지원 복지제도는 분명 존재하는데 왜 보장받았다는 사람들은 좀처럼 보이지 않을까 하는 의문 말입니다. 기억하실 겁니다. 복지 사각지대의 상징처럼 회자되던 '송파 세 모녀', 도저히 키울 여건이 안돼 아이를 살해하는 젊은 엄마, 더는 생활고와 수치를 버틸 수 없어 이제 그만 떠나겠다고 동반자살하는 노부부까지. 현실은 암울하기만 합니다.

그러나 주의 깊게 들여다보면 취약계층이 복지제도를 누리기엔 정보는 너무 멀리 있고, 사회관계망은 좁을뿐더러, 그녀 말마따나 당사자에겐 넘기 힘든 복잡하고 까다로운 신청서들(당사자 신청주의)이 기다리고 있습니다. 정부는 어떻게 하면 더 많은 사람이 복지의 대상이 되게 할 것인가를 고민하는 게 아니라 부정수급자를 한 명이라도 더 잡아내겠다는 처벌의 기세로 사람들의 기운을 꺾습니다. 그러니 정부가 국민의 세금으로 조성된 나랏돈을 주면서 까다롭고 치사하게 군다고 느낄 수밖에요.

보건복지부에 따르면 2015년 여름부터 의료급여 수급권자는 다음과 같은 요지의 내용이 담긴 통지서를 받게 된다고 합니다. "귀하께서 2015년 1월 1일~6월 30일까지 사용하신 총 진료비용은 ○○○원이며 이 중 정부(의료급여)에서 ○○○원을 지원하였습니다. 참고로 의료급여 수급권자 평균 진료비용은 ○○○원입니다. 특히 ○○○병에 대한 의료 이용량이 매우 높아 적절한 관리가 요구됩니다."

보건복지부는 이 알림서비스를 의료급여의 혜택을 많이 보게 될 대상자들에게 우선적으로 보내고, 이후 대상자를 확대할 방침이라고 합니다. 복지부는 "그동안 의료급여 수급권자들은 의료기관을 이용하면서도 의료급여를 통한 혜택 인식 미흡 및 스스로 건강관리에 취약점을 보이는 한계가 존재했다"며 "이로 인해 전체 진료비용 등 연간 의료서비스 이용 현황에 대해 알지 못해 의료서비스를 과다 이용할 유인이 있었고, 스스로 어떤 질병에 취약한지 알지 못해 해당 질병에 대한 예방 등에도 적극적이지 못한 측면이 있었"기 때문에 이 서비스(?)를 실시하겠다고 합니다.[46] 이를 보도한 기자는 "의료급여 수급권자의 경우 진료를 받은 후 본인이 부담해야 하는 진료비를 국가에서 세금으로 지원하고 있으니 불필요한 의료서비스 이용으로 세금이 낭비되지 않도록 조심하라는 의미"라고 분석했습니다. 의료전문가들의 의견도 다르지 않습니다. 이는 가난한 수급권자에 대한 명백한 차별입니다.

비非수급권자도 마찬가지입니다. 2015년 초, 건강보험 재정이 사상 최대의 흑자를 기록했지만 아파도 참고 진료를 꺼리는 사람들은 여전히 많습니다. 질병관리본부가 국민건강영양을 조사한 결과를 보면 아파서 병의원에 가고 싶어도 가지 못하는 사람 5명 중 1명은 돈이 없어서 병원에 못 간다고 했고, 국가인권위원회가 비수급 빈곤층을 대상으로 첫 실태조사를 해 본 결과도 비슷했습니다. 비수급 빈곤층의 소득수준은 최저생계비보다 낮지만 (그를 돌봐 줄)부양 의무자가 있다는 이유로 기초생활보장 수급권자가 되지 못해 빈곤계층이 되고, 이들에게 병원은 멀기만 합니다. 최근 1년간 돈이 없어 병원에 가지 못한 경험이 있는 비수급 빈곤층은 36.8%에 달했습니다.[47] 나라가 생색내며 주는 나랏돈 고맙게 쓰고 싶어도, 낙인찍힐 수급권자도 되지 못하는 형편입니다.

전망은 더욱 어둡습니다. 정부는 복지재정 효율화 방안을 내놓고 복지재정을 3조나 절감하겠다고 합니다.

이렇게 나열하고 보니 모든 사람의 건강health for all은 '몫이 없는 자'들에게는 언감생심일 뿐이라는 자괴감만 줍니다. 그러나 사회적 요인에 따라 간격이 클 수밖에 없는 계층간 격차를 줄여 나가려는 의지는 전적으로 국가의 '몫'입니다. 개인이 안정을 느끼면서 아플 순 없지만, 아픈 사람이 더는 불안해하지 않으면서 치료에 임할 수는 있어야 합니다.

모든 사람이 경제적 어려움 없이 기본적인 양질의 의료서비스를 받을 수 있는 체계를 갖추려면 보편적 의료보장제도로서의 건강보험 보장 수준을 높여야 합니다. 건강검진 기회를 가질 수 없다면 당연히 병원 문턱이 높을 것이고, 병원이 먼 곳에서는 질병을 조기에 발견하기 어려울 것이며, 발견해도 치료를 받지 않을 가능성이 높습니다. 두말할 필요 없이 노숙인, 미등록 이주노동자를 비롯한 사회경제적 취약계층이 가장 큰 피해를 볼 것입니다.

리처드 윌킨슨Richard G. Wilkinson은 『건강불평등 : 사회는 어떻게 죽이는가?』에서 선진국 중 기대수명이 긴 나라는 소득격차가 적은 평등한 나라이지 가장 부유한 나라가 아니라고 했습니다. 임금격차가 적은 지역일수록 타인을 믿을 수 있다고 느끼는 사람의 비율이 높다는 보고도 있습니다. 〈2015 더 나은 삶의 지수(Better life Index 2015)〉에 따르면 한국인은 각종 사회적 관계를 중시하지만 정작 어려울 때 의존할 수 있는 사람이 있다고 응답한 비율은 OECD 회원국 가운데 가장 낮게 나타났습니다.

낮은 생활수준은 그 자체가 문제라기보다 인간의 위엄과 존중에 대한 모욕으로 작동하기에 더 큰 문제입니다. 한 번 넘어진 사람은 결코 일어날 수 없는 사회가 아닌, 이웃이 건네는 손을 잡고 일어날 수 있는 사회가 믿을 수 있는 사회입니다. 그런 곳에서만이 우리는 '내일을 위한 시간'을 준비할 수 있습니다.

4

인권으로서의 건강

1. 의료전문가와 건강권

비록 질병이 비정상적인 장기나 조직의 이름으로 서술되기는 하지만,
질병은 궁극적으로 사람이 겪는 고통을 뜻하는 것이다.
— 로렌스 A 사벳, 『차가운 의학, 따뜻한 의사』

질병이 궁금한 의사, 사람이 궁금한 의사

1장에서 공황장애를 앓는 51세 남자 이야기를 들려드렸습니다. 그가 병명을 알지 못하고 괴로워하며 병원을 옮겨 다닐 때 의사들은 "증상이 뭡니까?"라는 한마디로 진료를 마쳤습니다. 약을 처방해 주긴 하는데, 남자는 '대체 나에 대한 어떤 정보를 가지고 약을 처방하는 걸까' 믿음이 가지 않아서 약을 먹고 싶지 않았습니다. 그는 실제로 약을 입에도 대지 않았답니다. 설마 그랬을 리는 없지만 그는 의사의 얼굴에서 '이거 쓰면 수가가 얼마나 떨어질까' 하는 메시지를 읽기도 했는데, 그때 자신이 상품으로 전락한 느낌을 받았다고 합니다.

응급실의 응대도 다르지 않았습니다. 극심한 복통에 심장이 심하게 뛰고 죽을 것 같은 두려움을 느껴 응급실로 달려갔지만 당시 의사

는 "응급실은 심장, 혈액, 뼈만 보는 곳이에요. 그 외에는 잡아낼 수 없어요"라고 무심하게 말했습니다. 자신이 멀쩡한 모습으로 왔다면 그럴 수도 있지만, 병원에 도착할 때 이미 복통으로 바닥에 주저앉고 몸이 떨려 모퉁이를 찾아 숨는 걸 보면서도 '우리는 응급실 의사'라 모른다는 태도를 취했다고 합니다.

응급실 의사가 정말 그렇게 말할 만한지 응급실과 중환자실에 오래 근무했다는 다른 의사에게 물었습니다. 복통은 응급실을 찾는 가장 흔한 내과적 증상이라서 응급실 의사가 어쩌면 가장 잘 알아야 하는 분야인데, (공황장애인 줄은 몰랐다 하더라도)복통을 모른 척했다는 건 얼른 이해가 되지 않는다고 그는 말했습니다. 그러면서 이렇게 덧붙입니다.

"죽을 거 같은 두려움에 심장이 뛰고 극심한 복통이 와서 응급실에 달려갔는데 그런 대우를 받았다면 아마 이런 상황 아니었을까요? 응급실에서는 정해진 절차에 따라 의료진들이 응급질환을 찾아냅니다. 발견되면 신속한 조치가 취해지지만 환자의 주관적 증상과는 달리 '응급'에 해당하지 않는 경우도 흔합니다. 그래서 당장 조치가 필요하지 않은 비응급 질환이라고 밝혀지면 질환은 길을 잃고, 환자는 '당신은 아니다'라는 섭섭한 대답을 듣게 되는 것이지요."

하지만 남자는 단지 응급이 아니라는 대답이 섭섭했던 것만은 아니었습니다. 자신의 병명을 알고 난 지금도 남자는 그때를 떠올리면 이상한 기분이 듭니다. 공황장애는 이제 '연예인 병'이라 불릴 정도로 증상을 드러내는 사람이 늘어나는 추세인 데다 수치도 3~5% 정도 된다고 하니, 내과나 외과에 이상이 없다면 정신과 쪽을 의심해 보고 연계해 줄 만도 한데 자기들은 당장 위급한 환자만 본다고 하니 답답한 심정이 들더라는 것이지요.

진료를 둘러싸고 의료진과 환자는 이렇듯 온도차를 느낍니다. 질환 자체가 응급질환이 아니라고 판단하는 의사와 여전히 자신의 증상이 응급이라고 여기는 환자의 괴리에서 오는 좌절감은 그러나 전적으로 환자가 감당해야 할 몫입니다. 환자의 질환이 자신이 판단할 수 있는 질환 카테고리에서 벗어나 있다고 생각하는 응급실 의사에게 세심한 보살핌까지를 바라는 것은 현실적으로 지나친 요구일지도 모릅니다. 그렇다 하더라도 문제의식은 가지고 있어야 합니다. '질병'보다는 '질병을 지닌 사람'에게 관심을 가져야 하는 게 의료진이기 때문입니다.

의사들의 진료 태도만 생각하면 절대 병원에 가고 싶지 않다는 환자들은 무척 많았습니다. 진료 대기자들 사이에선 '3시간 걸려 3분 진료'라는 말도 이제는 옛말이고, 3차병원인 대학병원이나 종합병원에서는 3시간에 많게는 3백 명을 진료하기도 해서 평균 진료 시간은 1분을 넘기지 못했습니다. 이쯤 되면 진료실에 들어가자마자 인사하고 뒤돌아서 나오면 끝이므로, 환자가 자신의 예후를 묻는 일은 불가능합니다. 우리는 이제 의사를 병을 치료하는 '전문의'로 보지 않고 커다란 병원산업 한가운데 흰 가운 입고 앉아 있는 '전문기(술자)'로 보게 되었습니다.

만성질환의 다른 말은 '긴 병'입니다. 따라서 의사의 진료 내용도 달라져야 한다고 만성질환자들은 말합니다. 일단 진단을 받고 나면 하루 시작에서부터 잠자리에 드는 시간까지 활동의 양과 질을 조절해야 합니다. 섭생에 주의를 기울여야 하고 약 먹는 일에도 열심을 내야 합니다. 병을 어떻게 치료할까도 중요하지만 '이 병이 무엇이라서 이제 당신의 삶은 어떻게 바뀔 것입니다'라고 설명해 주는 의사를 만나고 싶어 합니다. 그런 의사를 경험해 본 적이 드물기에, 어쩌다 진료 시간이 길어지는 의사를 만나면 오히려 환자가 불안해하면서 복도에서 기다리는 사람들을 걱정할 정도입니다.

의사를 신뢰할 수 없어 타다 놓은 약을 쳐다보지도 않던 남자는 마지막이라는 심정으로 찾아간 병원에서 뜻밖의 **질문**을 받았습니다. "예전에도 비슷한 증상이 있었나요?", "하루 중 가장 스트레스 받을 때는 언제인가요?", "실례지만 무슨 일을 하시나요? 당신이 하는 일이 병에 영향을 주는 것 같나요?", "병과 조금이라도 관련이 있을 것 같은 건 다 말씀해 주세요." 의사의 입에서 체온이 담긴 말들이 연거푸 쏟아졌습니다.

그는 당신처럼 물어봐 주는 전문의는 처음이라고 말했습니다. 그러자 그는 자기가 대표 자격이 있는 건 아니지만 미안하게 생각한다고 사과까지 하는 게 아닙니까. "내 상태에 대해 전혀 관심 없는 의사에게 나를 맡기고 싶지는 않다. 적어도 내게 질문하는 사람에게 돌봄을 받고 싶다"던 그의 바람은 늦었지만 이루어졌습니다.

이 정도를 물어봐 주는 의사를 만나지 못해 의료인들에게 그토록 불신을 가졌던 걸까. 의사의 관심에 감동을 받아 치료 의지를 다지게 되었다니 다행이다 싶으면서도 어쩐지 서글픈 마음이 들었습니다.

당뇨를 앓고 있는 62세 남자는 아침 공복에 혈당을 체크하고 간단히 식사를 한 후 운동을 겸해 직장인 부동산 사무실까지 걸어서 출근합니다. 혈당 노트를 책상 위에 올려 두고 자주 수치를 체크하며 일합니다. 약은 빠짐없이 먹고, 식사량을 조절하며, 때가 되면 '우리 (의사)선생님'을 만나러 갑니다. 병과 더불어 살아가는 나름의 방법도 터득했습니다. 때때로 우울해지기도 하지만 그래서 '환자'인 거라고 스스로를 납득시킵니다.

그가 아내와 친구들을 포함해 주변 사람들로부터 자주 들었던 말은 왜 큰 병원 놔두고 '동네 병원'을 다니느냐는 것이었습니다. 지금 주치의가 믿을 만한 사람이고, 당뇨라는 게 원래 의사가 해 줄 수 있는 게 많지 않으며, 무엇보다 '우리 선생님'은 30분씩 진료를 봐 준다고 설명해도 다시 만나면 왜 큰 병원에서 치료받지 않느냐고 또 묻는다고 했습니다.

30분씩 진료를 본다는 그 주치의를 만났습니다. 3분도 어렵다는데 어떻게 30분씩 볼 수 있는지 묻자 그는 작은 병원이라 가능하지 않겠냐며 웃었습니다만, 의사 혼자 힘으로는 불가능하며 환자의 '치료 순응도'가 따라 줘야 한다고 했습니다. 치료 순응도는 치료에 임하는 환자의 태도를 말하는데, 순응도라는 말이 마땅치 않다면 환자의 치료 의지로 바꿔도 무방합니다. 그러니까, 적극적으로 나아지려는 환자의 노력을 의미합니다. 매일같이 약을 먹어야 하는 환자가 약을 타 가기는 하는데 복용은 잘 하고 있는지, 잠깐 컨디션이 좋아졌다고 게을리하거나 중단한 건 아닌지, 식이조절도 중요한 처방이니 외식이나 회식도 조절해야 하는데 잘 지키고 있는지 등등.

이런 추이를 진료 시간에 확인해 보길 원하지만 "바쁘니 얼른 약만 달라"는 환자도 있고, 왜 더 주의를 기울이지 않느냐는 잔소리를 들을까 봐 본인 대신 가족을 보내 약을 타 오라는 환자도 있다고 합니다. 하지만 자신의 몸을 걱정해 주는 의사를 싫어하는 환자는 드물어서, 환자의 이야기를 성실히 듣고 답변하면 치료 의지는 높아질 수밖에 없다고 합니다. 다시 물었습니다. 그럼에도 의사들은 왜 대체로 친절하지 않은지(친절하게 느껴지지 않는지)를.

종합병원에 근무하는 한 내과 의사는 말합니다. 실제로 고압적인 의사들의 진료 태도 때문에 환자가 치료 의지를 상실하거나 마음이 다치는 경우가 종종 있지만 자기는 절대 그런 의사가 아니라고 자신 있게 말하기도 어렵다고. 하지만 의사에게만 책임을 묻는 것도 억울하다고 했습니다. 이제 의료인은 병원이라는 '조직'에 고용된 채 이익을 내야 하는 샐러리맨에 가까워서 병원에 새로운 기기가 들어오면 꼭 필요한 검사가 아니어도 한 번은 받아 보라고 권해야 하고(권고라지만 환자들은 치료 지시로 받아들입니다), 많은 환자들을 빠른 시간에 봐야 하니 형식적으로 물을 수밖에 없습니다. 자연히 이것저것 물어오는 환자에게는 짜증 섞인 응대를 하게 됩니다.

역시 종합병원에 근무하는 호흡기내과 의사는 환절기만 되면 환자들이 병원으로 '쏟아져 들어오는데' 반나절에 봐야 하는 환자만도 30~40명이 훌쩍 넘습니다. 들어오자마자 기침을 해 대는 환자의 입을 벌리고, 캄캄한 속을 들여다보고, 가슴에 청진기를 대고, 컴퓨터에 진료 내용을 작성하기까지 2분을 넘기지 않아야 복도에서 기다리는 환자들을 다 만날 수 있습니다.

질 좋은 진료 환경을 만들 의무를 병원장의 직업윤리에만 기대거나 강제하기에는 한계가 있습니다. 외국은 민간병원에서도 공공병원의 역할을 일부 수행한다지만, 이미 오래전에 산업이 돼 버린 우리 의료 체계에서는 도태되지 않고 살아남으려는 병원들의 욕망을 다스릴 방도도 없습니다. 그런 가운데 최대 피해자는 환자입니다. 건강보험 재정의 85%가 국민들이 내는 보험료에서 충당되지만 전체 건강보험료의 35%가 큰 대학병원과 3차병원으로 흘러갑니다.

민간병원들은 규제가 심하다고 볼멘소리를 하지만, 정부는 의료를 병원에만 맡겨 둬서는 안 됩니다. 공공의 균형을 확보하기 위해 올바른 정책을 수립하고, 합리적으로 재정을 분배하며, 마땅한 규제와 관리감독을 받는 조건을 부과해야 합니다.

환자의 서사와 맥락을 이해하는 의료인

아파서든 병문안이든 병원에 들어서면 입구에서부터 풍기는 병원 특유의 냄새와 풍경에 아득해집니다. 그래선지 병원에 들어서면 위축되곤 합니다. 아픈 사람들의 목적은 단 하나, 어서 치료를 끝내고 나아진 몸으로 병원을 나가는 것이라서 자신을 치료하는 의료진을 더 자주 만나길 바라지만, 어찌된 일인지 병원에서 의사 보기가 어렵고 인격적인 의료진을 만나기는 더 어렵습니다. "우리를 사람으로 만들어 주는 것은 추상적인 관념이 아니라 우리가 매일매일 다른 사람들로부터 받는 대접"[48]이라는데 병원에서는 '사람' 대접받기가 제대로 된 치료를 받는 것만큼이나 어려운 일처럼 느껴집니다.

로렌스 사벳Laurence A. Savett은 『차가운 의학, 따뜻한 의사The Human Side of Medicine』에서 역설합니다. 의사가 환자를 제대로 치료하려면 환자의 정신사회적 배경을 고려해야 하는데 그러자면 환자를 대면하고 대화하는 기술부터 의과대학에서 가르쳐야 한다고 말입니다. 의사는 부드러우면서도 확실하고 신뢰를 주는 태도를 견지해야 함은 물론이고, 때로는 불확실하더라도 위험을 무릅쓰고 치료를 시도해 볼 수도 있어야 합니다. 환자와의 사려 깊은 대화는 주로 그가 앓고 있는 질병과 관련된 주제들이겠지만 '이 병은 무엇이다'라는 정보 전달에만 그쳐서는 안 됩니다. 더딘 치료 과정을 불안해하는 사람에게 바로 그 **불확실성에 대해 언급**하고, 의료 차원에서 예상되거나 발생할 수 있는 일들을 **나눈다**는 것입니다.

부연하자면, 환자와 나누는 대화의 대부분은 질병으로 인해 나타나는 환자의 증상에 관한 것들입니다. 환자는 자신의 소소한 증상에 민감하게 반응할 수밖에 없습니다. 하지만 대화의 소재를 '증상'에 국한시켜서는 치료에 대한 환자의 만족도를 높이는 데 한계가 있습니다. 환자가 질병의 경과를 이해할 때 예상되는, 혹은 반복될 수밖에 없는 증상들을 감내하고 치료 과정의 불편함을 받아들일 수 있으려면 질병에 대한 전체적인 이해가 중요합니다. 확실하진 않더라도 전체 그림을 보여 주고자 하는 의사의 태도가 환자에게는 신뢰와 만족으로 이어집니다. 이것이 의사가 환자의 삶의 서사와 맥락 안에서 질환을 이해하려는 노력이며, 의사가 환자를 친절하게 대하는 행위입니다.

이때의 친절은 사람을 친근하게 대하는 겉모습이 아니라 자신이 돌보는 사람들을 사람답게 존중하는 태도입니다. 의사는 질병이 아니라 질병을 가진 사람을 만나고 있기 때문에 상대를 존엄한 존재로 대하려고 부단히 애써야 합니다. 그런 의사는 자기가 진료실에서 만나는 사람들을 성별·인종·피부색·연령·성적 지향·종교로 구분하지 않고, 질병과 장애가 무엇이든 환자의 조건(이를테면 비혼모, 성 노동자, 약물 중독자, 동성애자)으로 차별하지 않습니다. 치료 과정에서 알게 된 환자의 개인정보를 엄격히 지키는 것은 물론입니다.

'생물정신사회적 모델biopsychosocial model'은 모든 환자를 그들의 삶의 맥락 속에서 이해하는 것입니다. 사람에게서 그저 병만 똑 떼어 낼 수는 없습니다. 질병은 생물학적, 정신적, 사회적 요인들의 집합체로 환자가 사는 삶 가운데로 섞여 들어옵니다. 따라서 병과 연결된 감정과 생각이 중요해지고 여기서부터 진단과 치료에 대한 거의 모든 실마리가 나옵니다.

『차가운 의학, 따뜻한 의사』에서는 이를 보다 상세하게 기술하고 있습니다. 환자에게 왜 지금 이런 일이 벌어졌는가? 치료를 하지 않으면 무슨 일이 벌어질 것인가? 질병이 환자의 자아상에 어떤 영향을 미쳤는가? 이 질병을 치료하는 것이 환자의 가족들에게 어떤 영향을 미치는가? 환자가 치료비를 부담할 능력이 있는가? 혹시 윤리적인 문제는 없는가? 예상해 볼 수 있는 나쁜 결과는 무엇인가? 라고 스스로와 환자에게 끊임없이 묻는 것입니다. 이런 응답의 과정은 의사와 환자 사이의 라포rapport(상호신뢰) 형성을 돕고 매 단계마다 치료 효과를 높이는 데 기여합니다.

쌀 포대의 어느 부분에 손을 찔러 넣어도 쌀이 잡히는 것과 같은 이치로 모든 환자에게는 삶의 이야기가 있습니다. 의사는 매일 반복되는 진료를 통해 환자가 속한 '사회'(삶의 이야기)를 경험할 수 있습니다. 환자들은 의사가 검사를 잘해 주고 수술을 잘해 줘서 고맙기도 하지만 많이 들어 주고, 지지해 주고, 힘든 시기를 잘 견딜 수 있도록 조언을 아끼지 않았던 점을 오래오래, 두고두고 기억했습니다. 좋은 의사는 환자에게 "내가 당신을 위해 무엇을 해야 할지 당신이 알려 주세요"라고 **질문하는 사람**입니다.

물론 이것이 전적으로 바람직한지 적이 염려도 되었습니다. 혹 의사가 진료 목적이라며 환자의 삶에 구체적으로 개입해 사생활을 침해할 수도 있고, 자칫 의료감시로 이어질 소지도 있으니까요. 이 점에 대해 사람들에게 물었습니다. B형간염 바이러스 보유자가 실소로 답합니다. "마음먹고 하자면 불가능하진 않겠지만 진료 1~2분은 현재 상태를 설명하기에도 짧은 시간이라 인권침해로 이어질 만큼 깊숙한 질문을 주고받기는 더 어렵지 않을까요."

의학의 인간적 측면이 교육으로 가능할까 의문이 들 때도 있습니다. 가정假定이 어렵다면 의사들도 때론 아픈 누군가의 보호자라고 생각해 봅시다. 암에 걸린 아버지를 모시고 병원 복도에 앉아 진료를 기다리던 의사 친구는 처음으로 자신이 매일 만나는 환자 및 보호자와 입장을 바꿔 이해해 보는 시간을 갖게 되었습니다. 본인이 의사이니 병에 대한 정보를 알고는 있지만 보호자 신분이라 치료에 개입할 수 없고, 오로지 의사의 처분만 기다려야 하니 답답함을 느꼈습니다. 보호자가 치료에 관여하는 부분이라야 보험, 비보험 중 어떤 약을 고를 것인지 정도였습니다. "아직 임상실험 중이라 결론이 나지 않는데 어떤 약을 쓸까요?"라고 물을 때는 약의 효능과 부작용을 알 수 없는데 결정을 해야 하니 당황스러웠습니다. 물론 마지막 질문은 그가 전문의이기 때문에 받았던 질문입니다.

몸이 불편한 아버지에게 식사를 준비해 드리고, 의사의 지시대로 따르지 않는다고 입씨름을 하고, 다시 아버지를 모시고 검사를 받기 위해 여기저기 왔다 갔다 하고, 몇 시간씩 기다려서 짧은 진료를 받는 현실을 직접 경험하면서 자신도 혹시 똑같은 방식으로 환자를 대하고 있지 않나 반성하게 됐습니다. 타인의 신발을 신어 보지 않고서는 타인에 대해 말하지 말라는 인디언 속담은 입장의 전환적 사고와 상상하기를 놓지 말라는 권고입니다.

의대에서 배워야 하는 것, 서사 의료교육

당뇨를 앓고 있는 살찐 20대 여성을 떠올려 봅시다. 그녀는 시시때때로 인슐린 주사를 맞아야 하고 약도 먹어야 합니다. 연애도 하고 싶고 섹스도 하고 싶다는 바람을 진료실에 와서 토로합니다. 당신이 의사라면 어떻게 답하시겠습니까?

우리 몸은 사회생활의 기초를 이루고, 내 몸은 타인 앞에서 나를 비추는 혹은 상대의 반응을 보는 거울 같은 구실을 합니다. 한 개인이 심리적·사회적으로 온전한 삶을 누리려면 병의 유무에 관계없이 사람 자격에 손상을 입지 않아야 하고, 입더라도 이내 회복 가능해야 합니다. 제가 만난 의사들은 이런 이유로, 병이 아니라 병을 지닌 '인간'에 대한 교육이 의대 교육 안에 반드시 녹아들어야 한다고 강조했습니다. 그래야 환자와의 대면이 환자가 아닌 사람과 사람이 만나는 '관계'가 되고, 그럴 때 비로소 병에 걸린 사람의 환경과 생태(실제의 상태)에 대한 진지한 '관심'이 싹틉니다. 관심이 싹트지 않는다면 위와 같이 묻는 여성에게 의사는 자신의 분야가 아니므로 스스로 해결해야 한다고 답할지도 모릅니다. 그러나 질병이 심각하게 개인의 사적 생활에 영향을 미친다면 의사는 마땅히 여성의 질문을 진지하게 경청하고 생활에 영향을 미치는 치료, 즉 심리적 자존감을 회복하는 것에서부터 인슐린 요법 등을 변경시키는 것까지를 고려해 볼 수 있을 것입니다.

매일 환자를 '업무'로 대하는 의료진은 '감정'이라는 것이 얼마나 빨리 무감각해질 수 있는지를 떠올려 봐야 합니다. 중환자실을 돌보는 어느 의사는, 목숨을 다루고 숨이 끊기는 환자를 매일 보는 자신은 가끔, 아니 자주 환자가 사람이 아닌 사물로 보이는 순간이 있다고 고백했습니다.

"죽어 버린 환자를 하루에도 몇 번씩 보는데도 아무런 감흥이 없는 저에게 놀라곤 합니다. 곰곰이 생각해 봤습니다. 왜 그럴까. 내가 이 환자에게 아무런 감정이 없는 것은 내가 이 환자에 대해 다 알고 있다고 생각해서였어요. 무엇(무슨 병) 때문에 죽었다는 것을 아니까요. 신경회로가 다 없어지고, 숨이 끊어지는 생명의 다함 말이에요. '사람'에게 느껴지는 신비가 거세돼 버리니 이 사람에 대해서는 내가 모르는 게 없다고 생각하는 거예요. 무덤덤해지는 거죠. 옛날에는 사람들이 모르는 게 있었고, 모른다는 걸 인정했고, 신화적이든 종교적 믿음으로든 살아 있었는데 그 모든 것이 과학적 세계관 속에서는 미신처럼 여겨지면서 더는 궁금하지 않은 세상을 살아가게 된 거죠.

생각할수록 그게 정말 슬픈 겁니다."

그가 신화와 종교를 말할 때 제게는 한 철학자가 떠올랐습니다. 무한의, 신의 영역의 터럭 한 올이라도 붙잡고 경험할 수 있는 능력이 인간에게 있다면, 신의 세계는 고통받는 인간의 얼굴을 통해 드러나므로 우리는 그 얼굴을 외면할 수 없다고 철학자는 말했습니다. 그와 같은 윤리관을 가지고 있을 때라야 사람은 죽어 가는 사람에 대해 무덤덤해질 수 없고, 자기 안에서 인간의 신비가 살아 숨 쉴 수 있습니다.

환자와 의사의 관계에는 생물정신사회적 모델로도 설명할 수 없는 부분이 있습니다. 생명을 완벽하게 이해할 수 없다는 인간 인식의 한계와 더불어 생명이 지닌 신비성 때문입니다. 환자는 개인의 역사와 사회적 관계 속에 형성된 인격체이기 이전에 그 자체로 신비함을 지닌 생명체입니다. 생명을 살리겠다는 직업을 택한 사람은 누구든, 나는 살리는 사람인데 어찌하여 나는, 내 감성(정)은 죽어 가고 있는지 스스로에게 질문해야 합니다.

환자들은 의료상담 전문가도 원합니다. 우리 의료 여건상 여의치 않은 데다 많은 환자들은 여전히 큰 병원의 권위 있다는 의사의 조언을 바라겠지만, 환자의 자립(의사에게만 기대지 않는) 측면에서라도 병과 함께 살아가는 시각과 내용을 조언해 주는 전문가가 따로 있으면 좋겠다는 것입니다. 얼굴을 맞대는 상담이 어렵다면 병이 시작된 초기에 일종의 공개강좌 형태로 한두 번만 자신의 병 바로 보기 시간을 가져도 환자가 심리적인 안정감을 갖고 치료 의지를 다질 수 있습니다. 의료사회복지사 같은 전문인력과 시설이 꾸려진 의료시설도 있지만 아직은 턱없이 부족합니다.

　외국의 가이드라인을 보면 "당신은 이제부터 환자입니다"라는 안내를 시작으로 환자가 먼저 알고 있어야 하는 것부터 정보 교환이 시작됩니다. 병원에 이런 서비스를 마련하라고 하면 병원 입장에서는 들이는 품에 비해 이익이 없어서 개설을 꺼릴 것이고, 환자는 상담 몇 마디 듣자고 비용을 부담해야 하는지 억울한 마음에 의지가 꺾일 것이므로 실효성을 담보하기 어렵습니다. 그러므로 마련하고 실행하는 주체는 국가여야 합니다.

2. '권리'로서의 건강

건강이 의미가 있으려면 건강권이 자신의 복지에 대한,
자신과 국가와의 관계에 대한 이해의 일부가 되어야 한다.
그렇지 않으면 가난에 의한 것이거나
의료의 접근성이 떨어져서 생기는 것조차
권리의 침해로 인식하지 못하고 자연스러운 것으로 여길 것이다.
— A. Yamin

전염병이 사망의 주요 원인이었던 한 세기 전만 해도 접종과 예방만
으로 질병 없는 상태를 유지할 수 있다고 여겼지만 이제는 삶의 전제
조건들인 식량, 주거, 교육, 소득, 평화, 사회정의, 생태 등을 고려하지
않고서는 건강을 증진할 수 없음을 우리는 잘 알고 있습니다. 세계보
건기구 헌장 서문에도 모든 사람이 **도달 가능한 최고 수준의 건강**을
향유하는 것은 인종이나 종교 혹은 정치적 신념과 경제적이고 사회적
인 여건에 관계없이 모든 인간이 누려야 할 기본권 중의 하나라고 명
시되어 있습니다.

국민이 도달 가능한 최고 수준의 건강을 향유하게 하는 주체는 당
연히 국가입니다. 국가는 국민의 건강을 보호할 책무가 있습니다. 책
무는 상시적인 임무를 뜻하는 바, 결코 일시적인 관용이나 자선 행위

일 수 없습니다.

어느 누구도 잔혹하고 비인간적인 고문이나 모욕적인 대우 그리고 처벌의 대상이 될 수 없고, 특히 자신의 동의 없이는 의학적이고 과학적인 실험의 대상이 되어선 안 됩니다. 그럼에도 전통적인 관습이라는 미명 아래 이와 같은 상황을 강요당하는 문화권에 살아야 한다면 그는 건강은커녕 인간의 존엄성을 짓밟히고 있는 것입니다.

인신이 자유롭지 못한 상태에서 어떻게 교육과 참여와 사생활의 비밀을 보장받을 수 있을까요. 제대로 된 영양 섭취가 가능하기는 할까요. 적절한 치료를 받지 못해 집에만 머물러야 하는 아픈 사람, 치료비를 마련하려고 전세금을 빼야 하는 사람, 일터에서 상해를 입었는데도 치료비 걱정으로 병원에 가지 못하는 사람, 병이 났는데도 단속에 걸려 추방당할까 치료받기를 포기하는 미등록 이주민……. 이들은 건강과 인권 중 어느 한쪽을 위협받고 있는 게 아닙니다. '건강권'을 통째로 침해당하고 있는 것입니다.

전 유엔 사무총장 코피 아난Kofi Annan은 그런 이유로 "나는 건강이 더 이상 갈구하기만 하는 축복이 아니라 싸워서 얻는 인권으로 여겨지는 날이 오기를 간절히 바란다"고 했는지 모릅니다. 마찬가지로 전 유엔 인권고등판무관 메리 로빈슨Mary Robinson 역시 "건강권은 건강할 권리를 의미하지도 않고, 가난한 정부가 자원이 부족한 가운데 값비싼 의료서비스를 제공하는 것을 의미하지도 않는다. 건강권은 정부와 관계당국이 가능한 빠른 시일 내에 **모든 이들에게** 제공 가능하고 접근 가능한 의료를 실현할 정책과 행동계획을 내놓을 것을 요구한다. 그렇게 되도록 촉구하는 것이 인권사회와 의료전문가들이 직면한 과제이다"라고 말했습니다. 건강권이 국가의 책무라는 것을 다시 한번 분명히 한 것입니다. 국민에겐 의료를 제공받을 권리right to health care와 건강할 수 있는 조건에 대한 권리right to healthy condition가 있는 것입니다.

국가는 어떤 행위를 '함'으로써 혹은 '하지 않음'으로써 의무를 위반할 수 있기에 권리의 침해는 언제나 구체적인 의무와 연결되어 있습니다. 건강을 악화시키고 장애를 초래하는 모든 원인으로부터 국가가 국민을 온전히 보호할 수는 없다 해도 침해의 주체가 되어선 안 되지만, 이제 소개할 내용처럼 국민의 권리 보장은커녕 적극적으로 권리를 박탈하거나 침해 당사자로 군림할 수도 있습니다.

경제논리 앞에 쫓겨나는 공공의료

"단순 수치로만 보면 화재 피해액보다 소방서를 운영하는 비용이 훨씬 많이 들죠. 그래도 소방서를 운영할 수 있는 건, 소방이 상품이 아니기 때문이죠. 의료도 마찬가지입니다. 눈앞의 이익이 아니라 보이지 않는 공익을 봐야죠. 진주의료원 이야깁니다."

수도권에 근무하는 한 소방관이 자신의 SNS에 올린 글입니다. 그는 소방서 운영을 위해 매일 지출해야 하는 운영 경비와 가끔 일어나는 화재에 따른 피해액을 단순 비교할 수 없다는 걸 잘 알고 있습니다. 화재로부터 생명을 지키는 소방을 소비되는 상품으로 생각해서는 안 되며, 소방은 곧 생명을 지켜 내는 공익 행위임을 알기 때문입니다. 시민도 아는 공공성을 정작 공공분야 종사자들이 모릅니다.

2013년 2월, 경상남도는 공공의료기관인 진주의료원의 문을 닫겠다고 발표했습니다. 의료원의 수익성이 떨어지는 데다 적자가 커져 빚이 불어나는 형편이라 회생 가능성이 없다는 이유였습니다. 그대로 두었다가는 자본금을 잠식하고 결국에는 파산하게 될 것 같으니 밑 빠진 독에 혈세를 붓는 형국이라는 것입니다.

진주의료원을 비롯한 지역의 공공병원은 산부인과와 치과, 호스피스 병동을 운영하면서 경제적인 여유가 없는 서민들, 특히 보호자 없는 사람들을 진료합니다. 다른 의료기관에서는 받아 주지 않는 장기 입원환자들도 적지 않습니다. 진주의료원엔 당시 1백여 명의 환자가 입원해 치료를 받고 있었고, 매일 120여 명의 외래환자가 찾아오는 상황이었습니다. 폐업을 반대하는 의료원노조와 시민사회단체들은 지역 거점 공공병원의 적자는 공공의료 수행에 따른 불가피한 적자라서 '착한 적자'라고 강변했지만 병원은 휴업을 선언했습니다. 오도 가도 못한 채 남아 있던 환자들은 제대로 된 치료는 고사하고 언제 쫓겨날지 모른다는 불안에 시달려야 했습니다.

급기야 입원환자에게 퇴원을 종용한 일이 인권침해에 해당하는지를 묻는 진정이 국가인권위에 접수되었습니다. 인권위는 입원환자에게 강제 퇴원을 종용한 것은 심각한 인권침해라고 결정했고, 폐업 철회를 요구하는 각계각층의 성명서가 잇달았지만 폐업은 기어이 강행되었습니다. 결국 공공의료를 확대하고 내실을 기하겠다던 정부의 선거공약은 헛된 약속에 불과했음을 확인한 지역민들은 참담함을 느껴야 했습니다.

다른 지역의 의료기관들도 열악한 사정은 다르지 않습니다. 공공의료기관은 전문인력이 턱없이 부족하여 의료인들은 연일 초과근무에 시달리고 있고, 필수의약품과 응급의료시설도 부족해서 환자가 질 낮은 의료서비스를 받지는 않을까 걱정해야 하는 형편입니다. 의료기관이 집중되어 있는 도시에서는 보건의료 전반에 개혁의 바람이 분다지만 시골 마을로까지는 불어오지 않을뿐더러, 수익이 날 리 없는 지역 보건과는 무관하니 사정 모르는 정책이 내려올 뿐입니다.

많은 이들은 이제껏 공공의료를 가난한 사람들을 위한 병원 정도로만 여겼습니다. 그러던 공공의료에 대한 인식이 2015년 한국의 초여름을 강타한 메르스MERS 이후 달라졌습니다. 환자를 돌보는 가족 간에 혹은 의료기관에서의 제한적 전파로 유행하기 때문에 초기 대응에 만전을 기했다면 무차별적인 확산 전파는 막을 수 있었다는 메르스. 그 메르스에 대처할 방안으로 모두들 공공의료의 확충을 이야기합니다. 메르스 사태가 커진 진짜 이유는 한국의 부실한, 아니 거의 바닥인 공공의료에 있다면서 말입니다. 공립병원에 격리 병실만 제대로 갖추어져 있었어도 사태를 진정시킬 수 있었다고 말하는 의료전문가들은, 비좁은 6인 혹은 8인 병실에 저마다의 보호자까지 기거해야 하는 열악한 환경이 마치 바이러스가 기생, 전염되길 바라는 형국이었다고 지적했습니다.

환자 가족이 간호하는 모습을 한국의 고유한 '가족 문화'라고 보면 곤란합니다. "간호사 임금은 건강보험의 간호관리료 수가에 따라 결정"되는데, 이 수가가 너무 낮은데도 병원들이 많은 간호사를 채용하려다 보니 간호사의 임금이 낮았습니다. 제대로 간호하려면 인력을 충원해 간호사가 환자를 돌봐야 한다는 겁니다.[49] 우리나라에선 병원이 인건비를 절감하기 위해 환자 가족에게 부담을 떠넘기는 꼴이지만 다른 나라들은 간병비를 보험 영역에 포함시키고 있습니다.

2014년 OECD 국민의료비 통계에 따르면 우리나라의 공공병상 비율은 12.8%, 인구 1천 명당 공공병상 수는 1.19개로 OECD 최하위 수준입니다.[50] OECD 회원국들의 1천 명당 공공병상 수는 평균 3.25개이고, 영리병원이 허용되어 있는 18개국의 공공병상 비율은 평균 77%로 우리의 5배에 달합니다.

"적절한 진료의 질을 확보하고 인력과 장비 운영에서 규모의 경제를 달성하기 위해서는 공공병상 수를 병원 한 곳당 300병상 이상은 확보해야 한다"고 볼 때, 영국의 대학병원은 전체 병상의 100%인 900병상을, 미국의 캠브리지 병원연합은 지역 내 593개의 병상 중 402병상을 공공부문이 소유하고 있고, 캐나다의 성 미카엘 병원은 500병상을 보유하고 있습니다.[51] 우리나라는 폐업된 진주의료원이 400병상 규모였다고 합니다.

현재 우리나라의 국가 지정 격리 병상은 100개 남짓입니다. 의료전문가들은 감염병이 발생했을 때 감염이 의심되는 환자들을 분리해 치료하는 지역 거점 공공병원이 지자체별로 최소 하나씩은 꼭 있어야 한다고 강조합니다.

권리를 침해하는 제도와 법률

국가가 행위를 적극적으로 '함'으로써 국민의 권리를 침해하는 예를 좀 더 보겠습니다. 때로 국가는 잘못된 제도와 법률로 국민의 권리 실현을 방해합니다. 국민 권리를 침해했으니 바로잡으라고 권고하면 이마저도 거부합니다. 2014년 A씨는 건강보험 직장가입자인 배우자의 이름으로 소득이 없는 A씨의 계부繼父와 모母를 건강보험 피부양자에 올리려고 했지만 국민건강보험공단은 "가입자 배우자의 부모는 혈족인 직계존속만 피부양자로 인정한다"며 신청을 받아들이지 않았습니다.(52)

피부양자 제도는 "스스로의 근로나 재산으로 건강보험료를 부담할 수 없는 사람을 보호하기 위해 만들어진 제도"입니다. A씨는 이런 목적에 반해 제도가 운영되는 데 부당함을 느끼고 국가인권위원회에 차별을 바로잡아 달라고 진정을 제기했습니다. 인권위는 혈족만 가능하다는 논리로 국민건강보험공단이 배우자의 계부모를 부양 요건으로 인정하지 않는 것은 차별이라고 판단하고, 가입자 배우자의 계부모도 포함되도록 '국민건강보험법 시행규칙'을 개정하라고 권고했지만 관할 기관인 보건복지부는 권고를 받아들이지 않았습니다.

국민건강보험공단이 피부양자 자격을 선정하는 기준은 철저히 혈연과 혼인 여부에 달려 있습니다. 배우자와 이혼한 자매는 피부양자 자격을 인정하면서 사별한 자매는 인정하지 않습니다. 자매가 이혼한 경우는 미혼으로 인정하지만 사별한 경우는 미혼으로 보지 않기 때문입니다. 이혼한 여성은 배우자와 호적을 정리하면 친가에 다시 이름을 올릴 수 있어 배우자의 혈족과 인척관계가 정리되지만, 사별한 여성은 배우자의 호적에 그대로 남아 미혼이 아니라는 논리였습니다. 또한 사실혼 관계의 배우자는 피부양자로 인정하지만 이혼 후에 재결합하여 사실혼 관계가 되면 피부양자로 인정하지 않았습니다. 모두 공단의 자격관리 업무 편람에 따른 것인데, 이런 이상한 논리는 국가기관이 얼마나 전근대적인 가족제도의 틀 안에 갇혀 있는지를 보여주는 실례입니다.

이런 경우는 어떻습니까. 2015년 3월 재혼한 아내의 자녀가 다니는 중학교의 학부모운영위원회 위원에 입후보한 김모 씨(59세)는 학교 측에서 친아버지가 아니라는 이유로 후보 등록을 거부했는데, 이는 명백히 재혼가정에 대한 차별이라며 인권위에 진정을 제기했습니다. 학교는 교육부의 지침에 따랐을 뿐이라고 합니다. 지침에는 "재혼으로 보장되는 것은 부부 사이의 법적 권리일 뿐, 입양 절차 등을 거치지 않는 이상 재혼 이전에 태어난 자녀와의 친권 관계까지 형성되는 것은 아니다"라고 나와 있었습니다. 재혼한 계부, 계모는 양육과 돌봄을 아무리 성실히 하여도 피를 나눈 친부를 대신할 수 없다는 논리를 법적으로 뒷받침하는 게 아닙니까. 통계에 따르면 결혼한 부부 중 10쌍 중 2쌍이 재혼이라는데 말입니다.

결혼, 이혼, 재혼, 비혼非婚은 삶의 한 단면일 뿐입니다. 더 이상 가족은 혈족과 혼인만으로 설명할 수 없습니다. 하는 일과 삶의 지향성을 공유하는 말 그대로 공동체로서의 가족, 혹은 우리가 알지 못하고 보지 못했던 새롭고 느슨한 형태의 관계들이 가족이라는 명명과 무관하게 다채롭게 확장되고 있습니다. 그럼에도 왜 이토록 혼인과 혼인한 전력, 혈족이라는 낡은 옷만 고집하는 것일까요.

혈족을 강조하는 문화권에서 외국인이 건강권을 보호받을 수 있을까요. 인도적 체류 자격으로 국내에 살고 있는 B씨와 배우자 사이에는 3명의 자녀가 있습니다. 모두 법무부로부터 인도적 체류 허가를 받았지만 B씨 자신을 포함한 가족은 지역건강보험에 가입할 수 없어서 아파도 병원에 갈 수 없었습니다. 그는 이런 사정을 인권위에 토로했습니다.(53)

조사에 나선 인권위는 인도적 체류 자격을 소지하고 있는 외국인의 경우 직업이 있으면 직장건강보험에는 당연 가입되지만 국민건강보험법 시행령에서 규정하는 지역건강보험 가입 조건에는 해당되지 않아 가입할 수 없음을 확인했습니다. 가입을 인정하지 않는 보건복지부의 입장은 이런 것입니다. "인도적 체류자는 국내 거주와 경제활동이 아니라 신체의 자유를 보호받는 목적으로 국내 체류를 허가받은 것이라서 건강보험을 적용할 수 없다."

건강보험은 말 그대로 보험이라서 피보험자가 보험료를 납부하면 국민건강보험공단이 보험료를 관리하다가 피보험자가 아플 때 보험 급여를 제공하는 제도입니다. 인도적 체류자라고 예외는 아닙니다. 건강보험에 가입해서 그도 보험료를 내면 됩니다. 그럼에도 가입 자체를 막는 것은 빈곤해서 보험료를 내지 못할 것이라고 미루어 짐작했기 때문은 아닐까요.

보건복지부는 이들이 경제활동이 아니라 신체적 자유를 보호받을 목적으로 체류를 허가받은 것이라서 지역건강보험에 가입할 수 없다고 합니다. 보건복지부가 해석한 '신체적 자유'는 단순히 몸이 고문당하거나 구금되지 않을 자유로만 한정되어 있습니다. 그때의 '몸'은 국내에 체류하는 동안 절대로 아파서는 안 되고, 아플 수 있다는 가정도 허용되지 않는 사람입니다. 수영장 입장은 허가하겠지만 수영을 해서는 안 되며, 음식점 입장은 허용하겠지만 음식을 먹지 말고 보고만 있으라는 격입니다.

'모든 사람이 도달 가능한 최고 수준의 신체적, 정신적 건강을 향유할 권리가 있다'에서 '모든' 사람은 이 나라에 거주하는 모든 사람입니다. 누구라도 질병에 걸린다면 치료받고, 건강을 회복할 시설을 이용하고, 사회보험을 포함한 각종 보장제도의 혜택을 누릴 수 있어야 합니다.

국가, 때로는 인권침해의 가해자

베트남 하면 곧장 떠오르는 전쟁, 그 기억에서 벗어나고 싶은 베트남 사람들은 이렇게 말합니다. "베트남은 전쟁 아니고, 나라이다." 이처럼 여기 기억에 감금된 또 하나의 장소가 있습니다.

에이즈에 대해 전혀 몰랐을 때는 함께 있는 것만으로도 위협받을 수 있다고 생각했다. 감염인이 한 명이라도 있으면 **소록도** 같은 곳에 갇혀 있어야 된다고 생각했었다. 감염인 존재 자체가 두려웠다.
— 〈살롱 드 에이즈 인권교육 프로그램 북〉 중

이처럼 사람들의 상상 속에서는 여전히 폐쇄적인 유배의 공간이 소록도입니다. 차별과 편견 바이러스의 대명사라 불리는 HIV/AIDS 감염인이 두려워하는 공간이 소록도라면, 한센병에 걸린 한센인들은 얼마나 오랫동안 오명을 뒤집어쓴 채 억압의 시간을 견뎌 왔던 것일까요. 반세기가 훌쩍 넘는 시간 동안 한센인들에게 공포정치를 행하고 일말의 반성도 없었던 당사자가 바로 국가였습니다. 소설가 이청준은 그런 까닭에 『당신들의 천국』에서 한센인들이 당해 온 국가폭력을 고발했는지도 모릅니다.

1916년 조선의 한센인 6천 명이 소록도에 갇혔습니다. 일제 조선총독부는 한센인들을 갱생시키겠다며 완전 절대 격리, 평생 격리시킨 것도 모자라 병이 유전될 수 있으니 아예 자손을 근절시키겠다며 남자에게는 정관수술을 시키고 임신한 여자에게는 낙태를 일삼았습니다. 이들이 사망하면 시체를 해부하고 인체표본을 만들어 보관하면서 이를 '학술연구'라고 불렀습니다.

여기까지는 나라 잃은 식민지 백성, 그 가운데서도 가장 낮고 약한 사람들이 탄압받아 온 역사라고 아프게 자인할 수도 있습니다. 그러나 해방 뒤 일제가 철수하고 나서도 한센인들에 대한 학살이 끊이지 않았으니 어찌된 일입니까.

일제가 떠나고 소록도병원 직원들은 소록도 갱생원 운영권과 창고에 저장된 식량 및 약품을 차지하려고 한센인 84명을 집단 학살합니다. 이것이 '소록도 학살 사건'입니다. 6.25전쟁 이후엔 식량을 구하기 위해 비토리 섬을 개간하던 한센인 28명을 지역 주민들이 학살했습니다. 이것이 '비토리 학살 사건'입니다. 이는 시작에 불과했습니다.

당시 소록도병원장은 바다를 메워 땅을 만들면 정착할 농토를 주겠다며 한센인들에게 바다를 메우라고 했습니다. 새로운 터전에서 새

삶을 이룰 기대를 품었던 이들은 약속을 철석같이 믿고 오로지 맨손으로 3년 넘게 땅을 메웠습니다. 하지만 공사가 끝나갈 즈음 선거를 의식한 공화당 정권은 육지 주민들이 나환자들과 섞여 사는 것에 반대한다며 약속을 깨 버렸습니다. 이것이 그 유명한 '오마도 간척 사건'입니다.

이토록 지독한 역사적 시간들은 '사건명'만 부여받은 채 봉인되었고, 그날의 고통들은 조금도 치유되지 않은 채 한센인들은 전국의 정착농원과 소록도 내 시설에서 여전히 '문둥병자'라는 오명을 안고 교육과 의료 그리고 복지 혜택과는 동떨어진 삶을 살아야 했습니다. 오래전 이 병을 앓았던 어떤 이는 "전국의 모든 한센인들은 여전히 고통스럽게 살고 있다"며 "정부에서 부추긴 자활정착촌은 모두 육지 속의 소록도가 되었다"고 말했습니다.

나균으로 감염되는 만성 전염성 질환인 한센병은 오랜 세월 하늘이 내린 '천벌' 또는 '천형'이라 여겨졌고, 사람들은 감염인을 '문둥병자'라고 불렀습니다. 치료 시기를 놓치면 완치 후에도 조직이 손상되고, 뼈마디가 휘고, 피부가 늘어지는 등의 후유증이 남아서 외모가 변형된 모습으로 살아갑니다.

세계 인구의 95%가 저항력을 갖고 있는 한센병은 피부질환일 뿐, 걸린다 해도 한 번만 처방약을 복용하면 99.99%가 전염성을 상실합니다. 따라서 격리될 이유가 없지만 병에 대한 정보가 없는 사람은 혹시 감염되지 않을까 하는 두려움에 떨고, 병을 지닌 사람은 사람들의 반응을 보며 자신을 드러내기를 저어했습니다. 보이는 것을 향한 가시적 차별의 대표적인 예가 한센병이라서 보는 사람이나 보여지는 사람 모두 서로를 피해 왔던 것입니다.

과거사의 진실을 규명하고 한센인의 명예를 회복하는 「한센인 특별법」을 제정하라는 인권위의 권고가 발표되었고 보건복지부와 '한센인 피해사건 진상규명위원회'에서도 진상 조사 결과를 발표했습니다. 늦었지만 일련의 국가적인 조치는 다행스러웠습니다. 하지만 그 후 달라진 것은 없었습니다.

참다못한 한센인들은 국가를 상대로 배상소송을 제기했습니다. 강모 씨를 비롯한 174명은 일제 치하 조선총독부가 강제 단종수술을 조건으로 부부 동거를 허가한 정책을 우리 정부가 그대로 이어받아 해방 후에도 강제 단종을 실시해 피해를 입었다는 요지로 소장을 만들고, 명예회복과 최소한의 피해보상을 해 달라고 법원에 소송을 제기했습니다. '한센 인권변호단'과 (사)한국한센총연합회는 "보편적 인권으로서 자식을 낳고 양육할 수 있는 권리를 짓밟는 것으로서, 수십 년에 걸친 국가에 의한 집단 학살genocide"이라고 지적한 후 "자녀를 보고 싶은 천륜을 부인당한 한센회복자들의 아픔, '모래알처럼 번성하라던 신의 섭리'의 대상에서 배제됐다"면서 "왜 인류 보편적 권리인 자식을 낳고 키울 권리마저 짓밟았는지, 이제 국가가 답할 차례"라고 소송의 변을 밝혔습니다.[54]

재판부는 국가가 어떠한 의학적 근거도 없이 한센인들에게 낙태와 단종을 강제했음을 확인했습니다. 한센병은 강제 격리정책을 유지할 정도의 특이한 질환이 아니었음에도 1970년대까지 격리정책을 유지하면서 한센인들을 사회적 편견 속에 방치해 온 국가가 국민의 신체를 훼손하고 태아의 생명권과 개인의 사생활의 자유 등을 침해했다고 판단한 것입니다.

국가는 참으로 다양한 얼굴을 가졌습니다. 오랜 세월 국가는 개인을 억압적으로 통치하는 폭군의 얼굴을 지녔었기에, 우리에게는 국가로부터 개인의 자유를 보호하는 것이 무엇보다 중요한 가치였습니다. 국가가 거대한 자기 '힘'을 억제할 의무를 질 때 개인의 삶에 개입하지 않으리라는 믿음 때문이었습니다. 자칫 '자유'만을 강조해 국가가 개인에게 아무것도 하지 않아야 한다는 부작위를 정당화해 주는 것처럼 들릴 수도 있지만, 자유권은 '국가가 자기 억제의 의무를 넘어 국민의 권리 행사가 가능하도록 보장하는 적극적 의무'까지를 포함해야 합니다.

국가는 사회안전망을 갖추고 관할권 내의 정부와 비정부 주체들이 인권법을 준수하며 행동하게 할 책임이 있습니다. 그러려면 국가는 건강에 대한 권리기반적 접근rights-based approach을 해야 합니다. 권리기반적 접근이란 보건정책이나 프로그램 또는 보건 관련 법률을 설계하거나 제정할 때 권리가 밑받침된 접근을 한다는 것으로, 인권을 필수 요소로 상정해 두지 않고서는 한 걸음도 나아가지 않겠다는 의지의 표현입니다.

특정 인구집단, 즉 공공보건서비스가 누구보다 절실한 취약계층의 개별적 특성을 인정하고 이해하는 정부라면 사회의 단위를 이루는 가정과 학교, 직장과 병원의 건강성을 만들어 가기 위해 민간과 힘을 합쳐(public-private partnerships, PPPs) 일할 것입니다. 민관이 인권의 지도를 펼쳐 놓고 머리를 맞대어 보건법률과 정책을 만든다면 인권의 정신에 역행하기 어려울 것입니다. 진주의료원을 폐업해선 안 된다

는 수많은 시민사회단체들의 요구가 묵살된 경우를 떠올려 보면 이해
가 쉬울 것입니다. 민관의 협치가 원활하다면 정부는 신체상해나 질
병 혹은 예방 가능한데도 죽음을 초래할 가능성이 있는 국책사업이
나 정책, 그리고 법률 도입에도 보다 신중을 기하게 될 것입니다.

부유한 국가든 상대적으로 빈곤한 국가든 늘 재(자)원 부족을 들지
만 국가가 이행하지 **못하는** 것과 이행하지 **않는** 것은 구분되어야 합
니다. 의무를 이행할 능력의 부족inability과 이행하려는 의지의 결여
unwillingness는 다르기 때문입니다. 정부는 경우에 따라서는 재원의 잘
못된 배치를 바로잡는 정치적인 결단까지를 감행해야 합니다. "모든
이에게 건강을!"이라는 슬로건은 따라서 '모든 사람은 도달 가능한 최
고 수준의 건강을 향유할 권리가 있다'는 전제에 대한 재확인이자, 인
권으로서의 국민의 건강권을 국가가 보다 적극적으로 보장하라는 준
엄한 촉구입니다.

페스트와 메르스 그리고 국가

> 질병은 늘 사회가 타락했다거나 부당하다는 사실을
> 생생하게 고발해 주는 은유로 사용되어 왔다.
> ─ 수전 손택, 『은유로서의 질병』

이 책을 마무리할 즈음인 2015년 초여름, 대한민국은 중동호흡기증
후군(메르스)이라는 늪에 빠졌습니다. 온통 메르스 이야기뿐인 세상
에서 저와 제 동무들은 이 불가해한 상황을 이해해 보려고 알베르 카
뮈Albert Camus의 『페스트La Peste』를 읽었습니다.

옛사람들은 제비가 땅을 스치듯 낮게 날면 곧 비가 올 것임을 알았
다고 합니다. 예민한 작가들은 작품을 통해 곧 내릴 비, 닥쳐올 위기
의 전조前兆를 보여 줍니다. 유럽은 100년에 한 번씩 페스트를 겪었기
에 그들 서사의 한 축에는 전염병 극복의 역사가 살아 숨 쉬고 있습니
다. 카뮈는 유럽이라는 몸이 겪은 전염병의 기억을 문학으로 다시 호
출한 것입니다.

카뮈가 페스트를 쓰기로 마음먹은 건 1941년. 그는 제2차 세계대전
을 겪으며 예고 없이 발발하는 전쟁만큼이나 속수무책인 역병의 난

감함을 소설로 쓰겠다는 구상을 시작합니다. 그는 "한 도시를 이해하려면 그곳에서 사람들이 어떻게 일하고, 어떻게 사랑하며, 어떻게 죽는지를 살펴보는 것이 좋다"(『페스트』, 문학동네, 유호식 역, 2015, 12p. 이하 인용은 모두 같은 책)라고 서두에 쓴 뒤 '오랑Oran'이라는 작은 도시가 페스트로 어떻게 마비되어 가는지를 보여 줍니다.

작중 의사 리외Rieux는 "동네 사람들이 온통 쥐 이야기를 하고 있다는 사실"(19p)을 알아차립니다. 그 뒤 오래지 않아 "단 하루 동안 6,231마리의 쥐를 수거, 소각했다"(26p)는 뉴스가 라디오 방송을 통해 전해지자 "이제는 규모를 정확히 알 수 없고 원인도 규명할 수 없는 이 현상에 뭔가 위협적인 면이 있"(26p)다는 것을 알게 됩니다.

그때 관계당국은 무엇을 하고 있었을까요. 사람들은 "구역질나는 쥐떼로부터 시민들을 보호하기 위해 긴급대책을 검토하고 있는가 하고 문제를 제기"(25p)하지만 "시 당국은 행동할 용의가 없고 대책을 세우지도 않"(25p)습니다.

2015년 대한민국의 여름도 다르지 않았습니다. 뉴스에는 연일 메르스만 보도됐습니다. 정부 관계자의 브리핑, 병원과 병실 안팎, 마치 두려움을 가리려는 듯 마스크를 쓴 사람들이 화면에 넘쳐났습니다. 지난 세기의 소설이지만 『페스트』는 우리에게 소설이 아닌 뉴스의 재현 같았고, 국가적 재난이나 재앙에 대한 예언서나 매뉴얼처럼 느껴졌습니다.

하나의 사태가 발생합니다. 어떻게 해야 한다는 정보가 없고 지시를 내려 줄 관제탑도 없습니다. '무엇도 없다'는 불안이 자라나고, 신뢰가 무너진 자리엔 소문과 괴담의 성城이 솟아오릅니다.

메르스 앞에 허둥대던 정부, 의료기관, 사람들의 슬픈 민낯이 떠오릅니다. 메르스가 우리에게 보낸 경고의 속뜻을 이해해 보고 아마도 다시 올 제2의 메르스를 대비하기 위해서라도, 카뮈의 『페스트』에 빗대어 몇 가지 짚어 보고 싶습니다.

'무엇도 없음'의 확인

초기 대응을 잘 했더라면 메르스는 극소수의 사람만이 앓고 지나갔을지 모른다고 했습니다. 그러나 대응에 실패하면서 급속도로 전파되고 감염자가 걷잡을 수 없이 늘어나자 소설 속의 일이 우리에게도 일어났습니다.

"그 순간부터 페스트는 우리 모두의 문제가 되었다고 말할 수 있다. 그때까지 시민들은 이 이상한 사건 때문에 놀라고 불안해하기는 했지만 평소 하던 대로 자기 자리에서 맡은 일을 그대로 했고, 아마 계속해서 그렇게 했을 것이다. 그러나 시의 출입문이 봉쇄되자, 서술자를 포함해 모든 시민들이 똑같은 난관에 봉착했으며 알아서 적응해야 한다는 것을 깨달았다. (…) 어머니와 자식, 부부, 연인들은 며칠 전 역 플랫폼에서 잠시 헤어지는 거라 생각하고 당부의 말 두세 마디를 건네며 작별 인사를 주고받았다. 인간이라면 으레 가지는 어리석은 믿음에 사로잡힌 채 며칠 혹은 몇 주가 지나면 다시 보게 되리라 확신했기 때문에, 그들은 작별을 하면서도 일상의 걱정거리들을 완전히 내려놓지 못했다. 그러다가 다시 만나지 못하고 소식을 전하

지도 못한 채, 어떻게 해 볼 도리 없이 졸지에 생이별을 하게 된 것이다." (85~86p)

이 바이러스는 그러니까 불특정 다수, 어떤 조건의 누구도 가리지 않고 찾아가는 불청객이었습니다. 병을 치료하는 병원, 그것도 정부와 사람들이 거의 무조건적으로 신뢰하던 초일류 대형병원 중 하나가 바이러스의 온상이라고 밝혀지면서 사람들은 놀랐습니다. 그렇게나 '큰' 병원에 음압병실은커녕 방호복조차 제대로 갖춰져 있지 않았다는 것은 무엇을 의미합니까.

정부는 감염자가 발생한 병원 이름을 공개하면 더 큰 혼란을 야기할 수 있다며 비공개를 고수했습니다. 비난이 빗발치는데도 상황 판단력을 상실한 정부는 병원을 비호하는 모습마저 보였고, 병원 정책이 곧 정부 정책인 듯 지키려 들었습니다. 병원의 허명虛名에 더는 기댈 수 없음이 밝혀진 이 함구의 끝은 어떠했습니까. 병원을 소유한 기업의 한 사람이 대국민사과를 했습니다. 그 사과는 마치 메르스의 총책임은 국가가 아닌 대형병원의 관계자에게 있다는 착각을 불러일으켰습니다.

국가의 역할과 책임이 대기업에게 부지불식간에 위임돼 버린 이 기묘한 전환 앞에서 감염병에 대한 방역체계가 무너진 정부 행정(력)의 부재만을 확인한 건 아니었습니다. 정부에 대한 신뢰체계가 허물어졌습니다. 2015년 메르스는 2014년 세월호의 다른 이름이며, 국가는 무엇이고 국가의 역할은 어떠해야 하는지를 묻는 거대한 의문부호였기 때문입니다. 국가가 물음을 외면하면 국민은 불행에서 벗어날 수 없습니다.

"그들은 계속 사업을 했고, 여행 준비를 했고, 제각기 의견을 갖고 있었다. 미래와 여행, 토론을 금지하는 페스트를 그들이 어떻게 상상할 수 있었겠는가? 그들은 자유롭다고 믿었지만, 재앙이 존재하는 한 그 누구도 결코 자유로울 수 없을 것이다." (51p)

강요된 시민의식

"사람들은 저마다 하늘 아래 감금당한 죄수가 된 느낌"이라고도 표현했듯 카뮈는 애초 『페스트』의 제목을 '수인囚人들'로 하려 했습니다. 그러다 다시 '헤어진 사람들'은 어떨까도 고민했습니다. 알 수 없는 질병 앞에 우리는 묶인 몸, 원치 않지만 강제로 헤어져야 하는 사람들이니까요.

천식, 만성폐질환 등의 기저질환이 있었다지만 최종 사인은 메르스로 밝혀진 아버지의 임종을 지키지 못했다며 가슴을 치는 가족들도 있었습니다. 이들은 시신을 받아 주는 장례식장이 없어 문전박대를 당하다 어렵게 장례식장을 구했지만, 메르스 환자는 「장사법」에 따라 사망 후 24시간 안에 급히 화장부터 치러야 한다기에 고인과 작별 인사도 제대로 하지 못했습니다. 이들이 바로 강제로 헤어짐을 당해 버린 사람들입니다.

확진 환자는 이름이 아닌 1번, 14번, 35번이라는 번호로 불렸고 어떤 이들에게는 '슈퍼 전파자'라는 무시무시한 명칭이 붙기도 했습니다. 확진자에 대한 위치 추적이 당연시됐고, 격리 조치되었으며, 확진자가 스스로를 격리시키지 않으면 경찰이 「감염병 예방법」에 따라 체포할 수 있다고 겁을 주기도 했습니다. 의심환자에 대한 개인정보가 무차별적으로 노출되었음은 말할 것도 없습니다.

물론 전염성이 있는 질병은 「감염병 발생 및 예방에 관한 법률(제6조)」에 따라 관련 정보와 대응 방법을 공개할 수 있습니다. 그러나 공개 후 파장과 오용될 여지도 동시에 감안하여 "덜 침해적이고 덜 강제적인 수단을 적극적으로 활용해야 하고 사생활을 제약할 수밖에 없다면 그 이유와 과정, 결과가 투명하게 공개되어야"[55] 합니다. 그렇지 않았기에 온 나라에서 무차별적인 마녀사냥이 벌어졌던 것입니다.

메르스 확진자이거나, 그의 가족이거나, 그를 치료했던 의료진이거나 그의 자녀들, 환자에게 병문안을 다녀왔던 이들이 고스란히 병을 퍼뜨리는 '바이러스 덩어리'로 취급받았습니다. 사는 곳과 직장, 다니는 학교가 실명으로 낱낱이 노출됐습니다. 매일 장 보러 가던 마트, 매일 출근하던 일터가 출입금지 장소가 되었고 사람들과의 교제가 금지됐으며 학교엔 휴교령이 내려졌습니다. 갑자기 평범한 '일상'이 사라져 버린 것입니다. 언론은 "메르스보다 무서운 불신과 괴담"(경향신문, 2015. 6. 10), "못 미더운 정부⋯ 최후의 보루는 시민의식"(중앙일보, 2015. 6. 5)이라며 시민의식 부재를 탓했고 격리 조치된 사람들에게는 "피해자인 동시에 헌신자인 격리자"라고 섣불리 위로하려 들었습니다.

시민의식의 부재가 사태를 키운 한 축일 수는 있습니다. 그러나 사태만 있고 제대로 된 공적 정보가 없는 상황, 산발적인 대책이 난무하고 제대로 된 컨트롤 타워가 부재한 상황, 책임지는 리더는 없고 문책하는 권력자만 있는 상황이 계속되는데 두려움에 떠는 사람들에게 그렇게나 두려워하다니 어리석다고 야단치는 꼴이 아니고 무엇입니까.

위기 극복에 실패하고 나면 이를 개선하겠다며 정부가 가장 먼저 빼 드는 칼이 법 제정이나 개정입니다. 메르스가 끝나 갈 즈음 국회 본회의는 메르스 방역 과정에서 드러난 역학조사의 문제점을 고치겠다며 감염자의 개인정보를 합법적으로 수집할 수 있도록 「감염병 예방법 개정안」을 통과시켰습니다. 여기에는 정부가 감염병 환자의 주민등록번호와 인적사항과 의료 기록, 출입국 기록, 휴대전화 위치 기록 등의 정보를 요청할 수 있다는 내용이 담겨 있습니다. 신용카드, 직불카드, CCTV 등의 정보까지 제공해야 한다는 주장도 있었지만 과도한 인권침해가 우려된다는 여론 때문에 받아들여지지 않았습니다.[56]

사회학자 엄기호는 인류학자 고프먼의 말을 비틀어 "우리는 자신이 속한 친밀성의 공동체 너머 사회 구성원들과 '무심한 신뢰관계'에 있다"고 했습니다. "별다른 일을 하지 않더라도 그들이 나를 해하지 않고 내가 그들에게 해가 되지 않는다고 믿을 때 우리는 친밀성 너머의 사람들에 대하여 무심할 수 있다"는 겁니다. 무심할 수 있는 경계가 무너져 가는데 민주사회 시민의 역할과 책임 운운하며 시민의식이 최후의 보루라고 치켜세우는 것은 공허하다 못해 슬픈 말잔치에 불과합니다.

정부가 최선을 다했지만 더는 할 수 없었음을 시민들이 목격하고 수긍할 기회가 단 한번이라도 주어졌다면, 사람들은 손가락을 거두었을지 모릅니다. 하지만 불안감은 날로 커져 갔고 이웃이 당하는 따돌림을 목격하는 일이 더 쉬웠습니다.

병원의 외주화로 간접고용되거나 불법 파견된 환경미화원, 주차관리요원, 시설관리요원, 환자 이송 업무를 하는 노동자들은 검진의 대상조차 되지 못했습니다. 병원은 조금이라도 감염이 의심되는 사람들을 모두 '색출'했지만 위에 언급한 이들은 평소에 '보이지 않는 사람들 invisible people'이라 명단에 오르지조차 못했습니다.

한파가 닥치면 몸의 지체가 가장 추위를 타듯 사회의 취약계층이 온몸으로 이 여파를 감내해야 합니다. 당시 대부분의 무료급식소는 문을 달아야 했습니다.

자발적 연대 : 다른 세계로 나아가기

철학자 하이데거Martin Heidegger는 인간은 세계 안에 내던져진 '피투체'라 했는데, 그렇다면 던져진 존재가 감내해야 할 세계 인식의 첫째는 막막함이 아닐까요. 저마다 처지와 상황에 관계없이 어지간한 이유들로 막막하니 말입니다.

누군가에게 다가가고 싶다는 열망만으로 듣고, 다듬어, 옮기는 타인에 대한 글쓰기는 어렵고 때로는 외로웠습니다. 아무리 애를 써도 지극히 개인적인 고통, 그 무시무시한 바닥에는 가 닿을 수 없음을 확인한 날에는 슬프기도 했습니다. 한 사람의 일부를 온전히 재현할 수 있을까 두려웠지만 "자신이 무엇을 해야 할지 모를 때 책임이 시작된다"는 자크 데리다Jacques Derrida의 말은 차라리 위로를 주었습니다. 타인이라는 책은 제게 모르는 세계가 여전함을 일깨워 주었기에 기쁘기도 했습니다.

오명이 따라다니는 각종 질환의 진짜 문제는 더디게 회복되는 병이 아니었습니다. 병에 덧씌워진 부당한 이미지를 개선하려는 의료인, 공중보건, 그리고 무수히 많은 사람들의 노력을 끝내 좌절시키는 힘의 그늘에서 결코 벗어날 수 없으리라는 무력함이었습니다. 도저히 이겨낼 수 없으리라는 낙담에 시달리게 만드는, 낙인과 훼방이라는 힘 말입니다. 그 자장이 어찌나 크고 센지 자주 두려움을 느꼈습니다.

그러나, 진부한 짐작이 깨지는 유쾌한 순간도 많았습니다. 아픈 사람이 전하는 우울한 기운에 감염되어 감정적으로 소진되지나 않을까, 마음을 단단히 먹고 나가 보면 그들은 더 잘 표현하고 싶어 사색에 잠길 뿐 대체로 유쾌했습니다. HIV바이러스에 감염된 지 1년이 채 안 되는 20대 남자는 "사람들은 내가 이걸 앓고 있으니 종일 슬픔에 잠겨 있거나 매순간 죽고 싶어 할 거라고 생각하는 것 같은데 그렇지 않아요. 인생이 대체로 기대돼요. 무슨 일이 기다리고 있을지 모르니까요. 내가 이 병에 걸릴 줄 몰랐던 것처럼 말이에요"라고 했습니다.

그의 말은 『거부당한 몸The Rejected Body』의 저자 수전 웬델Susan Wendell의 말에 맞닿아 있습니다. 철학과 여성학을 가르치며 인생을 향유하던 어느 날, 그녀는 조금만 일해도 온몸의 피로와 통증이 끊이지 않아 병원을 찾았습니다. 그녀는 근육통성 뇌척수염/만성피로면역장애증후군이라는 진단을 받습니다. 진단 이후 그녀의 삶은 병 이전과 이후가 완전히 달라졌습니다. "내가 속한 사회는 개인의 질병이 만성적임을 받아들이는 일을 곧 희망을 포기하는 것으로 여긴다. 그것은 아픈 사람은 그런 상태로는 괜찮지 않기 때문에 나아지려는 희망을 가져야 한다는 것을 의미한다. 만성질병은 만성적인 괴로움과 불행을 의미하는 것처럼 인식된다."

그녀는 종종 친구들에게 "아프지만 행복해"라고 털어놓는데, 그러면 상대는 가만히 있거나 알 수 없다는 표정을 짓는다고 합니다. '어떤 인생이 펼쳐질지 대체로 기대된다'와 '아프지만 행복해'는 사는 공간은 다르지만 병에 대한 사유는 같음에서 싹텄다고 저는 느낍니다. 우리는 '짐작'만으로 사회가 이름 붙인 '약자'들을 고정관념 안에 가두려 하지만 그들은 결코 그 안에 들어가지 않았습니다.

수전 손택은 『은유로서의 질병Illness as Metaphor』에서 질병을 신비화하려는 언어, 질병을 멋대로 해석하려는 은유를 걷어 내고 질병을 질병 자체로 직시하길 권합니다. 카뮈의 소설 『페스트』는 수전 손택의 우려와 기대를 동시에 떠올리게 만듭니다. 그럼에도 우려보다 기대에 가까운 것은 저자가 페스트라는 질병의 은유를 통해 우리가 삶과 죽음을 어떻게 사유해야 하는지 역설하고 있기 때문입니다.

인간은 위기 앞에 도피하거나 체념도 하지만 저항하고 투쟁도 합니다. 소설 속 의사 리외는 이미 완전체인 죽음(질병)에 맞서는 유한한 인간입니다. 리외는 주어진 시간 안에서 그저 묵묵히 제 역할을 해냅니다. 그는 밖으로부터 강요되지 않은 '성숙한 시민의식'을 실천하는 사람입니다. 고통은 개별적이지만 고통을 나눠 지려는 연대감은 다른 세계로의 진입을 가능케 합니다. 이것이 지난 세기 초 전쟁 앞에 무력함을 느끼면서도 인간을 긍정했던 카뮈의 공동체성에 대한 숙고이며, 타인의 고통을 보고 들은 이는 응답과 변화를 외면하지 않는다는 인간에 대한 믿음입니다.

미진하지만 이 책을 통해 건강과 질병이 왜 개인의 '문제'가 아닌 사회와 국가의 영역인지, 그리고 인권으로서의 건강은 무엇인지 말하려 했습니다. 국가가 지켜 내야 하는 것들 중 국민의 존엄을 보장하는 일보다 더한 가치는 없습니다. 민주주의를 실현하려는 국가는 민주주의의 핵심이 결국 인권을 증진하는 일임을 압니다. 한 나라의 국민이 얼마만큼 건강한가는 그 사회가 건강을 단순히 임상의학이 아닌 기본권의 영역으로 분명하게 인식하고 있느냐에 달려 있습니다. 이 책이 그와 같은 인식의 지평을 넓히는 데 작은 씨앗이 되기를 희망합니다.

⑴ 〈**의학적 관행에서의 정의**〉의료 현장에서 병력은 흔히 Past Medical History 혹은 Clinical History로 불린다. 현재의 진료에서 주된 문제는 아니지만 과거에 앓았거나 현재도 앓고 있는 병이나 상태를 뜻한다. 의료 현장에서 의사들은 흔히 현재 질환의 진단이나 치료에 문제가 되는 고혈압이나 당뇨, 결핵 등을 앓았던 과거력이 있는지 묻고 향후 계획을 수립하는 데 판단의 근거로 삼는다. 의료 현장에서 중요하게 여기는 것은 현재 의료이용을 하여야 할 만큼 혹은 본인의 일상생활을 유지하는 데 어려움을 겪을 만큼의 문제가 있는지 여부이다. 즉, 현재 의료이용을 하게 하는 직접적인 문제는 병력이 아니라 현재 문제 혹은 주소(Chief complaints)라 하고, 병력은 현재 의료이용을 하게 하거나 환자에게 불편을 주는 직접적인 문제가 아닌 것들을 의미한다. 관행적으로 과거에 앓았지만 완전히 치유된 것은 병력으로 조사하지도 않는다. 예를 들어 어렸을 때 홍역이나 수두, 잦은 감기를 앓은 것 등은 특수한 경우가 아니면 대개 묻지 않는다.

〈**사전적 정의**〉사전에 따라서 병력을 정의하는 것도 제각각이다. 『Microsoft 한국어 사전』에 의하면 병력은 병의 발생, 진행된 경과, 치료 과정 따위를 일컫는다고 되어 있다. 『동아 새국어사전』에는 병력을 1) 이제까지 걸렸던 병의 경력 2) 어떤 병에 걸리고부터 경과의 두 가지로 범주화하여 정의하고 있다. 『두산세계백과사전』에는 다음과 같이 되어 있다. "기왕력(旣往歷)이라고도 한다. 지금까지 걸렸던 질병이나 외상(外傷) 등 진찰을 받는 현재에 이르기까지의 병력(病歷)이다. 현재의 질병을 진단하고 치료하는 데 중요한 참고자료이므로, 의사가 진찰할 때 환자와 보호자에게 묻는 것이 관례이다. 가족의 기왕증, 즉 가족력(家族歷)도 유전성 또는 전염성 질환 발견, 진단에 필요하므로 자신의 기왕증과 함께 기록한 병력서를 미리 준비하면 편리하다. 의사에게 기왕증을 정확하게 알리는 일은 진단과 치료에 큰 도움이 된다." 사전적으로 병력은 과거에 앓았다가 현재는 치유된 상태를 일컫기도 하고, 과거에서 현재로 이어져 내려오는 질병 상태를 말하기도 하므로 해석상 혼돈의 여지가 있다. (한국인권의 현황과 과제, 김선민-병력에 의한 차별행위, 340~341쪽, 한국인권재단 인권학술회의, 2002)

(2) 의료사회학에서는 질환과 질병과 병을 구분한다. 질환(disease)은 생물학적으로 건강에 이상이 생긴 상태이고, 질병(illness)은 환자가 주관적으로 느끼는 병의 경험으로 사회적이고 심리적인 의미를 포함한다. 병(sickness)은 질병을 앓고 있는 환자의 생활 전반을 말한다. 의료사회학에서의 구분이 그렇다는 것이고 당사자는 실상 분류에 별 관심이 없다.

(3) 『건강과 질병의 사회학』, 사라 네틀턴, 한울아카데미, 2013, 120쪽 재인용

(4) 2012년 전 세계 주요 보건 문제 : 세계보건기구 선정(질병관리본부 감염병관리센터 감염병감시과 안혜경)

(5) 사고로 인한 장애를 교육의 '소재'로 삼는 것에 대해 장애인권교육자들 일각에서는 비판의 목소리도 있다. 이런 비판에 대한 그의 생각은 묻지 못했으므로 여기서는 논외로 한다.

(6) 「'장애인의 날' 집회서 "잘못하면 장애인 된다" 막말한 종로서 경비과장」(민중의 소리, 2015. 4. 20)

(7) 사라 네틀턴, 앞의 책, 122쪽 재인용

(8) 사라 네틀턴, 앞의 책, 122쪽 재인용

(9) '어르신'은 아버지와 벗이 되는 어른이나 그 이상 되는 어른을 높여 부르는 말로, 통상 남의 아버지를 높여 부르는 말이다. 노인 당사자가 '나이가 들어 늙은 사람'이라는 뜻을 불쾌히 여기기 때문에 노인 공경 차원에서 용어를 달리 쓰자는 분위기가 형성되면서 남의 아버지가 아닌 노인 일반을 높여 부르는 말이 되었다. 추세에 맞게 '어르신'이라고 쓸까 하다가, 나이가 들어 늙는 일이 무엇이 문제이랴 싶어 그냥 '노인'이라고 쓴다. 아주머니, 할머니, 할아버지, 노인과 같은 용어에는 죄를 물을 수 없다는 게 필자의 생각이다.

(10) 마인드맵은 '마음속의 지도'를 그리듯이 글자와 기호와 그림으로 생각을 표현하고 인식하는 방식을 뜻한다.

(11) 아동청소년 문제, 여성 문제, 노인 문제 등 세대와 관련된 일들을 '골치 아픈', '풀어야 할' 문제로 바라보는 표현을 흔히 하지만 이는 세대와 계층에 대한 깊은 고민 이전에 '문제'라는 부정적인 메시지만 부각시켜서 이 '문제'는 절대로 풀(릴) 수 없다는 인상만 심어 준다.

(12) 「심층분석, 한국노인요양원 현주소」, (브레이크뉴스, 2015. 4. 20)

(13) 2002년 4월 스페인 마드리드에서 열린 UN의 제2차 세계고령화회의에서 발표된 '마드리드 고령화 국제행동계획(Madrid International Plan of Action on Ageing, MIPAA)'에 명시된 개념. MIPAA는 총 3장, 132개 문항으로 이루어져 있으며 21세기 고령화사회에 대응하기 위한 정부와 민간 차원의 다양한 실천사항과 행동지침들이 망라되어 있다.

(14) 「체중 미감량 이유로 사직 강요는 차별」(2011. 3. 7), 국가인권위원회 홈페이지

(15) 「없어졌으면 하는 이력서 항목 1위는 키, 몸무게」(연합뉴스, 2015. 6. 2)

(16) 「'편견 갖지 마' 강요하면 편견 늘어」(코메디닷컴뉴스, 2011. 7. 11)

(17) 「백악관서도 인종차별…매일 짊어지는 짐」(서울신문, 2015. 6. 12)

(18) 『스티그마 : 장애의 세계와 사회적응』, 어빙 고프만, 한신대학교출판부, 2009

(19) 「B형간염 편견과 오해, 환자 두 번 울린다」(YTN, 2014. 7. 14)

(20) 「암 수술 후 5년 경과하지 않았다는 이유로 채용 거부는 차별」(2011. 12. 27), 국가인권위원회 홈페이지

(21) 「병력을 이유로 한 ROTC 신체검사 불합격 판정」(2012. 3. 21), 국가인권위원회 홈페이지

(22) B형간염 보균자에 대한 고용차별 실태조사(2002)

(23) 정상 면역 상태에 있는 사람에게서는 일반적으로 질병을 일으키지 않는 병원균들이 면역이 저하되거나 결핍된 사람에게 기회를 틈타 질병을 일으키는 경우를 뜻함.

(24) 「에이즈에 대한 지식, 태도, 신념 및 행태조사」(조병희, 2005)

(25) 「병력차별예방 안내서」, 국가인권위원회 홈페이지

(26) 「특수 장갑 미비 이유로 HIV 보유자 수술 거부는 차별」(2011. 7. 7), 국가인권위원회 홈페이지

(27) 「인권단체, "에이즈 환자 수술 거부는 차별」(YTN, 2014. 11. 12)

(28) HIV/AIDS 감염인이 치과 치료를 받으려면 오라퀵(HIV 감염 신속테스트)검사를 받아야 한다. 치료 전에 HIV/AIDS 감염인을 걸러 내기 위한 이 신속 테스트는 약 2년 전부터 치과에서 실시되고 있다. 구강점막액을 이용해 에이즈 바이러스인 HIV를 20분 내에 진단할 수 있는 최초의 제품으로, 구강점막(액)이나 손가락 또는 정맥에서 채혈한 혈액을 작은 병에 넣고 특수용액과 섞은 다음 임신 테스트에 쓰는 것과 비슷한 딥스틱(dip-stick)을 담근다. 판독 창에 연분홍색 선이 나타나게 되며 선이 두 개일 경우 양성, 한 개일 경우 음성으로 판독하면 된다. 실제 감염된 사람들에게 자신이 감염됐다는 사실을 현장에서 알려 줌으로써 전염 방지 효과가 큰 만큼 전 세계적으로 에이즈 진단 검사로 주목 받고 있는 제품이다. (「AIDS 20분내 확인, 오라퀵 국내 출시」, 머니투데이 2007. 10. 12)
한때 치과협회 차원에서 모든 치과에서 진료 전에 실시하는 검사로 공식화하려 했지만 실패했다. 모든 치과는 아니지만 여전히 많은 치과에서 실시되고 있다. 문제는 치과가 무슨 검사인지 환자에게 알리지 않아서 당하는 사람은 이 테스트가 무엇을 의

미하는지 알지 못한다는 것이다.

오라퀵 검사를 통해 감염이 확인되면 치과는 치료를 거부한다. 서울, 부산, 경기도 등에서 사례가 확인되고 있고 전국적으로 확산되는 추세이다. 질병관리본부에서 감염인들의 치료와 상담을 운영하는 시범병원은 19개인데, 시범병원조차도 모든 진료과목에서 진료를 받을 수 있는 것은 아니지만 치과 진료의 경우 굳이 시범병원을 찾아야 할 사안이 아닌데도 개인병원에서는 진료를 거부당한다. 따라서 HIV/AIDS 감염인의 가장 큰 문제는 병원의 진료 거부다.

(29) 『스티그마』, 어빙 고프만, 한신대학교출판부, 2009, 205쪽 재인용

(30) 「징병신체검사시 병력 공개」(2009. 10. 26), 국가인권위원회 홈페이지

(31) 제19조 : 의료인은 이 법이나 다른 법령에 특별히 규정된 경우 외에는 의료 조산 또는 간호를 하면서 알게 된 다른 사람의 비밀을 누설하거나 발표하지 못한다.

(32) 제21조 : 의료인이나 의료기관 종사자는 환자가 아닌 다른 사람에게 환자에 관한 기록을 열람하게 하거나 그 사본을 내주는 등 내용을 확인할 수 있게 하여서는 아니된다.

(33) 「가족의 병력을 이유로 대학 항공운항학과 신체검사 불합격」(2014 .6 .25), 국가인권위원회 홈페이지

(34) 「조종사 자격심사 강화론 : 우울증 등 병력자 배제는 논란」(연합뉴스, 2015. 3. 30)

(35) 「B형 간염 이유로 학교 기숙사 입사 불허는 차별」(2011. 5. 19), 국가인권위원회 홈페이지

(36) 『인권의 발견』, 윌리엄 J. 텔벗, 한길사, 2011, 26쪽

(37) 『사람, 장소, 환대』, 김현경, 문학과지성사, 2015, 285쪽

(38) 『타인의 얼굴 : 레비나스의 철학』, 강영안, 문학과지성사, 2005, 126쪽 재인용

(39) 「장애인의 보험 가입은 정상성에 대한 도전이다」, 박김영희(장애인차별금지추진연대 국장), 장애인 보험차별 개선을 위한 정책 토론회(2012. 5. 9) 중.

(40) 「희귀병 가족, 경제적 고통에 '마음의 병'까지」(조선일보, 2012. 1. 18)

(41) 「장애인 보험차별 개선을 위한 가이드라인 및 의학적 통계적 연구에 대한 권고」(국가인권위원회, 2012. 11. 26)

(42) 「상법」 제732조. 다행히 이 조항은 2015년 3월 12일자로 개정되었다. 개정 후 조항에는 다음이 추가되었다. '다만, 심신박약자가 보험계약을 체결하거나 제 753조의 3에 따른 단체보험의 피보험자가 될 때에 의사능력이 있는 경우에는 그러하지 아니하다.'

(43) 국가인권위원회는 2005년 8월 법무부장관에게는 정신적 장애인과 관련한 상법 조항 제732조 삭제를, 재정경제부장관에게는 보험업법과 「화재로 인한 재해보상과 보험가입에 관한 법률」 개정을, 금융감독원장에게는 장애 관련 공통계약심사 기준 개선과 개별 보험사의 불합리한 기준 등에 대한 적극적인 관리감독을 권고했다. 아울러 차별의 실질적 개선을 위해서는 부처별로 분산된 법령 정책 등에 대한 조정과 지원이 요구되므로 국무총리에게 소관 부처들의 개선 사안 이행을 위한 정책조정 등 적극적 조치도 권고했다.

(44) 송국현의 시점에서 쓴 글. 「'장애등급제 폐지' 불 지피고 떠난 고 송국현」(경향신문, 2014. 5. 13), 「송국현 형에게 보내는 편지」(이규식 이음장애인자립생활센터 소장, 비마이너, 2014. 4. 24), 「'장애등급제'가 그의 집에 불을 질렀다!」(하금철, 비마이너, 2014. 4. 14) 등을 참고했다.

(45) 「비정규직 차별이 낳은 자살」(한국일보, 2013. 8. 22)

(46) 「'과다이용'이란 이름의 폭력 … 의료급여 수급자를 향한 졸렬한 협박」(라포르시안, 2015. 3. 25)

(47) 「소득대체율 올려도 건강보험 보장 낮으면 효과 미미」(경향신문, 2015. 5. 12)

(48) 『사람, 장소, 환대』, 김현경, 문학과지성사, 2015.

(49) 「"보호자 어디 계세요?"…환자 가족이 '간호 대체인력'」(국민일보, 2015. 6. 24)

(50) 공공병상 비율은 해당 국가의 전체 병상 중 공공병상이 차지하는 비율을 뜻한
다. 영국은 100%, 캐나다 99%, 오스트리아 69.5%, 프랑스 62.5%, 독일 40.6%이며
일본과 미국도 24%를 넘는다.

(51) 「미국 캐나다 영국 사례를 통해 본 대안적 공공병원 운영 모델」(진보정치연구소)

(52) 「국민건강보험 피부양자 부양요건 개선 권고 불수용 공표」(2015.5.20), 국가인권위
원회 홈페이지

(53) 「인도적 체류자 가족 지역건강보험 근거 규정 마련 권고」(2015.4.30), 국가인권위원
회 홈페이지

(54) 「한센인 '강제 낙태', 국가폭력의 민낯」(아시아경제신문, 2015. 5. 20)

(55) 캐나다 보건당국의 전염병 예방에 대한 지침

(56) 「방역 위한 개인정보 활용 메르스 법안 본회의 처리」(한겨레, 2015. 6. 26)